發現心動力　實踐行動力

行動研究研討會論文集

謝登旺◎主編

序

　　幼兒為國家未來主人翁，其成長健全與否，關係整個民族、社會、國家之命運，吾人因此可謂幼兒教育成敗與國家發展密不可分，時下諸多人以為只有大學教育才是學問，因此對幼兒教育，誤認為只要教其快樂遊戲、照顧好在園生活，安全送回家長懷抱，則算已善盡教育責任。殊不知此乃消極之想法，為一「職業」心態，缺乏教育工作者的「事業」或「志業」心，並不足取。

　　眾人皆知幼兒教育學問浩瀚無邊，「幼教教師」之「貢獻」、「學問」絕不亞於「大學教授」，何以證之？只要是關心幼兒教育之任何人士，若稍加系統思考即知在幼兒園，一樣每日要教其「做人」、「做事」、「做學問」的道理，教他有「教養」、「思考」、「溝通」、「判斷」、「創造」、「創意」、「尊重」、「責任」……，可謂真正符合「多元智能」之學園，只有在幼兒園始能致之，大學或許更望塵莫及。故幼兒教育學問大矣哉！凡幼教師或有志幼教工作者，切莫輕忽自己。

　　本校七年前有鑑於幼教重要影響且在地方社會殷切期盼下，成立幼兒教育學程中心，開始培育師資，從事教學相關研究，歷數年各項成績尚稱滿意。尤以中心自成立開始，即強調「行動研究」並徹底落實內涵品質。「行動研究」顧名思義，教師從實際教學行動的過程中，發掘問題，從而提出解決問題之構思或方案，有其務實性，亦有其未來性，其範圍涵蓋甚廣，舉如教學主題、教學技巧、學童能力培養、教育資源應用……，不一而足，數年以來可謂推陳出新，研究成果豐碩，此係中心教授與實習教師，共築之園地已然開花結果。尤以此次研究論文主題，涵蓋：幼兒閱讀、拋問技巧、表達能力、全語教學、追蹤輔導、創造力、生命教育、數位學習等，皆是從實際教學中體會、體察、體驗，而

結合理論與實務，參考諸多文獻後所提論文，字裡行間展現實習教師對問題專注，及中心輔導教師用心指導，皆是一時佳作。本人忝爲主管一職，平時欠缺「行動」。惟樂見中心師生，致力「行動研究」，年年創新「議題」，季季發現「問題」，日日找尋「課題」，共同深耕幼教研究園地，特爲之序。

謝登旺

元智大學師資培育中心主任

2006 年 9 月 18 日

目錄

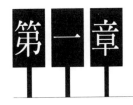

問而不亂——
實習教師在團討中的發問技巧探索

江鴻津 [1] 糠明珊 [2]

[1] 元智大學師資培育中心秘書,原桃園國小附設幼稚園實習教師。

[2] 元智大學師資培育中心講師。

摘要

　　團體討論是主題活動延伸的重要關鍵，但每每在進行團討之時，總會有一些問題或困擾發生，例如：秩序不佳、幼兒沒興趣、幼兒答非所問等，而讓我省悟到為何我要和幼兒進行團討會如此的困難，會有那麼多的問題？究竟是哪個環節出了差錯？我開始尋求文獻的解答，再透過自我省思及輔導教師的建議，訂定出行動策略，以求團討的成功進行，但每實行一行動策略後，又會發現新的問題，且有時行動策略並不適用於班級，所以，在此過程中，我不斷地進行著訂定解決策略、檢討策略成效、修正行動策略，而透過一再地反覆進行策略修正、增訂，逐漸地讓我和幼兒間的團討步入軌道。

　　在本研究中，我將其團討流程記錄下來後，針對其團討內容、對話進行分析，先從中找出困惑缺失或問題處，再藉由文獻參考、輔導教師建議及自我省思找出真正的問題發生原因，接著針對各個問題原因訂定解決策略，而訂定策略後，再依其成效修正，如此反覆進行，企圖從研究中找出最適合我和幼兒之間進行團討的方法。

壹、源起與目的

　　在主題教學活動下，團討活動是課程持續進行的重要關鍵，透過團討可瞭解小朋友們對主題的想法，促進小朋友們去思考進而組織大家的想法，討論出一個結果，再依據討論結果，來建立班級課程進行的一個主題方向，或是對於接下來的課程進行有進一步的瞭解。但，如何才是一個好的團討？這是我所要探討的，我要如何讓小朋友們都能參與討論？如何幫助他們進行問題的思考，以達成問題的解決？因此，我想要瞭解自己所引導的團體討論是否達到效果？是否真能提供給小朋友們足

夠的思考空間？是否有助於小朋友們的學習？我進行團體討論的方式是否恰當？該如何維持小朋友們團討的興趣？這些，都是我所要進行研究的方向與內容，我希望，透過不斷的省思及策略修正，能讓班上營造出團討的氣氛，在團討中，小朋友們不用過於嚴肅，但要尊重秩序，在團討中，小朋友能輕鬆的討論，分享彼此的想法，說出心中的想法，最後，大家能統整出一個結論，為問題下一個註解，而這就是我想要進行研究的目的。但什麼樣的討論方式才算是真正的討論呢？而團討在主題活動的進行中其角色為何呢？為找出答案，我開始尋求文獻上的支持。

貳、文獻探討

一、討論的意義

蔡敏玲（2001）在《尋找教室團體互動的節奏與變奏》一書中提出，「討論」指的是在一個人以上的團體之間發生的言談互動。即，在一人以上的互動情境裡，多人針對同一主題，產生多輪次的談話，而這些話語之間有意義上的聯繫、延展或開拓的現象。

二、團討的功能

劉玉燕（1995）和七位佳美幼稚園的老師分享了她們的「主題教學」衍生、實踐與變化的歷程。劉玉燕歸納出了分享討論的三項主要內涵：(1)分享角落玩出的內容；(2)補充角落材料；(3)激發情境設計，在這種全班幼兒都參與、歷時約十五分鐘的分享討論裡，老師多半提出開放式的問題，邀請全班貢獻想法，而這些討論不但能將正在進行的主題深化，聯繫各活動或角落的內涵，常常也是下一個主題產生的互動情境。

蔡敏玲（2001）提出，團體討論的功能：

1. 幼兒有將經驗轉化為話語的機會。
2. 老師能與幼兒一起整合幼兒間不同的學習經驗。
3. 師生共同構思正在進行之活動的延伸方式與內容，或決定下一個活動的主題。
4. 解決發生在這一班的各類問題。
5. 老師從上述各種功能不同的言談中，初步瞭解兒童的想法。

參、行動的開始

　　我很喜歡和小朋友們一起進行討論、一起找出答案，因為我很享受那種彼此互動的感覺，而我也希望小朋友們能和我一起感受互動的美好，所以，試教時，我總會特別注重於「團討」，也以其作為我這一年行動研究的題目。

　　在剛開始試教時，我要和小朋友們一起進行團討是很困難的，沒錯，小朋友們會有反應，但是因為我們對於彼此都還不是那麼的熟悉，因此，在團討上，彼此都還沒有抓住那種節奏感，所以，團討的成功率並不高（在這裡，我所指的成功，僅在於能夠順利的、流暢的進行討論，而不會出現中斷的情形），且在學期初時，由於對於小朋友們的姓名尚不熟悉，因此，有時看見小朋友舉手時，我會一時叫不出他的名字，而常以「這位小朋友」來做代稱，以致團討的效果打折，而當我熟記了小朋友們的姓名時，我的團討時間依舊充滿著問題，例如：秩序吵亂、討論偏向……，而為什麼會造成團討失敗的情形呢？我想，這應與自己的發問技巧、發問方式有關，因為，在團討時，小朋友們都能踴躍的發言，所以，問題應是出於自己身上較多，故在這次的行動研究中，我將針對自己在發問技巧上的問題作為探討，期望能藉由教師本身不斷的改

善發問技巧，提供給小朋友們一個輕鬆自在又能盡情發言的團討時間與空間。在這個研究當中，我的研究範圍僅鎖定於教師引導（引起動機）部分的團討，而對於作品分享或活動經驗分享部分的團討，本文中並未予以探討。

肆、我們這一班

【研究日期】2002/10/01 ～ 2003/04/16
【團討地點】桃園國小附設幼稚園白兔班（大班）
【團討人數】30 人
【座位安排】

```
        ┌──────────┐
        │   教師    │
        └──────────┘
    ┌──────────────────┐
    │      兒童         │
    └──────────────────┘
    ┌──────────────────┐
    │      兒童         │
    └──────────────────┘
    ┌──────────────────┐
    │      兒童         │
    └──────────────────┘
```

【研究方法】審視當天的團討流程後，從中找出缺失，再尋求文獻的解答並依據自我省思與輔導老師的建議，擬定出適當之行動策略，逐步進行行動研究。

伍、行動歷程

一、行動研究策略圖（如圖 1-1）

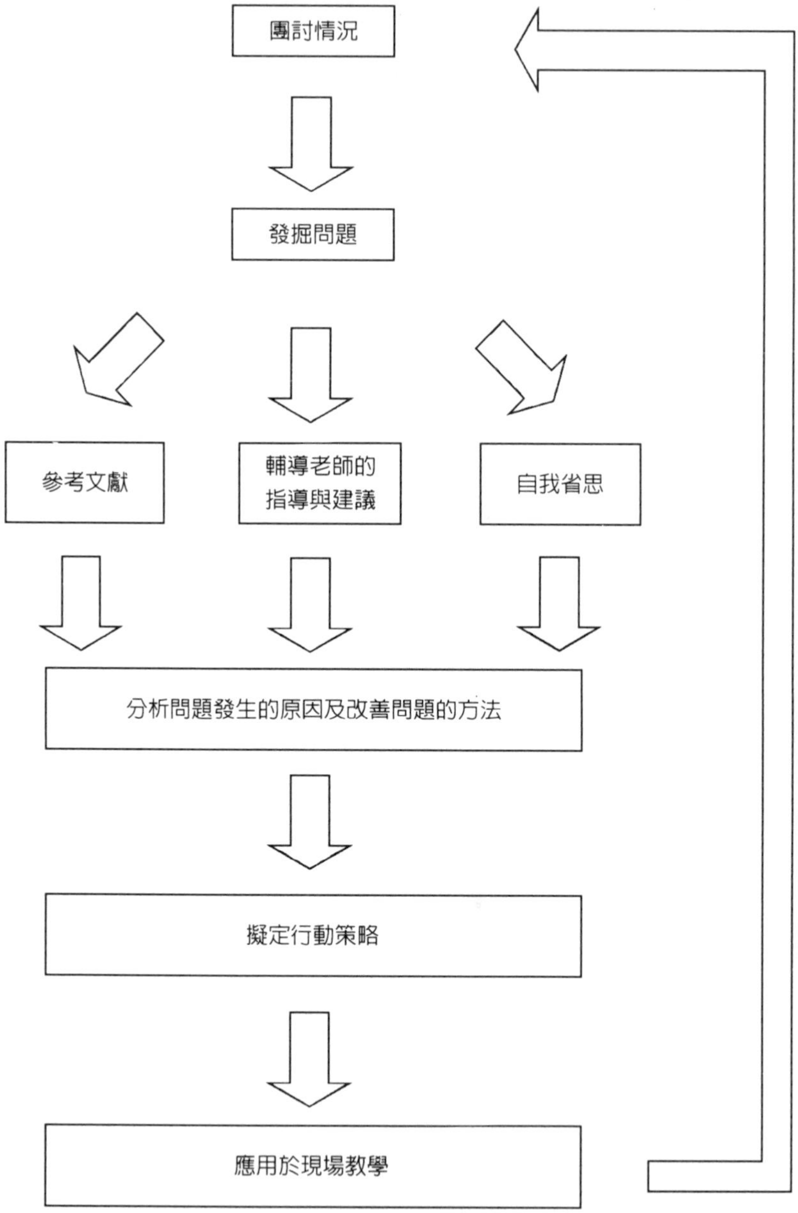

團討情況

↓

發掘問題

↙ ↓ ↘

| 參考文獻 | 輔導老師的指導與建議 | 自我省思 |

↓ ↓ ↓

分析問題發生的原因及改善問題的方法

↓

擬定行動策略

↓

應用於現場教學

圖1-1 行動研究策略圖

二、行動歷程一

◎日期： 2002/10/24

◎團討流程說明（活動名稱：埔心牧場）：透過手偶小奇來與兒童進行討論。

【團討內容】

T：桃園究竟在哪裡啊？

C10：在台北旁邊。（手指著白板上的台灣地圖）

T：喔！是這邊嗎？（手指著宜蘭縣）

C7、C10、……：不對，是另外一邊。→未舉手

T：喔！我請C3來前面指出來告訴我。

C3指出桃園位置。

T：從台北到桃園要怎麼走？北上或南下？

C7、C8、……：往下面走（南下）。→邊舉手，邊發言

T：那如果從台南要怎麼到桃園啊？

C1、C5、C14……：往上面走（北上）。

T：桃園有哪裡好玩啊？

C7：虎頭山。→未舉手

C13：文昌公園。

C5：統領百貨。

C14：湯姆熊（百貨公司的兒童遊戲場）。

C1：遠東百貨。

T：那可是小奇今天想要到戶外去走走耶！那要去哪裡？

C13：虎頭山。→未舉手

C7：陽明公園。

C5：同安公園。

……

T：可是我想要去看牛，哪裡可以看到牛？（引導小朋友說出埔

心牧場的答案）

一片沉默。

T：啊！我記得好像是叫什麼牧場喔！

C13：飛牛牧場。

T：飛牛牧場是在台中，我去過了，那桃園有哪個牧場啊？

C8：埔心牧場。

T：對啦！就是埔心牧場，那埔心牧場在哪裡？

幼兒回答：在楊梅。

T：楊梅在哪裡？

C7：在那裡，在那裡（手遙指著桃縣地圖一直喊）。→未舉手

（一）發掘問題

　　為什麼當團討進行到一半時，秩序會超出我的控制之外，而一發不可收拾呢？我嘗試著去找出我團討時的問題所在，於是，我發現了以下問題：

1. 教師沒有給予小朋友們足夠的思考時間。在請小朋友們發言時，我總是急於要其回答，假若小朋友們思考的時間較久，我便會認為小朋友可能是不知道答案為何？便會急性子的請他先想想後，再舉手發言，接著便換人回答或轉換問題的問法，其中，並沒有給予小朋友們足夠的思考時間。

2. 教師沒有掌握舉手者發言的規則。在團討時，我總是在聽見我認為的標準答案後，便直接接收其答案，而不會去注意該位小朋友是否遵守舉手發言的規則，而我的這種做法，造成了原本那些遵守規則，先舉手後發言的小朋友們也群起效法，直接喊出自己的答案，導致團討的秩序愈來愈亂，妨礙了討論的繼續進行。

3. 無法有效抓回小朋友們的注意力，以維護團討的繼續進行。在團討時，當小朋友們的注意力分散了，或當討論流於聊天時，我僅是不斷的以「注意聽」、「安靜」、「不要吵」等口語，來提醒、警示小

朋友們，而這樣的效果卻非常不好，簡直可說是毫無效果，常常小朋友們大聲講話時，我為了想蓋過他們聊天的聲音，就更放大音量說話，如此，惡性循環，不但無法繼續團討，也傷了自己的喉嚨，實在是百害而無一利。

（二）文獻探討

張玉成（1996）提出，在候答技巧方面，要注意下列幾項要點：

1. 候答時間不宜過短，若候答時間少於三秒，會降低學生思考與回答的品質。
2. 當學生無法理解或回答問題時，別急著換人回答，應試著將問題簡化或給予更多的引導。
3. 不重述問題。問題的重述往往會使學生不專心聆聽教師所提的問題，而期望教師再次複述問題。
4. 指名普遍。避免少數學生壟斷班級內的發言權，也應避免依某種特定順序點名回答問題，如此易造成回答問題後的學生不再專注教學，學生也會形成一種期待的心理。

張靜文（1997）提出討論中斷的原因：「討論中斷」是指討論因為各種因素的影響而未達成討論的目標，或討論進行過程中提前獲得結論而結束。致使討論中斷的原因如下：

1. 課程時間的限制。幼稚園課程進行中，前一個活動與下一個活動的銜接，有大概的時間及流程，有時會因為這樣的課程時間限制而中斷了正在進行的討論。
2. 太快獲致結論。在討論的過程中，如果有人提出了「最佳的方案」或問題的解答，則原本進行中的討論便會因此中斷了。因此，如太快引出工作進行的「最佳方案」，則參與討論的幼兒便會因為無須再對討論的問題作思考而提早結束原來的討論。
3. 岔題得到回應。「岔題」是指在討論進行過程中，有人的發言偏離

了討論的共同主題。而岔題雖然可能會中斷原來討論的進行，但也可能是另一個討論的引發。

（三）輔導老師的指導與建議

當小朋友們喪失注意力或與同儕聊天時，此時，教師若以「大聲治小聲」的方式會適得其反，小朋友們只會更吵，團討也會無法再往下進行，因此若要引回小朋友們的注意力，可利用一些簡單的手指謠、兒歌來引領，如此，在效果上應會較為見效。

（四）自我省思

在團討前，總要求小朋友要舉手後再發言，可是真正在進行團討時，自己卻在小朋友未舉手發言時，也接受了他的發言，甚至凌駕了那些乖乖舉手等待發言的小朋友，以致後來的秩序愈來愈難以掌控，這一是需要特別記住並改進之處。

（五）行動策略

1.延長候答時間，提供給小朋友至少四～五秒的等候回答時間。
2.避免急於將回答權轉與他人，而嘗試簡化問題或給予其更多引導。
3.教師嚴守「舉手者發言」的規則。
4.適時運用手指謠、兒歌吸引小朋友的注意力。

三、行動歷程二

◎日期： 2002/11/21
◎團討流程說明（活動名稱：環保衣服DIY）：教師以戲劇角色扮演的方式和小朋友一起對話，共同進行討論。

【團討內容】

T：我沒有特別的衣服穿，怎麼辦？

C29：你可以穿樹葉啊！（指著櫃子上的樹葉）

T：樹葉太小，遮不住啊！

C7：回家換啊！

T：我已經來不及了，回家換就會遲到了。

C24：你可以用紙做啊！

T：用紙做的，很容易就破了啊！

C13：那你可以穿塑膠袋啊！

T：喔！對了，我可以用塑膠袋來做衣服喔！可是，塑膠袋要怎麼穿啊？我穿不進去啊！（示範從腳踏入塑膠袋）

C29：你可以把它這樣剪開啊！（指著將塑膠袋下方剪開）

T：喔！這樣剪開喔！對耶！這樣就可以穿了。

C8：這樣好醜喔！

T：對啊！那怎麼辦？

C29：你可以貼樹葉啊！

T示範貼樹葉、廣告紙裝飾衣服。

T：嗯？我要把這片大樹葉剪成心形，可是我要貼在哪裡？

CS：貼那裡、貼那裡……（一群幼兒回答）

T：這裡（指著衣服的左邊）？

CS：對！就是那裡。

（一）發掘問題

在這一階段，我要求自己注意並改善在前階段所發現的問題點，以求團討的有效進行。在候言方面，我會多給孩子一些時間思考（約略五秒以上），讓他發言，而這使得我發現到有些我原以為他只是看別人舉手便跟著舉手的小朋友，竟然在我多等幾秒鐘後，也可以發表出他自己的意見耶！這時，才領悟自己之前可能因為少了那幾秒鐘的等待而抹殺了

小朋友的發言機會，所幸，我能及時改正這項缺失。

另，在第一階段中，我提出了教師嚴守舉手發言的行動對策，而當我徹底執行「舉手者發言」的原則時，團討的秩序的確較為好轉了，但從中我卻也發現「舉手發言」並不適用於每種情況，這是一項無法嚴守的規則，因為有時教師所設定的回答對象是全部學生而非部分學生，此時，教師如還嚴守舉手發言的規則，那便過於死板，不知變通了，而我的行動研究走到這裡，我要進行修正自己在之前所設定「教師嚴守舉手發言的規則」之該項行動策略。除此之外，在行動研究的第二階段團討中，發現了其他的問題，統整如下：

1.小朋友們的回答過於簡單，多為短句。

2.我的講話速度過快。

3.後方的小朋友不參與討論，使得秩序散亂。

4.要求小朋友舉手發言的問題浮現。

（二）文獻探討

張玉成（1991）在《教師發問技巧》一書中提出問題的類別如下：

1.認知記憶性問題。指學生在答題時，對事實或其他事項作回憶性的重述，或經由認知、記憶、選擇性回想等歷程，從事再確認行為。例如：今天早上我們吃什麼點心？

2.分析應用性問題。指學生答題時，需對所接受或所記憶的資料，由點到線、到面，從事邏輯思考推論及思考如何發揮作用的歷程；此類問題因需依循固定思考結構進行，故常導致某一預期結果或答案。例如：正方形和長方形有何相同和不同？

3.想像創造性問題。指學生回答時，需發揮想像力將現有資訊、要素、概念等重新組合，或採新奇、獨特觀點，做出異乎尋常之反應，此類問題並無單一性質的標準答案。例如：假如愛迪生不發明電燈，現代生活會有什麼不同？

4.評鑑批判性問題。答題時，需先設定標準或價值觀念，據以對事物從事評斷或選擇。例如：有關這三個方案，哪一個最好？

5.常規管理性問題。包括教學管理上的用語，例如：「回家有沒有複習？」以及對人或事表示贊同與否之情感性語言，例如：「上課吵鬧好不好？」。

在看過書後，回頭再次審視自己在團討中所提出的問題，發現自己所提問的問題，大多傾向於認知記憶性的問題，其主要概念總不脫記憶、是否、訊息、重述、描述、比較……，而沒有提供給小朋友更深一層的思考空間，或其他思考方向，可見自己問的問題類型仍過於狹窄，應設計各種不同類型的問題讓小朋友們去思考、分析、評斷。

張玉成（1991）提出教師於提出問題時，應注意四大要領（即：各類問題皆顧、運用有序、注意語言品質、多數參與），其中「語言品質」部分提到教師發問時，應注意語音是否清晰，速度緩急是否適宜，用字遣詞是否明確具體且易懂，須避免一次提出許多問題或事項等等，這皆是影響學生反應的情形。

而反省自己團討時的情形，正如張玉成所提出的見解般，由於自己講話的速度過快，而說話的語調又不夠清晰，尤其緊張的時候，更是咻一下的就講完了，常常在小朋友還沒聽清楚我所說的話時，我就又接著講下一句話，以致造成小朋友們聽不懂就乾脆不聽，玩自己的遊戲或自顧自地聊天，對於這一點，自己的警覺度並不夠，常常需要輔導老師的提醒，才驚覺原來自己剛才講話的速度又加快了啊！而這種情形對於團討的影響甚大，是秩序混亂的重要原因之一，急迫需要改善，而要改善這項問題，平常我便努力放慢自己說話的速度，注意咬音，以期逐漸改正這項缺失。

（三）輔導老師的指導與建議

在團討時，有項毛病是自己一直沒有察覺的，經由輔導老師的提

點，才發現自己在進行團討時，視線掃瞄範圍始終僅在前半部繞啊繞，而未及後半部的小朋友，以致後半部的小朋友發現我都沒有看他們，於是注意力便逐漸的瓦解、分散，而注意力分散的結果自然就是秩序大亂，所以，在團討時，教師的視線擴及全場是團討時所應注意的重要環節。

（四）自我省思

「舉手發言」的團討規則，在確切實行時，發覺其應「適時」、「適事」做適當變通，而非在任何情況下都適用，例如：小朋友們團體作答時，或數人作答時，並不適用，所以，我覺得舉手發言的規則應是具有相當彈性的，不能「嚴守」的，教師應視團討現場情形、討論鎖定對象而定，若當時的問題設定為團體作答，則無須使用該規則，若隨機自由選擇作答，則可採用舉手發言的方式來維持秩序，所以，討論發言的規則是不定的，是活的，端視教師問題鎖定之回答對象而定。

（五）行動策略

1.教師發問問題的種類，應包含各層次的問題，並應視學習內容及學習者而提出各類型問題。

2.教師提出問題或講述時，應控制自身說話速度適中及語調清晰。

3.教師於團討時視線要注意遍及全場，避免偏重某處。

4.教師適時採用「舉手發言」的團討規則。

四、行動歷程三

◎**日期**： 2003/03/25

◎**團討流程說明**（活動名稱：爆米花）

【**團討內容**】教師左右手分別拿著玉米粒（未乾燥）和乾燥玉米粒，請小朋友分辨兩者之不同。

T：這兩種玉米粒有什麼不一樣？（此時，要求舉手發言）

C1：一個是用來爆米花，一個是用來煮玉米濃湯的。

C23：一個是用來爆米花，一個是可以用來煮的，也可以煮別的東西。

T：喔～哪一個是用來爆米花，哪一個是用來煮的？

CS：這個是用來爆米花（手指乾燥玉米粒），那個是用來煮（手指玉米粒）。→團體發言

T：那為什麼爆米花要用這一種玉米爆（乾燥玉米粒），而不用這一種玉米（未乾燥玉米粒）來爆？

C16：我知道，一個是生的，一個是熟的。（舉手發言）

T：喔～一個是生的，一個是熟的？

教師發放兩種玉米粒至每位小朋友手中，請其再仔細觀察。

CS：咦？兩者都沒熟耶！（拿到的小朋友陸續發現）

T：為什麼爆米花要用這一種玉米爆（乾燥），而不用這一種玉米（未乾燥粒）？

C16：一個是濕的，一個是乾的。

C8：一個是軟的，一個是硬的。

C24：一個是軟的，一個是硬的。

T：好，那我們現在來爆爆看這兩種玉米粒，看有什麼結果？

教師請小朋友分組來看爆玉米粒的經過。

T：好，這兩種玉米爆完後，有什麼不一樣？

CS：一個燒焦了，一個變成爆米花。

T：為什麼都是玉米粒，一個會燒焦，一個卻變成爆米花？

C16：因為鍋子太熱了，硬的會變成軟的，軟的就會變更軟，硬的變軟的以後就爆開了，就變成爆米花了，軟的變更軟以後，就燒焦了。

T：軟的會變更軟嗎？

教師拿出鍋中爆過的燒焦玉米粒來讓小朋友們摸。

CS：咦？！玉米粒變硬了耶！

T：喔～玉米粒變硬了嗎？

CS：對啊！

T：好，那為什麼兩種玉米粒爆出來會不一樣？

　　（小朋友們陷入一陣沉思）

C16：因為軟的會變成硬的，硬的就會變得更硬，然後就爆開來了。

接著，因為無人作答，教師便講解乾燥玉米粒的製作過程來提示小朋友。

C1：因為一個變成乾的了，裡面沒有水，所以，很熱，它就爆開來了，一個還有水，所以，它就燒焦了。

T：對，很棒，C1說得很好。

　　（教師再詳述講解原因）

（一）發掘問題

　　這次的團討，整體過程看似平順，小朋友們都很專心的參與討論，發言者能說出自己的想法、答案，沒有發言者也能專心聆聽發言者的發言，但真正的討論就是這樣子嗎？我不禁自問，這樣是否就算是一個好的團討？一個好的團討真是如此嗎？至此，我又有所懷疑了，我想，我必須再去找出答案。

　　另，雖然這次的團討很順利，但在記錄對話時，不免發覺似乎每次的發言者總是那些人，其餘的人在團討過程中，都成為了隱形人，絲毫不聞其聲響，已然化為了一個完全的傾聽者，只聽不說，這並非是我所追求的團討啊！我想要的是「大家」一起互動、討論，著重的是「大家」而非「某群人」，而為了使得班上的團討更傾向真正的團討，我開始蒐集與分析關於「成功的團討」的資料與文獻，企圖從中找出適合我們班上團討進行的最佳方式。

（二）文獻探討

Cazden（1988）認為，在「真正的討論」（a real discussion）中，學生不是被動說出老師已有預設內容的答案，而是和老師或同學一起探索（或建構）連老師也沒有標準答案的知識。「學生探索想法而不是針對老師的問題提供答案，然後接受評量；在真正的討論中，教師說話的時間少於一般所占的上課三分之二的時間，學生相對地說得較多；學生自己決定何時說話，而不是等著被老師點名回答；在真正的討論中，學生直接對彼此說話。」

Clark & Starr（1996）認為討論要具備「對話」、「目的」及「參與」等特質。他們認為：討論是一種有「目的的對話」，一個好的討論不僅有目標，甚至還可透過討論達到該目標。而除了「對話」和「目標」的特質外，Clark & Starr（1996）還非常強調「成員的參與」在討論互動中的意義，他們認為：在討論的過程中雖然並不見得每個人都講話，但是每個人在態度上都是參與的。因此，不論討論最後是否達成某項結論，成員在討論的過程中，已經因為參與而有了充分交換意見的機會。他們認為：真正的討論應該是，每一個人都自己思考，而且不管這個觀點多麼不受歡迎，每個人也都有機會表達自己的觀點。再者，討論中的互動是「平等的」，彼此之間沒有階級組織，所謂討論的主席只是一個主持者，負責監督討論，如果只是由主持人（例如：教師）問問題，學生回答，而學生之間沒有互動的話，並不算是一個真正的討論。

吳英長（1988）認為「討論不是談談聊聊，……它必須從共同的活動提升到共同的話題層次，同時對該話題表達個人的意見。……討論不僅報告看到或聽見什麼事，它必須進一步對所做的事表示意見……」（頁6），意即「真正的討論得『對意見有意見』」（頁6）。

美國學者 Auer & Ewbank（1974）在《討論領導者手冊》（*Handbook of Discussion Leaders*）一書中，提出了成功討論的五大要素：

1.計劃：事前的計劃是成功的討論必備的要件，Auer & Ewbank 認為

若想靠自發的因素來發展出一個有益的討論是不可能的，而計劃的工作最好由成員一起參與準備工作的進行。

2.非正式：討論的形式不要給成員太嚴肅的感覺，否則可能會影響成員參與的程度。

3.參與：參與是一個良好討論必備的條件，因為討論是假定每個人都有一些有價值的東西可以貢獻，因此唯有成員合作將所有可得的資訊集合起來，才能找到最好的解決方案。所以，每個人都應該參與發言。當然，除了發言以外，積極的聆聽也是一種參與的型式。

4.目標：如果只是愉快的從某個話題聊到另一個話題的談話，並不是討論，討論應該有其討論的目的存在。

5.領導：領導的型式會依團體的不同而有不同。

蔡敏玲（2001）在《尋找教室團體互動的節奏與變奏》一書中提及：「老師問學生答」的這種互動形式會導向以學生為中心的學習嗎？單文經（1993）把這種以「問答練習」方式進行的教學活動——recitation譯為「複誦」，指的是大班教學時，由老師指定個別學生回答有預設內容的問題，並加以評量的活動。蔡敏玲（2001）認為這種有預設答案的複誦其實是以教師為中心的一種互動。

從文獻中可看出，我之前所認為的團討，並不真正算是一種討論，因為在該團討過程中，幾乎都是我在發問，而小朋友們負責說出答案，在互動上，幾乎都是我和每位小朋友的單獨對流、談話，小朋友彼此之間並無話題互動，他們僅是和我在做一應一答的回應罷了，而從蔡敏玲所提出的理論中可以看出，我雖期盼能朝著以學生為中心的課程去進行發展，但我所設計的討論仍舊掉入於以教師為中心的框限中。到底我在團討時應該擔任哪樣的角色？我應如何當一名稱職的領導者？我應該如何去引領有效的討論呢？我再次尋求文獻的解答。

Potter & Andersen（周勳男譯，1988）認為討論領導者的角色有下列六大項：

1.有效率的開始：強調會前準備之必要，以及使討論起頭得體有效。

2.朝最大參與目標前進：盡力增加參與範圍、盡力改善參與品質。

3.鼓勵民主的程序：使討論保持井然有序與合乎邏輯，並使討論朝目標前進，以促使討論無所遺漏。

4.創造輕鬆的氣氛：維護個人在團體的權利，以及非正式討論的氣氛，以避免太過嚴肅。

5.維持必要的控制：領導者可同時使用心理因素（例如：強調「我們」、態度盡量中立、不偏袒某些成員或意見……）與外在因素（例如：不許私下交談、要求說話音量、注意光線、環境安排……）來控制討論的進行。

6.有效率的結束討論：限於內容的觀點做出結論、確實依程序結束會議討論。

南海幼稚園園長漢菊德（1998）提到成功的團體討論具有社會道德，而在這當中教師於討論時應扮演的角色如下：

1.公正無私的客觀立場。在團體討論時，教師面對全班的幼兒應秉持公正客觀的立場來看待每一位幼兒。另，教師自己的個人價值與觀點不能硬加於團體討論中，也不能為了維護教師的地位而無法採納幼兒的意見。

2.教師須領導幼兒培養出尊重別人說話的能力。

3.教師須教導幼兒如何提出事實證據支持自己的意見，並教導幼兒討論可以辨駁但不是爭吵。

4.教師須有能力使幼兒在討論中得到自尊，讓幼兒塑造良好的自我形象。

看了文獻頓覺自己平常在進行團討時，並沒有真正的抓住團討的真義，沒有當好一位稱職的領導者，這時也才發現，一位稱職的領導者竟需要具備那麼多要項啊！要有事前充分的計畫、要能營造輕鬆的氣氛、要鼓勵成員發言、要提供開放的討論空間、要公平對待每個人、要凝聚

討論的焦點、要處理意外狀況……。反思自己之前的團討過程，似乎真正達到的要素並沒有幾樣，確實必須檢討並修正自己所扮演的領導者角色。

（三）輔導老師的指導與建議

一個真正的、好的團討不應只是由教師發問，而是要能由小朋友們自行發問，大家討論，一起探索、實驗，一起找出答案，也許教師只是起了一個頭，但在討論過程中，小朋友們可能發現更多的問題，而提出了那些問題，讓大家繼續進入深入的討論。真正的團討，不應只是由教師單方面不斷的問問題，而是要能引發學生們想討論的欲望，能激發出學生們主動去發現問題，提出問題，然後大家一起討論問題、找出解答，如此，才能真正算是一個好的團討，此間，老師可能也不需介入太多，學生就能自己去討論、自己去找尋答案。

（四）自我省思

對於領導者角色的扮演，自己似乎介入過多，也可說是自己儼然成為了討論的主導者，小朋友們的每一句話，都是為了回應我的問題而生，而究竟要怎麼做才能引發小朋友們自發性的討論呢？這對我而言，是一大挑戰，一個誘人卻又困難的挑戰，但總得嘗試，希望能逐步達到真正的團討情境。

（五）行動策略

1.教師和小朋友站在平等的角度，多聆聽、少介入。
2.教師適時使用「反問」及「轉問」技巧，將問題拋回給小朋友。
3.多使用支持性語言，鼓勵小朋友們踴躍發言、表示意見。
4.鼓勵小朋友們彼此進行討論。
5.保持小朋友們對討論話題的興趣並確定討論的目標。

五、行動歷程四

為了擔心「教師」的角色會再度成為團討的主導者，我嘗試以偶劇或戲劇扮演方式和小朋友們進行討論，營造出一種輕鬆的氣氛，盡量不讓小朋友們感覺在上課，而讓其覺得他們是在協助劇中人物解決問題。

◎**時間：** 2003/04/16

◎**團討流程說明**（活動名稱：米食的饗宴）：教師先後變換，以農夫角色及牛魔王角色與小朋友們對話，但在這裡僅截取牛魔王部分的團討進行說明。

【團討內容】

T ：哼～哼～，你們知道我是誰嗎？

C24：牛大王。

C13：牛魔王。

C29：牛超人。

C04：牛超人。

C07：山羊。

T ：我就是大名鼎鼎的牛魔王，你們會不會怕我啊？

CS ：不會。

C12：可是你的身上有一個人耶！（指我穿的衣服上有畫人的模樣）

T ：因為我牛魔王要變成人了啊！為了要更像人，所以我就在身上畫一個人，這樣別人才不會怕我，就像你們都不怕我。……

T ：你們知道我今天為什麼會出現在這邊？

C12：不知道。

C29：從天上下來的。

T ：咦！這個很棒。

C05：救牛。

C14：救牛。

C19、C12：保護牛。

T：ㄟ～你們知道它是誰嗎？（指著牛偶）

CS：牛。

T：對，它其實就是我身上的一根毛變出來的。

C07：為什麼你頭上戴著的是安全帽？（我的頭套道具中有使用到安全帽）

T：因為這是我牛魔王的專屬標誌，這樣像我在空中飛的時候……

C24：掉下來才不會受傷。

T：對，很聰明。（手比出大姆指稱讚）

C29：掉下來不會受傷。

T：對。（手比出大姆指稱讚）

C07：那樣只會耳朵受傷。

T：耳朵受傷？你看耳朵也包住了，不會受傷。

　　（現場笑成一片。……）

C14：可是你不會飛耶！

T：我會飛啊！

C29：可是你會打蒼蠅嗎？（蒼蠅為劇中的角色）

T：會啊！你沒看到我剛才打蒼蠅？我改天把它曬成蒼蠅乾。

T：好了！現在不是牛魔王訪問大會，你們知道我為什麼會出現在這邊嗎？

C15：要保護牛。

C14、C13……：要救牛。

T：還有沒有其他答案？好，我告訴你們……

C15：那個主人不在。（指農夫不在）

T：主人去哪裡？

C25、C15、C14、C13：去阿撒他家。

T ：他去阿撇他家做什麼？

C29 ：去借他的東西。

C25 ：借米。

T ：那他會去很久嗎？

C13 ：不會。

……

T ：你們現在都變成我的小牛仙了。

CS ：沒有啊！

T ：有，只是你們現在都沒有發覺。

C29 ：那我們為什麼會動咧？

T ：因為小牛仙哪有不會動的？

C29 ：那我都不會游泳啊！

T ：那你不要游泳啊！因為我們今天不用游泳。

……

（一）發掘問題

　　在團討中，可以發現利用偶劇或真人戲劇演出的方式，較容易吸引小朋友們的注意力，而小朋友們也較能拋棄掉我是教師的身分，而以平等的地位，不斷的對我發問，可是小朋友彼此間的討論場面仍是幾不可聞，他們的對話對象仍然是我，而較少與同儕之間相互討論，但可以發現的是，他們較以往能夠專注於討論中，並且能夠接收同儕的話題，繼續向下延伸討論，並且協助找到答案，而這是在這團討中的一個進步點。

　　另，在發問上，也不再只是由教師發問小朋友答，小朋友也會主動發問，問老師的裝扮……，也會提出相反或質疑的意見，這樣的團討有趣多了，小朋友也較有興致參與，這樣的課程，讓我覺得很活潑，小朋友們在心情上也較為輕鬆，整個團討的氣氛，不像我之前所帶領的團討，感覺那麼嚴肅，小朋友較能隨意開口發問自己想問的問題，而在討論中也常常可聽見小朋友們的笑聲，即使不發言的小朋友也能專注的傾

聽他人的發言，而從這可隱約看出我們正朝著真正的團討方向前進。但在這次的團討中，我們仍然可以發現發言者依舊不普遍，依舊不到全體成員的一半，可見要「討論者普遍」，真是一件很艱難的工程，不過，我想這是要循序漸進，不可能實行了一種策略，馬上就能完全見效，目前，只能繼續朝著這個方向往下走，我相信，我們班上一定能營造出一個很棒的團討氣氛，一定能夠讓教師和小朋友們都享受、喜歡這個討論的時間。

（二）自我省思

　　在這階段團討中，我發現利用偶劇或真人角色扮演來引導進行團討的效果優於純粹以教師身分帶領團討，我想，這可能是由於在教室中，小朋友們認為教師是一主導者，教師的地位較高，因此在討論時的態度上較無法放鬆，而當對象是一個人偶或劇中人物時，那感覺就不同了，感覺上劇中人物正等著他們想辦法呢！所以，小朋友們提出的意見就較為豐富，反應也較為有趣，而不顯嚴肅，但是在團討時，仍發現我還是團討中的主角，小朋友們的對話都是對著我，可以看出他們是在對「我」說話，而不是對「我們」說話，所以，在這一點上，我還沒有確實的帶領出那種討論氣氛，這是我仍然需要繼續努力之處。

（三）行動策略

1. 團討時，加強「我們」的概念，讓孩子逐漸習慣說話對象是「大家」，而非只有教師一人。
2. 嘗試讓偶和教師身分並存，先由偶的身分引出一個討論的話題，教師則以一個討論者的角色一起進行討論，但盡量不介入，而改以傾聽的角色進入團討，若當討論偏離主題或討論遇上瓶頸時，教師才介入。
3. 嘗試以偶的身分誘發不發言的小朋友共同發言進行討論。

陸、結論

在這近一年的團討探究過程中，不斷的修正了自己的團討帶領提問技巧，卻也不斷的發現新的問題，於是在這整個研究過程中，我就是不斷發現問題，提出策略，發現問題，提出策略⋯⋯，一直到了現在，它結束了嗎？不，還沒，它只是暫時的告一小段落，甚至可說是它還在一個初始階段，還尚待我的不斷發現與改進，而在這段期間中，透過了這樣的省思、探索、改善、再發現⋯⋯，讓自己察覺到了一些平常自己所忽略或漠視的問題，也讓自己有著一股動力能去激發自己找資料，找答案，也因此讓自己釐清一些錯誤的想法、概念，讓自己能夠以更正確的方式去帶領小朋友們進入團討的世界。

之前，總認為團討順利的意義就是老師問的問題，小朋友都能夠有所回應，而沒有回應的小朋友只要能安靜的聽，如此，便是一個好的團討，但實際去蒐集、參考、整理文獻後，才發現原來自己錯得離譜，完全偏離了團討的真正意義，不但抹殺了小朋友真正的發揮空間，還自認為自己的團討是非常開放性的，小朋友是可暢所欲言的，壓根沒想到自己根本用錯了方法，所幸，後來透過了各方文獻參考、輔導教師建議及自我省思，讓自己及時察覺了自己的錯誤，也及時修正了錯誤，使得班上的團討能逐漸地朝著正確的方向前進，且能夠真正的發揮它的功能，而不致淪為教師與小朋友間的「對話」。

而在團討進行之初，總認為團討之所以失敗的原因是在於小朋友們坐不住，而後來根據每次發生的問題點循線找出原因，才頓覺其實團討失敗的大部分原因都是出在自己身上，例如：問題未事先先行設計好，以致團討時，問題問得沒有連續性、層次性，討論內容流於聊天，或說話速度過快，小朋友聽不清楚等。知道團討失敗的原因後，我力求改善，而從一次又一次的行動策略中，我逐漸地成長，逐漸地掌握住團討的節奏感，逐漸地帶領著小朋友們朝真正的團討方向前進，雖然每一次

的策略實施後，總還會有新的問題產生或策略失敗的情形，但每一次的問題產生和每一次的策略失敗，都是爲了產出下一次更好的團討情形，所以，唯有透過不斷的修正策略、解決問題，才能有眞正達到成功團討的一天。

屆此，要改善及注意之處仍然很多，但從不斷的策略實施執行中，我也發現到以下幾項帶領成功團討的要點：

1. 以偶或戲劇角色帶入團討，與小朋友們進行對話，小朋友較易被導入問題中。

2. 教師於團討前先行預設各類問題，有助於團討的進行。

3. 團討時，輔以實際物品供小朋友操作，讓小朋友親身去嘗試、實驗，在實驗當中，小朋友們的反應會更熱烈，對問題回答會更有興趣，也會更有深度。

4. 營造輕鬆的氣氛，可讓小朋友們更暢所欲言。

5. 適當的運用手勢與語言贊同小朋友的發言，小朋友會更高興，更樂於發言。

6. 不要每次都急著回答小朋友的問話，有時運用「反問」或「轉問」的方式，可以發現小朋友的答案更令人稱奇。

7. 教師不一定是發問者，在團討時，發問者的權力，應回歸給每位參與者，而當發問權移至小朋友身上時，我們可以發現到小朋友的問題比我們原先所設定的問題來得有趣且豐富多了。

8. 團討後，隨即記錄自我省思及輔導老師的建議，有助於團體問題的改善。

9. 舉手發言非絕對，應視團討情形、問題鎖定對象等，彈性調整小朋友回答的方式。

柒、建議及須改進之處

在這一連串的團討過程紀錄中,除了最末次的團討紀錄係採錄影的方式,並做逐字稿外,其餘的皆是憑藉教師記憶當時團討情形所登打下來的紀錄,如此,恐資料上較有失準或漏失兒童問題的情形,所以,建議如要做團討資料者,最好利用錄音及錄影方式記錄當時團討情形,因為錄影可錄出當時影像,可從中看出自己的表情及動作,所以如錄音、錄影二擇一,則建議使用錄影方式,誠實記錄下當時的表情、聲音、動作,以便事後做統整記錄的工作。

此外,討論中斷的情形,有時也會在我與孩子們的團討時間中出現,而依據張靜文(1997)提出,討論中斷的原因通常出在:(1)幼兒對某個話題太急於發表;(2)受新奇的事物吸引;(3)成員間發生爭執等三種情況,建議教師在進行團討時,應該仔細思考這些問題的解決方式,以求團討的順利進行。

捌、未來期許

關於這次的研究內容,我將其範圍鎖定於引起動機時的團討部分,但實際上團討的範圍還包含了許多,例如:小朋友的作品分享、常規討論等,而這些時間的團討也是很重要的部分,所以,除了對引起動機的團討再做深入探討外,將會再針對其他性質的團討來做省思、探討,逐步研究出適合自己實行之各種性質的團討內容進行方式。

參考文獻

Auer, J. J. & Ewbank, H. L. (1954). *Handbook of Discussion Leaders.* New York: Harper & Row.

Clark, L. H. & Starr, I. S. (1966). *Secondary and middle school teaching methods.* (7th ed.). New Jersey: Prentice-Hall.

Potter, D. & Andersen, M. P. (1988)。《有效的討論》（周勳男譯）。台北：幼獅。

張玉成（1999）。《教師發問技巧》（再版）。台北：心理。

張靜文（1997）。〈幼稚園教室中討論之分析研究〉。國立台灣師範大學家政教育系碩士學位論文。

漢菊德（1998）。《成為一個人的教育：南海實幼對全人教育的詮釋》。台北：光佑。

蔡敏玲（2001）。《尋找教室團體互動的節奏與變奏》。台北：桂冠。

劉玉燕、王文梅（1996）。〈佳美幼稚園主題教學──一個從無到有的生產、創造過程〉。《綠兒教育的實踐與展望》，頁273-343。台北：光佑。

本論文研究期間，感謝桃園縣桃園國小附設幼稚園張官玉老師、黃淑萍老師的指導，讓我順利完成本研究，並從中不斷地自我改進與成長。

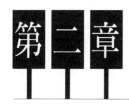

第二章

增進教師拋問技巧之行動研究

呂玫眞[1]、王怡云[2]

[1] 師大碩士班研究生,原快樂幼稚園實習教師。

[2] 元智大學師資培育中心講師。

摘要

　　本研究乃是研究者於 2004 年 7 月至 2005 年 6 月，幼兒教育實習期間之實習專題行動研究，研究主題為「增進教師拋問技巧」。由於受到教學觀摩省思之影響，研究者欲透過觀察實習輔導老師與幼兒之對話、互動，以及拋問的方式，來分析其拋問技巧，以加強研究者之基礎。並於研究者實際教學時，針對教學產生之困境提出行動策略，以期改善問題，增進個人拋問技巧。

　　本研究分析歸納「好問題之形式」有七種問句類型，Who、What、Why、Where、When、How、Any other。「拋問的目的」為：(1)助於教室情境發展：瞭解情境、引導幼兒釐清想法及角色、想像具體化、引導幼兒更深入情境、結合各角落；(2)協助幼兒學習：引導游離幼兒、引導幼兒有不同的新經驗；(3)培養幼兒能力：解決問題的能力、創意思考的能力、社會互動能力。「教師的角色」粗分為融入幼兒情境的遊戲者，及協助幼兒學習的引導者。

　　而研究者在研究期間之教學依不同之困境區分為三個階段：(1)好的開始——教學觀檢討後之策略與行動；(2)陷入膠著——與幼兒的討論停滯不前；(3)焦急心結——情境發展的掌握。

　　最後針對本研究提出省思與建議，以期增進研究者之拋問技巧。

壹、緒論

一、研究動機與背景

　　我在 2004 年 7 月至 2005 年 6 月於快樂幼稚園實習，該園進行主題教學已經有一段長久的時間，常接受幼教系所師生參觀，也累積了一些成果出版，在主題教學上頗受肯定。在實習的一年期間，我認為教師的

「拋話方式」，影響到主題教學的整體發展，是我覺得在主題教學中最重要的部分。2004年4月21日我在實習園進行教學觀摩，在教學觀摩後的省思，深覺自己許多地方還有待努力，尤其是在與幼兒互動時如何問好的問題，以促進幼兒的思考與主題的進一步發展，是我最感到困難的地方。雖然我在實習園[3]已實習了將近一年，在輔導老師的身旁也看了很多，但是，當輪到我自己正式上台教學時，才發現原來自己在教學技巧上還有很多地方不足。

　　因此，我開始了關於「一個有經驗的老師如何問好的問題」的研究，並試圖以這個研究歸納，實際應用在自己的教學上，以增進我的教學與拋問技巧。在實習的前半段時期，自己與幼兒的對話經驗中，與課程相關的對話互動是極少的，因此主題教學時的拋問技巧也是自己最需要加強的部分。主題教學過程中，強調的問話方式，常常是以「開放性」的問題為主，且在拋問時「心中不能預設任何答案」。然而，在教學觀摩當天（2005/4/21），雖然已在輔導老師的耳濡目染下許久，且做好問開放性問題的心理準備，但缺乏經驗的我，仍會問出封閉性的問題，實例如下：

◎**日期**：2005/04/21

◎**團體討論**：討論超市裡糖果餅乾區所要賣的物品的製作方法。

　　Tm.[4]：「請問你們的口香糖要怎麼做？……」

　　C04 ：「用長長的紙做成一條一條的。」

　　Tm. ：「那你們的口香糖是要一條一條的，還是要包起來？」

　　C25 ：「要包起來。」

　　Tm. ：「要一個個包嗎？還是露在外面？」

　　C25 ：「要一個個包起來。……才不會髒掉。」

---

[3]文章中所指的實習園為私立快樂幼稚園（化名），位於台北縣。本文之人物名皆以化名或代號表示，以顧及研究倫理。

[4]此為研究者之代號。

▶▶在小孩說要做成一條條的口香糖後，我直接詢問小孩口香糖需
不需要外包裝，顯然我已把我心中的預設做法直接給小孩做兩
選一的選擇。

這次的教學經驗讓我不斷地思索「何謂好的態度？」、「何謂開放性
問題？」、「何謂好的問題？」，我又如何能以好的態度去問出好的問
題？最後，我決定以此作為我的研究主題，並以我的實習輔導老師（下
文以輔導老師或老師稱之）作為我的研究對象，同時亦為我的學習對
象，以此研究能作為實際主題教學時之事前準備，以期當我在進行主題
教學時教學拋問技巧能更加純熟。

二、研究目的

本研究過程乃是透過觀察研究輔導老師，反思自己目前的想法及做
法，提出行動策略，再於主帶兩週主題發展時實際行動，進而檢討缺
失、思考下次改善之行動策略，同時再針對輔導老師做觀察及討論，以
如此反覆循環之過程，希冀達到自己拋問技巧之精進。也藉此研究探討
釐清幾個問題：

1.「好問題」的基本特徵為何？
2.「好問題」歸納的模式為何？
3.運用「好問題」的策略與方式為何？
4.團討議題的選擇為何？

透過對上述問題的探討，以達到下列研究目的：

1.瞭解「好問題」的型式及目的。
2.瞭解教師拋問時的角色及運用拋問之策略模式。
3.以此觀察研究為基礎，提供研究者實際拋問的策略、檢視行動缺失
並提出建議。

4.探討團體討論之功能。

三、名詞定義

1.開放性問題：與封閉性問題相對，乃激勵學生探索各種可能性以及
新的發現，破除墨守成規、拘泥既有的習性；答案通常不若封閉式
問題的簡短，重視容多納異，不強調唯一的標準答案，即發問者事
先縱使已有自己的答案，也不排斥其他不同的答案。

2.好問題：具開放性，且為針對教學目標與主題所發展之問題，且有
助於引導做幼兒創作性思考，及有助於主題的發展，並能依照不同
幼兒而改變拋問深淺、多寡程度的問題。

3.自由角落時間：是指幼兒園早上八點至十點，幼兒可自由選擇自己
有興趣的角落及活動，老師則作為幼兒之玩伴與指導者，適時引導
幼兒深入活動內容。

4.團體討論時間：指幼兒園早上十點之後，停止各角落活動，集體透
過老師的引導，為教室所發展之主題有更進一步之討論。

貳、文獻探討

張玉成（1984）在《教師發問技巧》中解釋，「發問」是引發他人
產生心智活動並作回答反應的語言刺激，是促進學生思考發展的有效途
徑之一。而思考旨在解決問題，因而教師發問等於給學生製造問題，要
他們去思考解釋，促進其思考能力之發展。另外，發問技巧與思考教學
具有密切的關係。因為教師提出問題，學生便須動用心思尋求答案：或
由既存知識中找答案，或另闢路徑探求，在作答過程中，心靈不停地運
用各種歷程去組織或重組資訊，這便是一種有意義的思考作用（Lawson,
1979）。

　　張玉成又提到發問技巧應從四個面向來看：「問題內容」、「提問要領」、「候答技巧」、「理答技巧」。問題內容是開放式亦或閉鎖式；提問時，是否各類問題兼顧、運用有序、注意語言品質；候答時，時間不宜過短、不重述問題、指名普遍；理答時（即接續回應），應注意傾聽、給予鼓勵、匡補探究、歸納答案。且其認為國內教師發問時，多犯內容偏重認知記憶性、候答時間過短、重述問題、喜於對學生作消極性批評、參與發問人數不夠普遍之缺失。

　　近年來有關於「師生口語互動」方向的研究有羅採姝（1997）以台北縣永和市優優幼稚園的嘟嘟班，大班老師一人和三十位幼兒為對象，採用質化研究方法，以觀察法中之參與觀察法進行教室教學的觀察記錄。其主要目的在於瞭解幼兒園教師師生互動的內容、特性和影響因素等歷程，其研究發現：角落活動和團體討論師生互動的異同為：(1)互動對話的內容都與主題／課程息息相關；(2)對話的模式方面，角落和團體討論都相同；(3)對話的特色方面，師生間的對話互動主要都是一位老師對多位幼兒的互動對話；(4)在教師扮演的角色方面，不論是角落還是團體討論，老師經常運用提問問題的方式，來達到互動的目的；(5)影響師生互動品質的因素方面，幼兒的特質深遠地影響著師生互動對話的品質。在教師的角色方面發現：教師為了達到瞭解幼兒的想法和行為，刺激幼兒更進一步的思考、合作而表現更好的行為，常用的策略為：角色扮演、提問、指示與提醒、製造情境事件、以玩物和作品為媒介、提供教材、宣傳活動、糾正、鼓勵、讚美等策略進行幼兒互動，其中以角色扮演及提問為最常使用的方式。

　　張靜文（1997）在幼稚園教室中討論之分析研究中，以一個幼稚園的兩個班級進行實地觀察，觀察過程中輔以錄音、文件蒐集、訪談等方式，進行資料蒐集工作，主要在瞭解幼稚園教室的討論、一般情形、進行的歷程及影響幼稚園教室中討論進行的因素。其研究發現：(1)幼稚園教室中討論通常發生於「工作進行」、「觀念澄清」、「規則建立」等三種情境中，而討論的類型有：「教師引發，教師延續」、「教師引發，幼

兒延續」及「幼兒引發，幼兒延續」等三種；(2)討論的歷程共有：「討論引發」、「凝聚焦點」、「討論進行」及「討論岔題」或「討論結束」四個歷程；而分析討論進行的因素有：「討論的話題」、「教師的介入」、「教師特質」、「參與討論幼兒的特質」及「是否形成討論共識」等五點，但這五點因素都可能對討論產生正面或負面的影響。

　　林怡伶（2000）以一位以全語言理論爲教學精神的資深幼教老師爲研究對象，在探究幼稚園大班的小組活動中，師生的問答的歷程，以瞭解幼教老師如何運用提問以及對幼兒回應的接續回應，來架構其教學內容，以實現幼兒爲中心的教學方式。該研究中發現：(1)在小組活動中，老師提問的時機主要是爲了擴充主題的發展以及促使教室活動順利的運作；(2)該位老師的問句多從活動中具體操作的感官經驗出發，並連結幼兒目前所學的生活經驗；(3)在小組問答歷程中，參與小組活動的幼兒，在認知、語言表達、社會互動方面顯示出屬於大班年齡層的特性；(4)在問答歷程中該教師回應的特色是：營造支持性的學習氣氛，以幼兒想法爲中心，再擴充深入的問話策略，以各種對幼兒回應的接續回答，搭建學習的內容，並且和幼兒共同建構學習內容。

　　羅鳳珍（2004）在一幼稚園大班中，以研究者及觀察者的身分與共同帶班的老師進行「反思教學」，來檢視在師生口語互動上的缺失並改進教學，在其省思結果中發現：(1)在互動歷程中的缺失，包括教師的直接灌輸並不能引起師生之間的互動、對話模式的僵化、談話的參與結構不能滿足幼兒的好問好奇、候答時間太過短促；(2)教師提問的缺失有：問題不能吸引幼兒而影響口語互動的進行、提問的內容不符合幼兒的發展、問題的應用少有變通；(3)教師接續回應的缺失中包含幼兒引發互動後的回應、訊息詮釋後的回應、對岔題的回應。

　　在其經過反思，改進教學後發現，在師生口語互動歷程中，教師與幼兒討論之話題內容需符合幼兒的興趣、避免直接灌輸、引導幼兒主導互動以突破僵化的對話模式、改變對話的參與結構、增加候答時間、問題類型交換運用，以刺激幼兒的思考、鷹架概念的運用及凝聚同儕的力

量，腦力激盪，以解決幼兒的問題。

　　綜上述之文獻，教師的反思是必要的，需時時檢視與幼兒的互動是否良好，拋問是否有發展性、能否掌握幼兒的興趣、問題符合幼兒能力發展與否，皆是以引導幼兒主導情境發展之要件。

參、研究方法

一、研究場域介紹

　　本研究中以永和市快樂幼稚園小班（愛愛班）為研究及行動場所。該園所「主題教學」進行的方式主要是教師根據上一主題的發展情形，找尋幼兒興趣主題，再考量教師欲提供給幼兒的新經驗，決定下次新的主題。愛愛班大多於主題開始的第一天由教師與幼兒討論新主題的內容，接下來情境的發展由幼兒主導、製作，教師則配合幼兒興趣，引導幼兒豐富主題的發展，及協助幼兒大情境的布置。

　　自由角落時間幼兒可自由選擇所欲進行的活動，教師則於各角落間觀察、參與幼兒活動，適時提出問題以瞭解幼兒想法與引導幼兒深入活動內容，或引導游離幼兒進入角落、鼓勵幼兒嘗試新經驗等。團體討論時間乃教師針對今天活動內容發展與幼兒做分享討論，並引導幼兒提出新情境的發展與布置方法，再於分組活動時進行。因此，每天教室裡都有不同的情境發展，每天都充滿挑戰。

　　主題教學時間為每日上午，其時間流程如下：

　　　　角落自由時間　　08:00～10:00
　　　　團體討論時間　　10:00～10:30
　　　　點心時間　　　　10:30～10:50
　　　　分組時間　　　　10:50～11:40

二、實施時間及資料處理方法

　　本研究分為兩部分進行，第一部分為觀察實習輔導老師與幼兒之對話互動；第二部分是針對自己實際教學所做之行動研究。第一部分之研究時間始於九十三學年度下學期的第三個主題——「我最喜歡……」，時間為 2005 年 5 月 16 日至 2005 年 6 月 30 日止，其中 5 月 16 日至 6 月 17 日為觀察記錄輔導老師與幼兒的拋話和互動，並加以分析歸納，於本章之「主題教學中的拋話與互動」說明；第二部分實施於 6 月 20 日至 6 月 30 日，為自我實驗及檢測的部分，將以針對輔導老師所做之分析與歸納作為評量指標，印證自己從中學到、做到何種程度，是否為一有效學習，於「行動歷程」中說明。

　　資料之蒐集乃針對輔導老師與幼兒的拋話和互動做觀察記錄，整理成逐字稿後，並從中歸納分析老師之拋問及與幼兒之互動；個人每日教學之記錄與省思，為教學困境提出行動策略，以增進個人教師發問技巧。

三、研究歷程（如圖 2-1）

　　本研究依研究問題分四大研究目的，做研究分析與實際行動歷程之探討：

1. 「好問題」的型式及目的：乃是依照研究問題第一、二點，「好問題」的基本特徵及可歸納的模式，又分成兩項討論：(1)問題類型；(2)使用問題的目的。
2. 教師拋問時的角色及運用拋問之策略模式：即為研究問題之第三點，運用「好問題」的策略與方式，其中亦分為兩點做討論：(1)教師拋問時的角色；(2)拋問運用之策略模式。
3. 行動歷程：根據目前缺失擬定行動策略，實際行動後檢討思考遭遇之困境，並提出下次行動之策略，以再次行動之過程。

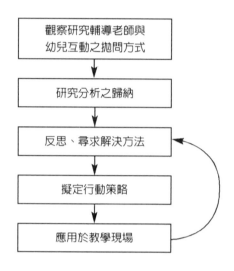

圖 2-1　研究歷程圖

4.團體討論之功能：此目的之研究內容乃是先透過觀察研究實習輔導
　老師，反思自身之教學與討論，以歸納出何種事件和議題可於團體
　討論時提出。

肆、研究分析與發現

　　本研究結果分兩部分呈現，第一部分為歸納分析輔導老師在主題教
學中與幼兒互動時的拋問技巧，第二部分則呈現我以輔導老師為學習對
象，真正將拋問技巧應用在自己教學上的行動歷程與反思。

一、主題教學中的拋問與互動

　　此為觀察、記錄實習輔導老師對幼兒之拋問方式與互動，整理歸納
後分析如下：

（一）問題類型

在研究過程中發現，輔導老師所採取之問題類型有以下幾種問題類型：Who、What、Why、Where、When、How、Any other。其中，除了最後一個類型：「Any other」，各型問句都有助教師瞭解幼兒目前遊戲的情境，差別僅在於問題的方向，因此老師用不同的問句，獲得的方向也會不同，亦能增加教室內情境的多元性、豐富性及趣味性。

◆ Who

在一個情境中，小孩在做某些特殊行為，老師初進入此情境時，會以詢問小孩角色為何的方式來瞭解目前的情境，以利於接下來可如何與幼兒互動，例如：「你是誰？」、「你變成誰？」。

◆ What

What 型的問題，是輔導老師於研究時間所使用最多次的問題類型，且依照不同的情境，有不同的使用方式。例如：「這是什麼？」、「發現什麼？」、「發生了什麼事？」、「有什麼不一樣？」、「有什麼辦法？」、「還需要什麼？」、「你覺得……？」、「有什麼感覺？」、「是什麼樣的？」、「你要做什麼？」……。其目的除了讓老師瞭解幼兒的想法外，主要是為了能夠引導幼兒深入情境，適時提供新刺激，鼓勵幼兒發揮創意及創造力、培養對周遭之感受力，並激發其獨立思考，以獲得自己解決問題的能力。此型問句可使話題具有延伸性，在研究者與幼兒的對話中，雖經常使用，但在問題方向的變化上卻顯單調。例如：在科學角中，幼兒在做觀察，研究者大多僅詢問幼兒「你發現什麼？」、「還有呢？」，若小孩沒有不同的答案，就結束了彼此的對話。

◆ Why

此型的問句，主要是教師欲促進幼兒的思考力、想像力及解釋推理的能力，對任何人事物皆能抱以好奇的心態。刺激幼兒逆向思考，而非用直接告知的方式，讓幼兒以主動性的方式去思考、學習。在使用 why 問句

後，最困難且最重要的是如何適切地延續討論，而這也是我較欠缺的部分，因此經驗的累積和持續的省思，或許是突破此困境之方法。

◆ Where

實習園中每間教室都是在上演不同情境的小世界，因此也必須發展出具體的情境。老師在與幼兒互動時，會引導幼兒進入教室中的情境，也因此會使用到此型問句。此型問句除了可以讓老師瞭解幼兒的想像，也可以深入瞭解幼兒遊戲的情境，進而益於接下來的情境發展與布置。在自由角落活動時間時，教室中會有游離的小孩，有些是還不清楚自己想玩些什麼，而在各角落外游走；有些則是已想好想要玩的角落，但因為個性或之前沒有類似的經驗，而在角落外躊躇不前。面對這樣的情況，老師可利用問句來幫助幼兒進入角落。

◆ When

輔導老師在此主題情境中使用「When型」問句，不只是讓幼兒清楚角落情境中教具的使用方法與時機，也讓老師知道了幼兒的認知情況，也幫助幼兒能夠玩得更仔細、更有條不紊。

【例 3-1-5.1：2005/06/02，台大醫院】

T：「為什麼都擦白藥膏？什麼時候要擦白藥膏？什麼時候要擦紅藥膏？」

C8：「這個時候要擦白藥膏，這個時候要擦紅藥膏。」

T：「什麼時候？有流血的時候還是沒有流血的時候？」

C8：「有流血的時候擦白藥膏，沒有流血的時候擦紅藥膏。」

◆ How

在主題式的情境教學裡，教室裡每天總會有不同的、新鮮有趣的新發展，同時也可能會有大大小小不同的問題發生。而老師會適時的用遊戲、輕鬆的方式鼓勵幼兒自己想出解決的辦法。而當老師發現幼兒有令人感到驚喜或讚賞的行動時，老師也會主動去瞭解幼兒是如何做到的。

另外，在創作角，此型問句的出現更是頻繁，主要是要引導幼兒能夠有更具想像、可行、具體化的作品出現，來增強幼兒的想像力、創作力及解決問題的能力。

◆ Any other

在這次主題的進行中，最常聽到輔導老師問的，就是「Any other 型」問句。從主題的一開始，老師就不斷問著：「有沒有什麼不一樣的玩法？」、「還可以怎麼玩？」、「除了……，還可以……？」，老師一直期待、鼓勵著孩子有不一樣的有趣想法出現，一直到主題結束前最後的大活動（高潮活動）時，還是秉持著這個想法──讓幼兒有創意，不跟別人一樣。

除此之外，當有人想出不一樣的玩法、方法、甚至是創作時，老師都會公開讚揚幼兒充滿創意的行為，以刺激其他的幼兒，除了學習之外，更能激發不同的表現。

而老師的重點不在於「不一樣」是否要是更好或是更有趣的，老師的「不一樣」不關乎好壞，著重的是幼兒的「創意」，老師僅在意的是純粹的「不同」，只要是可行、是成功的，那就是值得讚許的。

在這主題中，溜滑梯一直深受小孩的喜愛，發展了幾週，小孩對溜滑梯的興趣仍不減。於是，在老師讓小孩盡情在此享受速度的快感時，也不斷地刺激小孩思考有什麼不同的玩法，由於小孩對溜滑的喜愛，也相當樂於研發新玩法。當小孩有新玩法時，老師也會請小孩與他人分享，其他的小孩看了，也會嘗試模仿這個新玩法，看看感覺如何，再從中思考是否能有更棒的玩法。可見此概念不失為培養幼兒創造思考力的良方。

（二）使用問題的目的

在前一點說明了輔導老師在主題中所使用的七種問題型式，然而，每一問句的背後，都有其目的。有些不同的問題型式有著相同的目的，而僅是利用不同的問題型式來表現其多樣性，再者，即使是相同的目的，也會

搭配不同的問題型式交互使用，以展現其變化與深入。我將老師使用問句的目的分析後歸類如下：(1)助於教室情境發展：「教師瞭解情境」、「引導幼兒釐清想法及角色」、「想像具體化」、「引導幼兒更深入情境」、「結合各角落」；(2)協助幼兒學習：「引導游離幼兒」、「引導幼兒有不同的新經驗」；(3)培養幼兒能力：「解決問題的能力」、「創意思考的能力」、「社會互動能力」。以下將以上述三小類分別做內容說明：

◆助於教室情境發展

　　教室的情境發展，端看幼兒的興趣與認知方向，而老師就利用不同的問題型式，來瞭解幼兒的興趣，並適時地給予幼兒新刺激，以及引導幼兒有深入的想像。

　1.「教師瞭解情境」：教室裡每個角落隨時都有不同的變化，老師在各角落間停留時，對新的發展需有所瞭解。首先瞭解了幼兒行為的原因、目的，才便於與幼兒有所互動，進而提出引導性問題，促進幼兒有所想法，將有助於教室中情境的發展。

　【例 3-2-1.1.3：2005/06/02，台大醫院】
　　T：「你拿白色的藥擦啊？還要打針啊！你為什麼腳上會有一個
　　　　大洞？……是因為跌倒，還是被車子撞到，還是在公園裡發
　　　　生了什麼事情？」
　　C8：「跌倒。」
　　T：「在哪裡跌倒？」
　　C8：「在馬路上。」
　　T：「哦，醫生已經在幫你擦藥了。」

　2.「引導幼兒釐清想法及角色」：在角色扮演的遊戲中，常可看到幼兒分工合作，老師會藉著提問的方式，來瞭解幼兒的想法和角色，但需注意的是，其背後也是幫助幼兒釐清自己的想法和角色，而能使遊戲有條理的進行、發展，使教室如同一小社會般。

【例 3-2-1.2.1：2005/06/03，烤肉區】

老闆（C8）自己吃了一口：「好好吃哦！」

T：「老闆，你今天速度很快耶，那有沒有刷烤肉醬？」

老闆：「有啊，C17 幫我刷的。」

T：「哦，你們兩位老闆會合作啊，C17 老闆負責刷烤肉醬，那你負責什麼工作？」

C8 老闆：「我負責拿去公園賣給小孩吃。」

T：「那是誰負責烤呢？」

C17：「C8。」

T：「哦，C8 負責烤，C17 負責刷烤肉醬是不是？」

3. 「想像具體化」：角色扮演的遊戲對幼兒來說，道具是不可或缺的、豐富、多樣、齊全的道具，將可促使幼兒更容易進入戲劇扮演的情境，而使得遊戲更活潑、豐富、精采。因此，老師除了自行補充教室中的教具外，亦利用一連串的提問，鼓勵幼兒將其想像具體化，自己創作遊戲中所需要的道具，不但會使遊戲情境有即時且深入的發展，更可培養幼兒的行動力與創造力。

【例 3-2-1.3.3：2005/06/09，台大醫院】

C5 醫生：「護士，請來幫 C22 擦藥。」

（護士擦了兩個地方）

T：「這樣就好了嗎？你剛剛不是說要幫她開刀嗎？開好了嗎？」

C5 醫生：「還沒。」

T：「好，那你們趕快準備。」

......

T：「開刀要準備什麼？」

C17 護士：「要先洗手。」

T：「嗯，那要什麼工具？」

C5 醫生：「夾子。」

> T：「可是這樣還是沒有辦法可以把肚子打開啊，有什麼東西可以幫忙把肚子打開？」
>
> C24：「可以自己做。」
>
> T：「嗯，那要做什麼東西？」小孩想了一會兒，終於有小孩說：「刀！」
>
> T：「有人想到辦法囉！那趕快去幫醫生準備刀。」

4. 「引導幼兒更深入情境」：老師會藉著進入情境的方式與幼兒互動，再藉由不同的問題和角色，慢慢地引導幼兒深入遊戲。有時我們會遇到小孩有童話般的想像，例如：在此主題（我最喜歡……）中，小孩扮演的醫生認為親病人一下就可使昏倒的病人清醒，有時我會陷入選擇的兩難，不知該引導幼兒進入實際社會，亦或讓幼兒保留童話想像；此時，輔導老師並沒有否定醫生小孩的解決方式，反而詢問病人小孩，而小孩扮演的病人也不以此滿足，其答案（要住院、要聽聽看有沒有生病）反而促使遊戲有豐富精采的發展。

5. 「結合各角落」：主題的發展往往是以各個角落開始的，小孩大多也都於同一角落中遊戲，當他們想到另一角落時，則會完全跳脫此角落。因此，老師給小孩不同的問題和建議，使不同的角落得以結合。不但可使不同角落的小孩有更多的任務，以保持其興趣，也使得教室內主題的發展更具完整性，同時也讓小孩知道各個角落的教具是有互相結合的可能，而非僅能於固定之角落中使用。

◆協助幼兒學習

主題式教學的學習方式，主要是透過角色扮演的遊戲方式來進行。對於大部分的幼兒來說，這是個有趣的學習方式，也多能夠主動參與。然而，並非所有幼兒皆是如此，因此，老師必須特別注意是否有無法進入此學習方式的幼兒。

而老師所使用的方式，不只是使用問句，多會利用「給幼兒任務」的方式進行，至於老師給幼兒任務的方式，是以鼓勵、有趣的角度切

入，讓幼兒覺得有趣，進而有效的降低幼兒拒絕進入角落的機會。

再者，主題式教學的情境發展，多是以幼兒的舊經驗與興趣為主，但這並不足夠讓所有的幼兒有充分的學習，因此老師會適時的引導幼兒做新嘗試，不同以往的新奇經驗，也許會使部分幼兒害怕，但也使得幼兒有更多的經驗，擴大其視野，將更有助於未來的學習。

1. 「引導游離幼兒」：當有幼兒未決定欲進入的角落，或忘記教室的規則，而在教室中游離時，老師會適時地鼓勵、引導幼兒進入角落。再者，由於小班小孩的專注力不足，常是跳躍性思考，當老師引導幼兒進入某角落時，亦會不斷地回來關心幼兒的情形，老師的關注將使得幼兒感到此角落的有趣。

【例 3-2-2.1.1：2005/05/27，結晶實驗】

　　T：「C1，你來試試看這個，你還沒有玩過結晶實驗嘛，你來試試看，看看鹽水吹乾會不會有結晶跑出來，還是糖水會有結晶。」於是C1就到結晶實驗區去玩了。

2. 「引導幼兒有不同的新經驗」：即使教室內有許多不同且有趣的角落，但每個幼兒的個性、喜好不同，因此也可能會有長期只在同一角落遊戲的情形。為均衡幼兒的各項發展，老師會鼓勵幼兒做不同的新嘗試，以培養幼兒主動的學習態度及開放的心胸。

如何使游離的幼兒進入角落活動，常是新手老師之困擾，亦是我實習初期的困擾，所幸經過時間和經驗的累積，已能掌握幼兒的個性及特性，適當引導幼兒進入角落。即使是經常於固定角落活動的小孩，也能鼓勵其給予自己不同的經驗。

◆培養幼兒能力

學習，並不僅只於知識上的學習，「帶得走的能力」的學習，才是我們更重視的。

1. 「解決問題的能力」：人的一生中，都會遇到很多的問題，更何況是在幼兒時期，即使在遊戲中，同樣會遇到不如己意的問題，因此，我們著重於培養幼兒自己解決問題的能力，例子中，老師或提出問題，或將問題交還給幼兒，都是在培養幼兒解決問題的能力，而這項能力在其未來的成長與生活上，都將獲益無窮。

【例 3-2-3.1.2：2005/06/09，台大醫院】

在醫院裡當醫生的 C5：「老師，都沒有人來看醫生。」

T：「那你要自己想辦法，你是醫生啊，要自己想辦法。」

（過了一會兒，還是都沒有人來）

C5 醫生對大家說：「誰要來看醫生？」

（有小孩聽到了，大喊：「我！」，舉手表示他要看）

T：「C5 醫生，你看你想個辦法就有人舉手說『我』，他想要看醫生啦！」

2. 「創意思考的能力」：在教室內遊戲的過程中，對幼兒總會有許多考驗，在將想像具體化的創作過程中，更是需要許多創意，而小小腦袋更是必須不斷地思考。而老師就用輕鬆有趣的態度和一連串的問題及鼓勵，使幼兒有精采的表現。

3. 「社會互動能力」：前面說過，在主題式教學的教室裡，就好像一個個小社會般，因此，幼兒間的互動，也是一項重要的學習。小班的幼兒有時會不知如何與他人互動，老師會搭配著問題，和「給幼兒任務」的方式來幫助幼兒互助學習及培養良好社會互動能力。

【例 3-2-3.3.3：2005/06/10，烤肉區】

欣怡老師：「老闆，你烤好了嗎？我聞到香味了！」

C12 老闆：「還沒！」

欣怡老師：「會不會烤太久，烤焦了？」

C12 老闆笑：「不會啊……」

欣怡老師：「好想趕快吃到哦！那你烤好的話，想想看可以怎麼

樣讓別人知道你烤好了。」

由於研究者之成長經驗，對於幼兒能力的培養亦格外重視，因此也是做此行動研究之主要動機。

（三）教師拋問時的角色

教室裡進行著角色扮演的遊戲，幼兒在教室中有不同的角色，而老師也可以有不同的角色。而要使幼兒能夠有良好學習，老師必須使用多樣的問題，來協助幼兒各方面的學習與成長。要強化拋問的功能，不可忽視的是老師拋話時的角色與態度，適當的角色與態度，將使得拋問更有效果。

僅管教師的角色是多樣的，但探其最終，我依此次的觀察記錄將輔導老師所扮演之角色粗分為「遊戲者」與「引導者」兩大角色。

◆遊戲者

與幼兒最好的互動方式就是用遊戲的方式，因為對幼兒來說，遊戲是好玩的、快樂的。在面對一大群幼兒在做角色扮演的遊戲時，老師和幼兒互動的最佳方式，就是拋棄大人的角色，讓自己也融入情境，進入幼兒的想像，在幼兒想像的世界裡，用幼兒的方式來與他們互動，將會獲得其良好、熱切的回應。

因此，在這段觀察輔導老師的期間，可以發現在任何情況下，老師皆會用幼兒的角度和方式來與他們對話：在稱呼上直接稱呼其角色名稱；在態度、語氣和談話內容上則隨著情境的變化而做不同的改變。那是種平行的地位，而非上對下的態度。這樣平行且直接進入情境的方式，讓幼兒感到老師是認同他們的想法和角色的，這將使得幼兒樂於與老師分享和回應，而老師也能更瞭解每個幼兒的想法、思考模式及個性等等。

【例 3-3-1.2 ： 2005/05/26，烤肉區】
T ：「C9，那個烤熟了嗎？可以吃了沒有？」

C9 ：「還沒有烤。」

T ：「那我等一下過來的時候可以請我吃一根香腸嗎？……謝謝
你，我要刷烤肉醬哦！我要刷多一點哦！」

（C9 拿香腸給老師吃）

T ：「可以吃了嗎？哇，好香哦！那我也請你吃一口。」

C9 ：「啊嗯。」（作勢吃了一口）

T ：「嗯，好新鮮哦！這是你剛剛去市場買的嗎？好新鮮的味道
哦！你看看公園裡面有沒有小孩要吃。」

◆引導者

除了與幼兒遊戲外，不能遺忘身為教師的責任，必須適時地協助、
引導幼兒學習。在引導者的表現上，輔導老師所搭配的是「不斷回溯」[5]
及「表現高度的興趣」的方式。

當輔導老師對某幼兒或某角落提出某問題（任務）後，在一定的時
間內，會不斷地回頭來關心幼兒的進度或發展情況。同時也會表現出高
度的興趣，讓幼兒感受老師對他的鼓勵和認同，使幼兒能於此項活動中
保持熱度，進而發展主動、樂觀的學習態度。

【例 3-3-2.1 ： 2006/05/24 ，科學角】

（C21 在觀察青蛙）

T ：「你發現什麼？有些青蛙已經沒有在水裡面囉！有沒有？
哇，有五隻青蛙了耶！這兩隻青蛙有什麼不一樣？」

C21 ：「一隻有尾巴，一隻沒有尾巴。」

T ：「咦，真的耶，那你覺得哪一隻會先變成青蛙？」

C21 ：「牠（沒有尾巴的）。」

T ：「為什麼？」

C21 ：「因為牠沒有尾巴。」

---

[5]在本文中指老師於短時間內再次關心、詢問之前對幼兒所拋出的問題或給予之任務。

T：「哦，因為牠的尾巴褪掉了，那你把你的發現畫下來，我好想知道你有什麼發現，我們等一下可以跟小孩介紹，我們可以把它貼在牆壁上，可以讓其他小孩知道你的發現，等一下再來跟我介紹哦！」

（C21畫好了來跟老師介紹）

T：「這隻青蛙在做什麼？」

C21：「看下面。」

T：「那你可以跟我介紹一下嗎？這個是什麼？」

C21：「牠的腳。」

T：「牠的腳全部都在屁股下面嗎？還是有長在旁邊？你再看仔細一點，把它畫下來，再畫一次，如果忘記了，就再看一下。」

（C21畫了一半）

T：「哇，這是什麼？前腳還是後腳？」

C21：「前腳。」

T：「前腳啊，那你再畫後腳，C21不錯哦！愈畫愈好了！」

老師不斷地關心幼兒記錄觀察的情況，讓原本觀察不甚仔細的幼兒，有更細緻的觀察記錄。

教師不斷地關心幼兒活動的發展，同時運用「不斷回溯」與「表現高度興趣」兩種策略，將使原本不甚熱衷、細心的幼兒，有更細緻的表現或願意有不同的嘗試，這也是所謂正增強的具體措施。

（四）拋問運用之策略模式

在分析這次記錄輔導老師與幼兒的對話與互動時，發現有其特殊模式，而此特殊模式主要是老師與幼兒對於某事物的解決方法的步驟，且此模式為循環模式，除非試驗結果成功，否則在任何階段，皆可回到第一階段：老師提問。模式依發生情境不同，而其各細節部分也略為不同，經整理後歸為三種模式，再將模式以發生時間分為兩類：(1)自由角落活動時間；(2)團體討論時間。

◆自由角落活動時間（如圖 2-2）

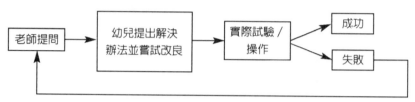

Back（第二次以上的提問為讓小孩更清楚問題討論的重心，並有更好的想法，而適時調整拋問的方向）

圖2-2　自由角落活動時間教師拋問運用策略圖

◆團體討論時間（如圖 2-3）

【團體討論時間】Ｉ

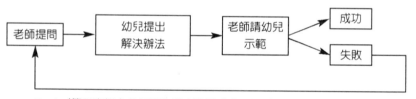

Back（第二次以上的提問為讓小孩更清楚問題討論的重心，並有更好的想法，而適時調整拋問的方向）

【團體討論時間】Ⅱ

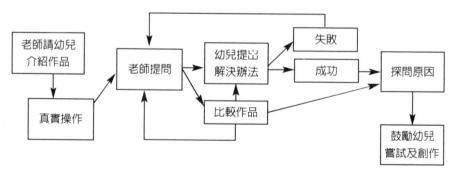

圖 2-3　團體討論時間教師拋問運用策略圖

（五）小結

從上述三個模型中，「老師提問」與「幼兒提出解決辦法」兩項交互進行的反覆次數相當頻繁，老師會視幼兒提出的解決辦法做判斷，在這樣的相互激盪中，幼兒會從這一個個成功經驗中，學習到不同的經驗而不斷地成長。

二、行動歷程

本次行動以教學觀摩為改進之基準，並在觀察分析輔導老師的拋問技巧之後，藉由學習輔導老師的拋問技巧，實際應用在自己所進行的主題教學。在主題教學中透過策略、行動與反思來增進個人拋問技巧。此次教學主題為「好玩的夏天」，在歷時九天之教學中，共進行三次策略與行動，歷程如下：

（一）好的開始——教學觀檢討後之策略與行動

◆困境一

檢討自己在教學觀摩時，角落自由活動時間也許因為經驗的不足，我常不知該如何與幼兒深入對話，不知該如何引導幼兒更融入情境，又常使用封閉式問題，因此難有創新的發展。再者，在團討時，輔導老師能有適當等待幼兒回應的時間，反觀自己，卻容易因時間的空白而感到緊張，不免會有自問自答的情形發生，然而這樣即失去開放性拋問的意義。

◆策略一

藉由這次的研究，仔細觀察分析輔導老師與幼兒互動的方法及策略，發現輔導老師大多使用開放性問題提問的方式，並不時變化問題的方向，也耐心等待幼兒的回應，因此與幼兒的對話總是不會停止。因此，在這次的教學[6]中，我提出以下策略：

---

[6]指實習園給予實習生兩週實際帶領幼兒進行主題教學的經驗，本次時間 2005/6/23~2005/6/30。

1.以不同的切入點、開放式提問，引發幼兒想像。

2.增加候答時間、適當的留白。

◆行動一

在主題第一天，益智角有第一關撈魚遊戲、科學角有寄居蟹的加入，因此在角落時間與幼兒的互動上，一開始就有不錯的表現。我嘗試以不同面向的開放性問題向幼兒提問，也利用情境適當的引導幼兒與寄居蟹有不同的互動，如替寄居蟹取了名字、表達寄居蟹在手上爬動的感受、幫寄居蟹舉辦賽跑比賽、設計寄居蟹的城堡等等。只要能夠繼續觀察幼兒在情境中的感受，及拋出不同問題來刺激幼兒，將可使情境發展更為豐富。

◎日期：2005/6/20

◎角落活動：科學角

Tm.：「牠喜歡你耶，在你手上爬來爬去！……牠爬的時候，有什麼感覺？」

C10：「好像在搔癢哦～癢癢的！」

Tm.：「你們想帶牠們做什麼？」

C09：「要讓牠們比賽！」

C17：「我要幫牠們蓋城堡！」

Tm.：「不錯哦，好好玩哦，那你們試試看。」

▶一群小孩開始試著用小石頭幫寄居蟹做城堡；另一群小孩看哪隻寄居蟹跑最快。

由於主題的發展是由孩子的興趣決定，而情境的實踐更是孩子的想法及創意，因此在團討時，我留了許多空白，不去設想任何答案，讓幼兒去想像。而孩子也給我了許多不同的創意。

◎日期：2005/06/21

◎團體討論：（前一日與幼兒討論後，我將教室做規劃，將海的位

置區隔出來）

Tm. ：「海是什麼樣子？」

C08 ：「藍色的。」

C04 ：「很大一片。」

Tm. ：「以前我們教室裡的海都是平平的、在地上的，在海裡只能趴在地上，這次我們要有一點不一樣，想想看這次要怎麼樣讓我們站著的時候旁邊也都是海，可是又還可以呼吸？」

C17 ：「在櫃子上貼上一條條藍色的繩子，再拉到海的另一邊。」

Tm. ：「哦～那站著的時候，身體下面都是海嗎？……可是別班的小孩來的時候，只看到有藍色的繩子，下面都是空空的啊，要怎麼樣讓藍色繩子下面看得出來那裡是海？」

（重複問題後小孩沒有反應，於是先請C17教我們如何在櫃子上方貼藍色尼龍繩。貼完後，矮櫃上的藍色尼龍繩成連續閃電狀）

Tm. ：「我們現在只有看到這裡有一條條彎來彎去的繩子，但是這下面空空的，還看不出是海耶，怎麼辦？我們可以再加什麼？」

（小孩想了一會兒）

C17 ：「用藍色的繩子綁一條條垂在地上。」

Tm. ：「你說垂一條這樣嗎？」

C17 ：「嗯。」

Tm. ：「嗯……有沒有什麼辦法可以讓這個細細的變很多？讓我們看起來都是藍藍的，不是一根根粗粗的線？」

C17 ：「可以把繩子撕開來，變成很多一條一條細細的。」

Tm. ：「嗯，這樣海裡看起來就很多藍色的，不錯哦。……還有呢？我們還可以怎麼做？」

C19 ：「在海底放球池裡藍色的球。」

Tm. ：「好，那我們等一下分組就來做海，有的小孩負責在教室幫我們做海，有的小孩幫我們到四樓球池拿藍色的球。」

▶雖然在一開始給小孩「在海裡站著」的想法遇到一些困難,但是經過時間和逐步進行後(先把藍色尼龍繩貼在櫃子上,再來討論海水的部分),用開放性的問題和適當的候答時間,小孩想出的辦法已相當不錯。

策略一在角落活動的行動尚算成功的同時,卻在團體討論時間發生了一些困境,造成團體討論進行的阻礙。

(二) 陷入膠著──與幼兒的討論停滯不前

◆困境二

由於採開放式提問,因此我在提問時為避免隱含暗示,問題也顯得較籠統、大範圍,例如:上述2005/06/21團體討論的例子中已把海完成,接下來就要開始設計周邊的情境,因此,我直接詢問幼兒「要怎麼樣進去海裡面?」,但這卻使得幼兒無法清楚瞭解我所要問的是什麼,或者根本聽不懂我的問題,而我又只是重複著相似的問句等待著他們的回答,好不容易等到了答案,卻沒有真正回答到問題的核心,因此,我在團討與幼兒的對話中,常陷於膠著。

再者,由於我事先未預設答案,當幼兒提出答案時,我的經驗和能力無法及時歸納幼兒的想法,同時從中找尋可行的方法,進而追問具體的細節。反而隨著幼兒的想法而搖擺,以致於沒有善用團討時間,且未做方案可行性之評估。

◎日期: 2005/06/22

◎團體討論:

　　Tm.:「我們昨天已經把海做好了,但是因為櫃子有點高,那我們要怎麼樣進到海裡面呢?」

　　　　(小孩沒有反應)

　　Tm.:「你們有沒有去過海邊玩?……想想你到海邊的時候,怎麼樣到海裡面的?」

（小孩依然沒有反應）

Tm. ：「用走的嗎？還是用爬的？」

（少部分小孩遲疑的說用走的）

Tm. ：「……海邊有什麼？……你們在海邊看到什麼？」

（等待了約十秒，小孩開始有答案）

C25 ：「有很多沙子。」

Tm. ：「那你們是怎麼到海裡面的呢？」

C15 ：「用走的。」

Tm. ：「那我們教室裡的海，你們想要怎麼進去呢？這個櫃子這麼高，不好進去，有沒有什麼比較好進去的辦法？」

C08 ：「斜斜的走進去。」（手比出方向）

Tm. ：「做一個斜斜的，再走進海裡。好，那要怎麼做呢？怎麼做可以走上櫃子的地方？」

（等待了一段時間。）

C19 ：「用上次滑溜梯的板子（榻榻米板）。」

Tm. ：「……好，那我下午幫你們試試看。////// [7]」

▶▶在這段討論上就花了約十五分鐘的時間，過程甚至有點沉悶，因為時間的限制，所以僅接受一個小孩的答案。但團討後，輔導老師表示，矮櫃並不好使榻榻米板牢固，有安全及使用效益上的疑慮，因此，於點心後，與幼兒再次討論。

◆策略二

　　輔導老師在與幼兒問答時，常會先去思考其目的為何，可以用什麼樣的方式來提問，用適合幼兒發展的問句內容來提問。面對自己與幼兒討論陷入膠著的情況，與輔導老師討論後，瞭解幼兒思緒不似大人般成熟，因此當幼兒不明白我們所提出的問題時，可以給予更細緻、具體的問題，但不給予暗示；又當小班幼兒對於提出的構想大多不可行，又無

---

[7]考慮研究需要，以下省略之記號。

更進一步的想法時，可以給幼兒較具體的幫助，例如：提供幼兒各種較具體的建議或選擇等。

◆行動二

　　由於大海是立體的設計，因此在進入海裡時，必須爬過矮櫃，因此要設計進入海裡的方法。在團討過程中，小孩提出的方法多為舊有經驗，且有些方法並不可行，在長時間的等待下，小孩一直無法出提出具體的辦法，即使有小孩想到可能可行的材料（小圓凳），卻無法說明其具體想法，因此進度一直無法前進。我考量到時間上的限制及小班幼兒可能需要更多資訊的提供，因此我詢問幼兒若教室內的物品皆無法使用時，可至何處尋找，幼兒隨即想到體能教室的小圓凳（幼兒因為情境經常使用小圓凳，故對體能教室裡的小圓凳有深刻印象），但為使幼兒有不同的新經驗，我讓負責該組的幼兒親自到體能教室尋找可能的材料。

◎日期：2005/06/22
◎團體討論：

　　Tm.：「我們剛剛討論進到海裡的方法要用走的，你們要用上次溜滑梯用的榻榻米做。但是這次我們的櫃子不好綁榻榻米，沒有固定好小孩在上面走可能會有危險，而且我們上次用過榻榻米，所以我們這次要再想想看有沒有別的方法，不一樣的，更好玩的。有什麼東西可以讓我們進到海裡？」

　　C04：「用桌子，放斜斜的。」

　　Tm.：「可是教室裡的桌子不夠了，還可以怎麼辦？」

　　C10：「用溜滑梯。」

　　Tm.：「我們剛剛說過不能用那個，因為……」

　　C25：「用四樓的小椅子。」

　　Tm.：「那要怎麼做？」

　　C25：「嗯……把它排兩排，然後……然後……再把它疊一個一個。」

Tm. ：「嗯……好，小孩，因為我們常常用到四樓的小椅子，想想
看有沒有其他東西可以用？是以前沒有用過的？」

（小孩沒有想法，有的小孩在下面嬉鬧）

Tm. ：「如果教室裡沒有你們覺得可以用的東西，還可以去哪裡找
可以用的？」

C04 ：「四樓。」

Tm. ：「那我們四樓的體能教室裡有什麼東西可以用來做我們的沙
灘？讓我們可以走進海裡？」

C05 ：「小椅子。」

Tm. ：「我們剛剛說過這次要用不一樣的，以前沒有用過的。」

C17 ：「輪胎。」

Tm. ：「輪胎太少了，而且不穩，小孩會受傷。」

（小孩又想了一會，還是想不出具體且較好用的東西，但時
間卻愈來愈緊迫）

Tm. ：「你們要不要到四樓去看看有什麼東西可以用？」

AllC ：「好！」

到了體能教室，幼兒看到了具體的教材，想法和創意源源而來，看
到大積木覺得可行，看到了跳跳床，也決定一起試試看，最後幼兒用不
同形狀的大積木和跳跳床組成了一個可爬、可跳的岸邊，讓幼兒每天進
入班級後，總喜歡先跳一跳，做做暖身運動再下水。

之前曾說到在愛愛班主題第一天的開始，通常就和幼兒討論出教室
主要的情境發展，因此我輕易可推估接下來幾個可能要進行的工作，對
於分組時間的工作我也不擔心，但是，我卻忽略了主題進度的掌握，而
造成自身心理上的壓力。

（三）焦急心結——情境發展的掌握

◆困境三

在帶班的困境除了上述團討時問題的適切性和引導外，亦有另一焦慮及問題選擇的困境：由於過去未深入參與主題發展，對於「團討時可提出的問題」，一直是自己所不太能掌握的，若無法掌握問題提出的時效性，可能會錯失機會教育的機會。但是在自己深入參與情境的發展後，我發現原來要提出適合情境發展的問題並不困難，因為角落自由時間孩子已有相當精采的表現和豐富的想法，因此在團討前，我已能掌握幼兒的興趣，也積極地想讓情境儘快實現，更期待有更有趣、特別的情境出現。

然而，因為我的急切（急於完成已知的情境布置工作），卻使得團討時拋出的問題過多，即使幼兒能夠針對討論的議題提出構想，卻於分組活動時顯得匆促而凌亂，更發生兩天團討出現相同問題的現象，不僅造成時間上的浪費（問題重複討論），且無整體之一貫性及即時性。例如：第一天即決定將把教室情境發展成沙岸，於是從第二天開始，研究者就提出：「要怎麼樣才不會讓海底的球跑出來？」第三天提出：「沙灘是什麼樣子的？」卻無法於當天分組活動時進行，到了隔天（第三天、第四天），又再次與幼兒討論相同的問題，才於隔天分組時間實際製作，而造成重複拋問的現象。

再者，在分組活動時，會以人數來分組（一組約十人），卻忽略活動內容的大小、幼兒是否能於限定時間內完成，而造成預期計畫[8]比進度快的情況發生，進而引起教師的焦慮及挫敗感。

◆策略三

面對上述情況，使我再重新研究過去觀察輔導老師的紀錄，並與輔導老師討論後發現，由於我所帶領的是小班的幼兒，而非已有豐富經驗和較高能力的大班，因此小班幼兒能力的發展是主題發展進度之一大考

---

[8]主題開始的第一天即和小孩討論出興趣方向，因此初期的分組活動可能是大情境的布置。

量。輔導老師在團討時的拋問，大多於接下來的分組時間實行，因此可能必須於團討前，先評估幼兒的工作能力與效率，做大致的分組計畫，再進行團討，如此不僅能使有限時間發揮最大的功效，更不會導致幼兒想法和記憶上的混亂，分組時，亦能有效掌握活動品質及時間控管。對此，提出策略如：配合幼兒能力，減緩情境發展速度，盡量不做過多的提問及分組活動；考量幼兒能力，適當提問及分組數；教室整體的情境可局部進行，至多分為兩組，小情境則可將工作簡化，並視帶班教師之人力決定組數及困難度。

◆行動三

在團討前先預設可能實行之進度，再提出問題；與幼兒討論後仔細考量幼兒能力，告知幼兒可能分組類別，再於點心後之分組時間正式決定組別。組別數配合情境及兩名帶班教師而分為三組，一人引導一組，並適時指導第三組（幼兒較能獨立完成之組別）。

由於團討前清楚考量幼兒能力，因此在團討時拋出的問題數（一到兩個大問題）與討論時間掌握上較為準確，且幼兒能有較清楚的思緒，分組活動也能於限定時間內完成。再者，在研究者進一步將幼兒能力搭配情境發展考量之後，不致操之過急，帶班之壓力與急迫感亦較為舒緩。

◎**日期**：2005/06/28

◎**團體討論**：這天角落活動時，寄居蟹不見了一隻，大家都找不到，因此於團討時提出此事件與幼兒討論。另外，益智角的發展已到第三關，因此由幼兒來協助第三關的製作。由於已非教室之大情境布置，因此不需全班共同製作，預設分為三個小組。

Tm.：「今天早上大家帶寄居蟹出來玩的時候，有人沒有保護好我們的寄居蟹，最小那隻寄居蟹找不到了。我們把寄居蟹帶出來玩，讓牠們在地上走的時候，怎麼樣才不會走不見？」

C17：「圍起來。」

Tm.：「哪裡圍起來？」

C20 ：「把城堡外面圍起來，讓寄居蟹在裡面走。」

Tm. ：「好，那我們等一下有一組來幫寄居蟹做圍牆。」

Tm. ：「我們益智角的第三關還沒有做好，我們第三關要玩挖寶藏
的遊戲。你們覺得海底有什麼寶藏？」

（小孩沒有什麼反應）

Tm. ：「你們早上在海裡玩的時候，在海裡看到什麼寶藏？」

C07 ：「金幣。」

C09 ：「藍色的金幣。」

C18 ：「寶劍。」

C15 ：「小汽車。」

C14 ：「水槍。」

Tm. ：「等一下我們請一組小孩來幫我們做益智角第三關的寶
藏。」

▶分組時，分為三組：製作寄居蟹城堡的圍牆、海底的寶藏、到
沙池挖沙子到教室裡的小沙池。做過心理建設，設想幼兒能力
後，較不易操之過急，這樣分組活動也能順利進行，於預定時
間內完成。

（四）小結

　　雖然這次主帶的主題教學實際上僅有短短的七天，但我可是絞盡腦
汁、費盡心力，只為給幼兒快樂的學習。可是對於毫無經驗的我，在七
天內卻面臨極大的挫折及困境，以至於教學結束時，感嘆自我訓練時間
過短，又欣慰終於能放開給自己的壓力。

　　這次教學讓我深感在旁協助與主帶之強烈差異，不僅使我學習思考
帶班時各個細節之考量，更讓我清楚自己在對幼兒能力的發展與掌握上
仍然不足。僅於一個角落中與幼兒的互動，是無法與整個班級的掌握相
等同的，且教師提問之深、廣度的拿捏，更非紙上談兵可意會，透過此
研究，我更加體會實際經驗累積與省思之可貴。期許自己在此研究後，

能更主動積極參與，並樂觀的接受挑戰。

伍、結語

一、研究資料分析發現

在蒐集、觀察、分析輔導老師的教學後，對於角落時間與幼兒的互動已有不錯進展，不再只和幼兒短短兩句就結束對話。不同問句的用法，可以有不同的效果，同樣的目的，也可透過不同的問句類型來展現，這使得老師能有效地與幼兒互動、協助幼兒主動學習。若能有多次經驗之訓練，將更能流暢且豐富的變化運用。

再者，為了能使好問題發揮其功效，還必須搭配「老師的角色與態度」及「拋問之策略模式」兩大要點。教師若能利用融入幼兒情境的遊戲者身分，及協助幼兒學習的引導身分，再配合視幼兒提出的解決辦法做變化之提問，與幼兒不斷地進行腦力激盪、交換想法，將有效促使幼兒思考能力、邏輯能力、創造能力及解決問題的能力等等。讓幼兒的遊戲，不只是遊戲，而是讓幼兒能充滿高度學習動機的變相學習模式。

此外，教師不能忽視幼兒的個殊性，必須仔細觀察各個幼兒的發展，依照其不同的能力發展做不同變化之期待，包括幼兒的解決問題策略、幼兒的創意表現等等。而老師所表現出的態度也深深影響幼兒的學習。輔導老師正向、樂觀、主動且創意的思考模式（價值觀），在老師與幼兒的密切互動中，悄悄地潛入幼兒的內心。老師透過不斷地表現其「模範」，讓幼兒聽到、看到，再將老師所欲傳遞的價值觀與規範，一點一滴的內化，這就是老師身教與言教的重要。

二、成長與體悟

在這短暫卻有極大挑戰的教學後，不僅讓我滿足帶班的好奇欲望，更讓我深刻體驗身為幼教教師的責任與艱難。對我來說，這次教學最大的困難即是忽略幼兒能力發展，導致自身心理上的壓力與幼兒的混亂，所幸能及時運用策略與行動改善此困境；而團體討論的困難度，也是在實際操演時，才能深刻體悟，也才有改善之具體策略。至於藉由團討從角落活動延伸到分組活動的要點是，當角落出現新的情境時，通常舊情境已發展至一個段落，可以新情境為發展主力（因為是小孩當下的興趣）。若孩子有所需求，或者在遊戲時有進行的困難，即可於團討提出討論，與幼兒共商解決辦法，再於分組時解決。又或者是老師預期可能會有何發展，或可再增加新經驗給幼兒時，亦可於分組活動實行。通常分組的決定（解決方法的決定）必須以小孩為主，是「小孩」可獨立完成、可馬上做出的。

雖然這次的教學表現並不能讓我感到滿意，短暫的主題發展也無法讓我滿足，但卻讓我體會何謂「知易行難」。教學時，必須評估班級整體之發展，進而配合發展採取適中的教學策略及問題深度，才能給予幼兒最佳學習環境。我無法說這次的策略和行動是否達到增進個人拋問技巧之能力，卻也給了我自己挑戰自己和瞭解自己的機會，若是能有更長的時間來磨練、檢視自己，也許會有不同的改變。我相信唯有透過持續不斷地紮實訓練和反省，才能成為一名優秀的教師。

三、研究檢討與建議

本研究由於研究資料蒐集的時間與過程上的原因，使得本研究仍有許多研究缺失。針對本研究所做的檢討與建議如下：

1. 研究時間太短，分析樣本不足。由於決定做此研究的時機太晚，已經到了實習的末期，因此僅以一個主題（五週）的發展歷程做記錄

分析，缺乏研究效度之精準度。未來可記錄多個主題，可做不同主題間之交互比較與整理，相信更具研究效度。

2.行動時間過短。由於某些技術上的限制，使得實際行動僅短短七天，行動起初即發生許多困難，雖已初步走過這些困境，卻沒有更多的機會看清成長後的自己，是否能蛻變成一隻美麗的舞蝶。若是將來能有機會做更多的訓練，也許能更加成熟。

參考文獻

李淑惠（1995）。〈幼稚園活動室互動行為之研究——角落與學習區之觀察〉。中國文化大學兒童福利研究所碩士論文，未出版。

林怡伶（2000）。〈幼稚園師生問答歷程之描述——以一大班的小組活動為例〉。國立台南師範學院國民教育研究所碩士論文，未出版。

張玉成（1984）。《教師發問技巧》。台北：心理。

張靜文（1997）。〈幼稚園教室中討論之分析研究〉。國立台灣師範大學家政教育系碩士論文，未出版。

羅採姝（1997）。〈幼兒園師生互動歷程分析——從一個老師觀點〉。中國文化大學兒童福利研究所碩士論文，未出版。

羅鳳珍（2002）。〈師生口語互動之反思——以一個幼稚園大班為例〉。國立屏東師範學院國民教育研究所碩士論文，未出版。

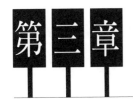

勇於改變的開始——
實習老師對主題教學的反思

林家弘[1]、王怡云[2]

---

[1]新竹縣私立名人托兒所負責人，原富岡國小附設幼稚園實習教師。

[2]元智大學師資培育中心講師。

摘要

　　反思的過程，不斷地運用在生活中以解決所面對的問題，形成珍貴的新經驗亦累積舊經驗的充實。幼教現場隨時都有新的發現，等待用新的策略來解決，策略可以是有經驗性、技巧性，更可以是有創意性，好的策略也不完全適用相同的問題，尤其在幼教現場中從事「人」的工作，但是策略的分享與討論才是最值得肯定的價值。

　　隨著時代的進步，幼教現場課程轉型有值得討論的價值。課程模式的改變也絕對不是單一在教學上採取不同的方式，更牽涉「人」的部分，老師、幼生與自我，不斷地透過言語的對話、文字的紀錄等，讓彼此間的磨合更加融洽有默契。本文提供現場教學模式改變的老師，文字上的對話，特別針對人與人之間細膩的情感描寫。

壹、研究動機與目的

一、研究動機

　　進入大樹附幼實習時，已經有一年工作經驗，所以較早嘗試主帶教學活動與課程設計，在上學期 10 月份時，正式與兩位輔導老師輪週教學，一週上午主帶（7:30～11:30）、一週協同上午教學活動與下午主帶教學活動（11:30～16:00）、一週協同下午教學活動（14:30～15:30），這是第一次嘗試主帶三十位孩子的教學活動，還必須面對大樹附幼從過去的單元教學活動轉型成主題教學的改變，因為過去工作經驗對於主題教學有所瞭解，但是，接觸從單元教學轉型成主題教學時，感受到孩子習慣教學方式的適應方式不同、教師對於主題教學有認知上差別等，重新釐清轉型下教師的思考過程，與尋求自我提升、教學經驗內化的經過，並從教學紀錄中觀察反思過程下所改變的歷程，對於已經有一年工

作經驗的實習教師有重新認清主題教學的課程模式，對於幼稚園教學模式轉型下教師自我提升等，有一點心情可以分享，讓想要改變自己課程的教師，可以獲得參考的價值。

改變的開始：

　　上週教學時兩位輔導老師對我的期待讓我有點壓力，辛苦耕耘後果實總是最甜美，這週輪到小雲老師主教上午課程，以前她曾經跟著一位實習老師學習進行主題教學，那一年經驗讓她對主題教學感覺很喜歡，隨著實習老師離開，小雲老師把對主題教學憧憬保存在心中角落，上週她瞭解我教學內容後知道一週時間內要把活動做一結束有點緊湊，可以延伸活動讓孩子繼續討論參與，對主題教學的感覺讓她大膽從當下開始嘗試，這週她會繼續跟孩子討論戲劇表演更改了既定的教學計畫，兩位輔導老師對我的信任讓我覺得自己實在太渺小，以一個實習老師身分去改變大樹附幼教學模式，這樣的改變造成老師們的負擔，其實老師對我的用心讓我感動，給我自由發揮教學環境和尊重我是一位老師的身分，讓我多一年真實體驗帶班感覺，這些都是我受到神對我的眷愛。（教師成長紀錄編號0012）

二、研究目的

　　1.重新釐清主題教學的進行概念。
　　2.藉由撰寫實習心得、主題紀錄，對主題教學作反思。

貳、問題分析

一、背景

　　在尚未來大樹附幼實習之前，對於幼教工作已經有一年的工作經

驗，當時的工作內容主要是協助班級運作和平日的瑣碎工作，職務名稱
應該是助教，所以真正面臨帶領班級經營有一段實際上的差距。原本對
於實際幼教現場環境，只是從書上或者參觀幼稚園的機會下獲得，接觸
並不深入，惟工作一年的經驗，對於課程模式的概念源自於當初的幼稚
園工作環境（之前的幼稚園走的是號稱「方案教學」，概念來自義大利瑞
吉歐教學系統），因此來到大樹附幼的環境，我已經不像一般尚未接觸現
場教育的同學一樣單純，有了自己對於幼稚教育的教材教法想法，並不
是單純接受輔導老師現場所有的環境觀念。

後悔：

　　自己有時不滿足身處環境，自己已經擁有的事物總覺得那些得不
到的是最好，美好幻象建構虛擬情境，在埋怨心態下渾渾噩噩逝去了
一天，「知足常樂」這句話說起來容易做起來真難，當初進來大樹附
幼實習全靠神的眷顧，小雲老師因誤會而一口答應接受我這性別特殊
的男老師，相信一定造成老師們不便，觀摩大樹附幼教學環境、設
備、教學方向等，讓我有時會回想過去幼稚園的工作生活，「為何我
會離開那曾經給予我幼教生命的母親」，在那裡體驗開放教育精神及
學習尊重孩子主動學習的環境，對於幼教一片白紙的我增添亮麗的色
彩，只是單純人與人的關係而選擇離開，剛開始來大樹附幼時真的有
一點後悔選擇在這實習，「我能在這學到什麼？」這個問題一直思索
著，或許對自己過去經驗和想法充滿自信，總覺得傳統角落教學不夠
專業，而我在這只是原地踏步無法有更多新的刺激，沉溺過去教學環
境而迷失處在大樹附幼的自己，又是「不滿足」想法牽絆。（教師成
長紀錄編號0008）

二、衝突

　　大樹附幼在我尚未進入這個環境之前，走的是角落教學方法，跟我
已經深植於心中理想的方案教學有一定程度差距，覺得我的東西是現代

化的，是最新穎的教學方法，而大樹附幼還是停留在傳統的角落教學法，心中著實有極大的失落感，覺得後悔的心情來到這裡學習，其中小雲老師之前有一年的主題教學經驗，覺得或許今年不妨改變教學方式也是不錯的開始，也是因為我的過去經驗的包袱讓輔導老師們為難了，在真正走入教學現場中，發生了之前沒有獨自帶班經驗的盲點，班級經營的問題困擾了教學的氣氛，也因為過去教學環境的經驗，要一下子在大樹附幼做全部的套用程度上的困難，人數的不同，孩子之前的學習環境不同，老師們對於主題教學認知上的差異，在許多困難點下，必須思考自己對於主題教學實施的方式如何開始落實於孩子的觀念。

真正的體認：

　　這月份開始輪週教學依照實習計畫快了四個月，教學過程中有些辛苦但是得到經驗卻是一輩子受用不盡的感想，真正投入帶領一班級三十人數孩子的確需要足夠的教學技巧，課程內容吸引孩子參與討論，遇到孩子浮躁後能夠帶個手指搖等，控制場面成了最頭痛的課題，當然孩子會做出浮躁的舉動其實老師問題也是需要改進的一點，凶孩子的確是最快速的辦法，但是事後回想自己態度卻是最討厭自己的行為，在教學技巧與情緒反應間不斷產生衝突，可以確定的是給予孩子獎勵時，孩子的學習態度會主動而自發，正向鼓勵對孩子的傷害比較少，下次主帶時要求自己多準備吸引孩子的正向鼓勵，最重要還是教學內容及口語表達技巧，真正接觸主帶一個班級生活作息時，產生許多問題讓自己不得不思考如何解決，在指導老師與輔導老師建議下，許多知識才能內化成最真實的經驗，這也是試著讓自己多帶領教學所得到最無價的回饋。（教師成長紀錄編號0013）

　　過去工作的園所已經有既定的教學型態，現在要面對如何開始是我從未有的經驗，也發生了對於角落時間和情境布置跟我心中的主題教學產生衝突點，覺得會互相干擾，此時，尚未反思自己對於主題教學的概念是否清楚，還是過去我認為的教學環境就是主題教學的標準原則，在一次次教

學活動中與輔導老師產生衝突，與孩子活動情形意願產生衝突，與自己教學能力產生衝突，回歸問題最原始的基本點，探究何謂「主題教學」，重建自己對於主題教學的基本認知，釐清過去接受主題教學經驗中有何不同？藉由書籍、相關論文研究、與輔導老師和指導老師的討論中，修正自己錯誤的認知及堅持，並從每次主題觀察紀錄中發現孩子的改變情形，以及最真的自我對於教學經驗的成長及體認。

參、文獻探討

一、主題式課程

主題式課程（thematic approach）是依照主要探究議題的組織計畫活動，統整主要議題的相關知識與兒童發展各層面為課程所設計活動，指的是「老師選擇一概念，在一段集中的時間架構中，提供兒童一系列與某一概念有關的活動，並將有關的活動統整於課程的各層面或各領域中。」（Kostelnick, Soderman & Whiren, 1993, p.314）。強調學習活動以幼兒為中心，而非教師完全主導，課程是教師從幼兒的興趣與需要思考設計，其注重幼兒的自主性，並提供幼兒適合的遊戲課程與學習情境布置，課程應提供互動、主動的，而非被動的活動，以及大量的機會讓兒童創造以及參與有趣的活動，讓幼兒有機會選擇學習內容、學習解決問題、啟發思考習慣，教師由主導者、決定者，退居為引導、協助與鷹架的角色。

「方案教學」一詞由英文 project approach 翻譯而來，早期國內翻譯為「設計教學法」。國內學者簡楚瑛教授在其專書《方案課程的理論與實務》中將 project 譯為「方案」，認為方案包含了設計與計畫，表示「方案的過程事先有計畫，是有設計，再有發展，最後才形成一個成品出來，一旦成品成型後，方案即為之完成」（簡楚瑛，1994，頁4）；而「針對兒童感興趣之特定主題（topic）所進行之深入研究（in-depth study）稱之為方

案教學」（簡楚瑛，1994，頁5）。方案意味著對某一值得學習的主題進行深入的探究，探究的成員通常是班級中的小團體，有時候也會包含全班，有時候也可能是單獨一個兒童。方案的主要特徵在於它是針對某一主題進行探討，焦點在於尋找相關問題解答，這些問題有可能是兒童、教師或雙方共同提出的問題（Katz, 1994, p.1）。

二、主題教學的步驟

（一）方案開始：階段一

◆初期活動
　　1.初期的班級討論，教師會發現讓孩子詳述與主題有關經驗是很有效的。
　　2.教室設立一個扮演區。
　　3.各種不同形式的藝術和寫作是相互溝通瞭解。

◆家長參與
　　1.如果大家對於方案的主題都很熟悉，家長可以很輕鬆地與孩子分享和方案有關的資料，有的老師尤其樂意對全體家長說明本學年方案教學目的。
　　2.鼓勵家長和孩子聊聊方案進行的情況和執行內容，家長並可以藉此瞭解各種有助於幼兒求學順利的成功相關課程。
　　3.家長在提供資訊、圖片、書籍、物品及協助班上尋求主題相關的知識時，可以發揮極大的作用。
　　4.方案後期，教師可以邀請家長到校參觀孩子的作品。

◆結語
　　當第一階段結束步入第二階段時，教師可以回頭檢視方案主題網的計畫，並根據目前孩子身上的瞭解進行評估。在第一階段結束時，教師

可能已經計畫好一次戶外教學，或邀請一位訪客到校分享。

（二）方案執行：階段二

◆團體討論

方案第二階段，團體討論的功能又多了幾項：

1.為兒童的校外參觀、教室訪客或其他焦點活動預作準備，協助兒童為調查活動整理問題。

2.計畫小組學習活動。

3.評估已完成的工作。

4.討論正在執行的工作。

5.計畫未來的工作。

◆校外參觀

1.事前先跟兒童說明參觀的主要目的。

2.老師可以引導兒童注意與方案主題直接的參觀重點。幼兒可以口述，請老師幫忙記錄的方式描述他們的印象，現場實錄最好是採用開放式的。

3.假如深入研究題目的方式是盡量取得真實世界的直接經驗，兒童的興趣必定大大地增加。

◆學習活動

1.建構活動：進行建構相關活動時，兒童會運用基本技能、語言、數學等能力。

2.調查活動：主要目的是發掘新資訊。

3.調查方案主題時，兒童可用的接受式策略有：觀察、傾聽專家之言，看他人工作及閱讀。

◆教室展示

1.展示資訊：展示品的「易視」標籤。

2.展示作為紀錄：提供方案發展的過程紀錄。

3.展示與外人溝通：記錄觀點而言，兒童所做一些表格、觀察紀錄是屬於調查某物或事件一部分，對外展出時，有時候兒童得在作品旁加些註解，或是描述該作品如何影響了他們的認知。

◆教師角色

1.全班經歷參觀適合地點，仔細觀察物體，討論真實事件，與相關人士對談等一手經驗，基於這些經驗，修正並豐富他們的瞭解。

2.老師的責任增進兒童的正向氣質，例如：足智多謀、獨立、豐富的想像力、熱心專注、樂於合作、有生產力。

3.相較於結構性教學，不論是在標準、複雜性、時間長短、困難度或是精確性上，執行方案的兒童在工作成就上，明顯地有很大的差異。

（三）強化方案：階段三

◆方案的結束

1.教師可以建議孩子提供圖畫或在班刊上描述自己的作品，大型作品，孩子可能也有興趣向別班幼兒導覽解說方案的內容，方案結束時最好讓孩子自行負責拆解方案作品，並替下一個方案保留可用的材料。

2.不要讓孩子對方案主題感到無聊。

3.孩子應回顧自己獨立完成或在小組完成的作品，已肯定自我增進的能力。

肆、行動計畫基本構思

一、構想

面對輪週教學的教學機會與時間的限制，主題的記錄與主題的課程設計因連接上而產生不同的差異，每個主教老師都有自己教學的想法，

加上當時孩子在主題進行時所產生的不同反應，都會影響主題進行的不同，做此研究主要釐清自己對於主題教學的思考，在教學現場實際的反應給予記錄，但是，在有所限制的條件下，所呈現的文獻紀錄只能有程度上的幫助，但無法完全真實運用自己對於主題的反思，改善主題的進行，在每週的教學省思裡，可以瞭解自己對於教學思考的歷程。

二、措施

（一）主題相關書籍的閱讀

對於幼稚園教材教法的各家學說，從古到今不斷改進，瞭解台灣幼稚教育的歷程，在相較當下的幼稚教育生態與現場實際情形，有助於自己充實書中對於主題教學的認知與作者自己的認知，也有助於運用實際教學現場的情形，並不斷地調整自己對主題教學的認知。

（二）文字紀錄

1. 教師成長紀錄：撰寫時間每週一篇，描述每週教學心得與參與教學活動的心得分享，有時面對教學過程中心情與態度上的改變，與教學時現場和教學省思作一結合。
2. 主題紀錄：針對每次主題做紀錄，描述孩子參與主題的過程，讓主題歷程留下簡單的文字紀錄。

伍、實施方案中融入實施步驟

一、主題名稱：八隻小羊與兩隻大野狼（如表 3-1）

（一）教學中面臨困難點

角落活動時間影響主題活動的進行。

表 3-1　主題活動歷程與行動策略一覽表

主題名稱	八隻小羊與兩隻大野狼	同樂會	手	恐龍
進行時間	2002.10.28~2002.11.29 約六週	2002.12.02~2003.01.03 約五週	2003.02.17~2003.03.28 約六週	2003.03.31~203.05.02 約五週
發生的困難點	角落活動時間影響主題活動的進行。	轉型初，班級裡進行主題的數量。	主題的訂定，決定權由老師或者孩子。	教學資源缺乏，主題進行較多認知概念傳達。
實施策略	豐富角落資源以發展主題能力培養。	延續上個主題學習做大活動的結束。	漸漸培養孩子主導能力，從主題轉變成方案的歷程。（從手→蚯蚓→毛毛蟲→蝴蝶）	教師在主題中扮演的角色釐清。（從恐龍→恐龍公園→紙飛機）
觀察記錄	撰寫教師成長紀錄與實習心得，並與指導與輔導老師分享。	調整實習心得紀錄成為主題紀錄的開始。	教師成長紀錄的修正、加入主題的開始與相關過程記錄，製定主題網。	更加完整的恐龍過程紀錄，與主題相關教學資源表加入。
修正與檢討	角落活動與主題內容的配合。	放慢主題教學的速度，考量教師的心理層面。	主題的發展由教師轉變成孩子的歷程。	考量主題製定與相關教學資源配合。
限制條件	孩子與教師過去接觸主題教學經驗尚未熟悉。	教師探索主題教學的過渡階段。	輪週教學方式對於主題產生不同的方向。	教學資源、參觀活動安排有實施的困難。

角落衝突：

　　心中覺得當進行主題活動時，開放教室角落活動會讓孩子分心，角落教學跟主題進行會有教學方式不同的衝突，應該可以把角落時間改成孩子剛進入幼稚園的早晨活動，進入主題教學時孩子可以多參與主題活動，讓孩子對主題活動興趣可以培養孩子長時間學習態度，不是停留「今日事、今日畢」參與活動態度，學習延伸瞭解問題的深度及廣度。（教師成長紀錄編號0015）

（二）策略一

　　豐富角落資源以發展主題能力培養。

（三）修正與檢討

角落活動與主題內容的配合。

角落與主題進行：

團討部分由小雲老師在這週給予孩子思索提出問題的想法，在分組部分由小花老師帶領戲劇組布置場地及道具製作，小雲老師帶領演員討論演出的台詞、表情、舞台上位置等，教室開放角落由我協助教學活動進行，有時在分組進行活動中會有孩子不想參與主題相關活動，小雲老師用言語鼓勵孩子幫忙參與活動，孩子都有熱情的心喜歡成為小幫手，在尊重孩子的前提下，不願意的事情老師不會強迫孩子參與，小雲老師分享觀察有一孩子在修築城牆上利用海綿積木搭建，有兩個大三角形、四個小方形等排列成的相等大小的正方形，幾何能力培養跟孩子在益智角玩教具時慢慢累積成為能力表現，孩子藉由角落遊戲發展不同能力，回顧前兩週省思角落衝突的問題得到解決，孩子藉由角落活動中接觸不同新經驗慢慢成為主題進行的舊經驗表現，老師的觀察能力成為發現驚喜的方法。（教師成長紀錄編號0017）

二、主題名稱：同樂會

（一）教學中面臨的困難點

轉型初，班級裡進行主題的數量。

另一個主題：

上週教學的最後一天跟小雲老師討論進入主題教學第二週心得分享，小雲老師說：「很喜歡教學感覺，跟孩子團討讓孩子思考問題發生的點，教學活動跟著孩子學習腳步前進。」真的很欣慰老師肯改變既有的教學模式來放手嘗試不同教學法，跟老師討論下週教學時我想帶入新的主題「葉子」，讓班上其他孩子有另一個主題可以進行研

究，小雲老師在尊重我的想法上給予我建議可以放慢教學腳步讓小花老師多一點時間適應學習。這週教學輪到我第二次主帶，教學前思索著「我要不要進入葉子主題」，在自私心情下，我選擇了要帶入「葉子」讓多一點孩子進入主題教學的魔力，團討時間我分成兩組團討，小花老師繼續上週「戲劇」主題的延伸，我帶其他孩子到戶外撿落葉，可能孩子喜歡去戶外蹓躂感覺，讓原本是戲劇組孩子選擇到葉子組，看見戲劇組的人數減少小雲老師跟小花老師在教室討論著，一句「我不是說過不要進另一個主題」讓我不小心感受老師真實的一面，這時我建議讓戲劇組孩子回到教室討論，孩子很不高興地說：「我不要演戲了。」當下情形是我不想也不是故意讓我自己以一個實習教師身分讓孩子及輔導老師之間產生衝突。（教師成長紀錄編號0015）

（二）策略二

延續上個主題學習做大活動的結束。

（三）修正與檢討

放慢主題教學的速度，考量教師的心理層面。

生活的旋律：

當主題告一段尾聲後，負責主帶這週教學的心情上有點茫然而沉重，是我主導進行孩子研究方向？還是完全放手讓孩子學習自己感興趣的事物，而我在教室角色扮演成為從旁觀察記錄孩子的學習並提供孩子所需要資源材料，或許嘗試不執著孩子到底學習到些什麼？或者不懷疑孩子有沒有自我學習能力，或者說我不認真準備教學心態上，移轉主導課程內容壓力給予孩子身上，讓孩子在角落時間裡自己選擇如何運用，團討時間裡並沒有圍繞一個主題或者討論出那一個主題是孩子共同感興趣的，生活的節奏變得很慢很慢，看似鬆散卻又一片寧靜祥和，孩子在角落時間裡，工作角孩子去辦公室找尋製作東西的參考書籍，頻頻詢問老師學校有沒有製作東西所需要的材料，或者需要

幫忙知道如何製作，孩子有的像小組式討論，藉由閱讀書本內容共同討論製作，當手邊工作完成時又想製作其他孩子有趣的東西，孩子自己知道為什麼而忙碌，從工作中學習討論、解決問題、主動性等，當教師的我只是參與幫助孩子處裡製作過程中較為危險與困難的一部分，很喜歡當下這種感覺，看見孩子自己獨立完成一件事情，看見孩子從被動的接受者成為主動學習者，孩子真正長大了，不再需要老師替他們擔心做的好不好，回頭想想，其實現在的狀況不也是很好嗎？當我退出學習規劃主導的角色時，其實孩子還是很快樂地生活著，甚至感覺比我的課程設計更加感興趣，更加工作時有活力，會有這種結果都是出乎我的預期，在乎的是孩子覺得好不好玩。（教師成長紀錄編號0025）

對剛開始進行方案的幼兒而言，最好避面在班級中進行多個不同的主題。除非教師具有充分規劃方案的經驗，或幼兒已習慣了方案工作，否則對此年齡層的幼兒而言，想同時支持及進行數個有意義的方案是有困難的。

三、主題名稱：手

（一）教學中面臨困難點

主題的訂定，決定權由老師或者孩子。

阿弘：剛開學進行「手」主題的動機來源？

小雲：出發點參考小歡鼠兒歌讀本的第一單元「手」的主題。

團討中主題網的改善：

困難點：會發現孩子的舊經驗不夠，或者對於網路的架構不清楚，容易分離。

例如：團討中，孩子提議討論思考方向。

```
                        （1）捉（小孩）
                           拿（小孩）
        手→動作（老師）→摸（小孩）
                    ↓
（2）遊戲（小孩）→（3）猜拳（小孩）
```

重點在於讓主題網的延伸項目由孩子自己構思，而主題的名稱由老師先訂定，再看孩子之後發展走向。

例如：從「捉」到「養蚯蚓」想法出現。

捉→蚯蚓→罐子、泥土……。

T：捉。

C：捉蚯蚓。

T：為什麼捉蚯蚓。

C：可以玩。

C：玩會死掉。

C：可以養呀！

C：養蚯蚓。

小雲：從「手」到「捉」到「養蚯蚓」的發展的確有點訝異，但好玩的想法下樂觀繼續支持孩子的想法。（訪談紀錄編號0005）

（二）策略三

漸漸培養孩子主導能力，從主題轉變成方案的歷程。（從手→蚯蚓→毛毛蟲→蝴蝶）

（三）修正與檢討

主題的發展由教師轉變成孩子的歷程。

蝴蝶的開始：

經過上星期主帶教學活動結束，若有似無地沒有明確發展出研究標的，本週輪到小雲老師帶領孩子教學活動，上次蚯蚓主題也是小雲老師發展出個楔子，相信本週教學活動一定很精彩，第一天小雲老師跟孩子討論飼養毛毛蟲的認知，並幫助毛毛蟲設計住的環境，課程中小雲老師介紹書籍內容有關於飼養蝴蝶房子的布置要點，要有毛毛蟲喜愛吃的菜葉、水，及防止毛毛蟲跑掉的沙網，孩子到辦公室找尋自己理想的飼養箱，開始用愛心為蟲蟲布置適合房子設備，看見孩子完成一間間環境清幽的毛毛蟲的家，團討中參與記錄小雲老師跟孩子的對話，心中一直嘀咕著毛毛蟲會不會很難養？要如何才能捉到毛毛蟲呢？看見菜園飛來飛去的蝴蝶，會不會毛毛蟲已經全部變成蝴蝶了？心中對於蝴蝶主題能夠進行下去的期待保存質疑的態度，但是，看見小雲老師準備相關的教材教具、繪本——好餓的毛毛蟲的介紹，慢慢從旁欣賞小雲老師帶領的功力。（教師成長紀錄編號0026）

方案教學的特徵：Dearden（1984, p.155）有一組檢驗相關程度的準則，很適合用來篩選方案主題：(1)兒童從這個方案所學的，是不是可以馬上運用在日常生活中？(2)這個方案是不是有助於平衡學校課程？(3)這

個方案能不能有幫助兒童為未來的生活做準備？(4)除了學校以外，有沒有別的地方比學校更適合研究這個方案？

四、主題名稱：恐龍

(一) 教學中面臨困難點

教學資源缺乏，主題進行較多認知概念傳達。

(二) 策略四

教師在主題中扮演的角色釐清。（從恐龍→恐龍公園→紙飛機）

◆老師角色

1. 兒童執行方案時，老師可以運用各種方式去增強他們隨機應變與獨立工作的正向氣質。
2. 團討時，老師也要不時地提醒兒童，當他們需要幫忙，但老師沒空時，應該要採取那些自助或互助的措施。
3. 團討另一個重要目的是促進資訊交流。
4. 團討示範自然也可以是其他兒童進行調查活動的資源之一，老師的重點工作之一就是協助兒童學習欣賞彼此的工作。

◆教室展示

1. 老師可以利用布告欄、教室各牆面和桌面來展示資料、兒童的作品、收集品、用字清單、參考書、步驟指示、工作所需的材料與設備，這些展示品讓兒童更有能力獨立工作，不一定向老師求助。
2. 評量是不斷執行的，兒童也可以將自己的工作成果收集在專屬的方案檔案夾中，等方案整個結束時充分記錄。

恐龍的開始：

上週跟孩子討論蝴蝶主題結尾後，預定銜接「恐龍」主題讓孩子

探索，避免讓孩子覺得有點突如其來的感覺，上週在語文角增添相關恐龍書籍繪本陳設，科學角增添恐龍造型的塑膠玩偶，孩子大致喜歡探索恐龍的神祕，雖然沒有見過，但是對於恐龍的巨大身軀及兇猛姿態都有極度興奮的感覺，恐龍主題的制定是參考過去小雲老師走過的主題來重新走出不同的感覺，讓小花老師本週開始主帶新的主題時，心中較為踏實和參考過去的教學資料，恐龍也是孩子容易接受和感興趣的主題之一。（教師成長記錄編號0030）

恐龍變飛機：

　　孩子走了恐龍主題將近三個星期時間，孩子們陸續完成許多恐龍的創作出現，小花老師負責主教本週課程活動內容設計，在上午團體討論時間裡，上週小雲老師介紹各生存年代裡恐龍出現時期，也解答孩子提問「為什麼恐龍不會吃人類」，這週小花老師介紹恐龍為什麼會飛，在團討中：

　　老師：「有哪些恐龍會飛？」

　　孩子：「翼手龍。」

　　孩子：「無齒翼龍。」

　　孩子：「始祖鳥。」

　　孩子：「飛機會飛。」

　　老師：「飛機為什麼會飛？」

　　孩子：「有引擎。」

　　孩子：「有洞，有螺旋槳。」

　　老師：「哪個部分像鳥的翅膀？」

　　孩子：「機翼。」

　　小花老師藉由畫圖方式介紹：飛機、翼龍、小鳥、蝙蝠等翅膀構造上不同。在最近下課時間裡，孩子喜愛從攀爬架跳下在軟墊下的遊戲，有種恐怖又刺激的心情享受著，或許在家裡無法得到這種遊戲的釋放，在角落活動中，工作角的孩子有的在製作飛機，覺得紙張不夠

大，還要製作大海報的飛機，但是，因為大紙張太軟所以不太能夠飛翔，孩子經由繪本「好無聊喔」中孩子製作飛機的方法，在飛機的機身中加了許多軟鐵絲，讓飛機能夠有支撐紙張的力量，孩子自己發現了如何解決問題的辦法，有其他的孩子自己製作蝴蝶的翅膀，用大開的海報紙製作，主要的用意是要穿上它從攀爬架上跳躍下來，彷彿自己身為一隻蝴蝶，從天上飛下來的感覺，有的孩子也製作較小的蝴蝶風箏，可能是上個主題有走到蝴蝶的關係，有的孩子在創作時還會喜愛製作蝴蝶的創作，主題的認識對孩子而言，絕對不是當下的感覺，停留在孩子的是屬於自己內化的學習經驗，這是遠遠超過認知學習後最珍貴的學習態度。（教師成長紀錄編號0033）

（三）修正與檢討

考量主題製定與相關教學資源配合。

◆方案活動

1. 調查活動：行動式策略有──問問題、估算、假設、實驗、探索和實務操作；接受式的策略有──觀察、傾聽、閱讀、看圖片、觀察實驗、觸摸實物，檢驗、觀察和主題相關的事件與項目。
2. 建構活動：兒童先前的調查工作對建構品質影響很大。
3. 戲劇扮演：這類活動指的是演出與方案主題有關的角色。

◆方案主題探究範圍的決定

1. 拉近（zooming in）是用來放大主題網內某一項目範圍的一種技巧。
2. 決定主體範圍技巧稱為特殊化（specificity）或一般化（generality）。
3. Blank（1985）所建議的：將主題具體化。

◆計畫原則

1. 方案教學主旨──在學校裡提供更區近於現實生活的學習經驗。方

案教學提供教師刺激兒童樂觀自信地工作和選擇不同層次挑戰機會。

2.在方案教學裡，兒童分享對事物的經驗，並進一步去思考，以及與他人討論。讓孩子藉此重新整合以前的經驗和目前在不同場合中討論所得到的知識。

3.規劃的時候，教師要把孩子藉由行為知識（behavioral knowledge）來發展表徵知識（represent-ational knowledge）。

陸、結論與建議

一、結論與討論

走過四個主題的過程，從開始對於主題教學方式的認知衝突，對於孩子在主題進行中的反應，產生許多的改變，從原本的堅持主題的進行模式，到持續慢慢改變實施到大樹附幼的落實產生不斷的調整，適應孩子的成長環境背景，及地區性家長的結構不同，落實主題教學必須依據每個園所的不同，也是可以觀察到孩子的改變，讓勇於改變自己園所的老師有所心得可以交流分享，任何教育方式都沒有絕對的正確，在每個園所都有適合自己的教育方式，在課程模式下都會在各園所產生自己獨到的特質，但是，落實對幼稚教育的基本精神，才是最重要的一環。

（一）孩子的進步

剛開始改變時，有的孩子從事工作角創作時，總覺得今天的創作一定要今天完成，比較沒有連貫完成的概念，因此有些創作顯得較簡單，但是，孩子陸續習慣主題進行的方式，有的孩子已經可以獨立完成許多創作，有的孩子從剛開始無法獨立完成單獨的創作物品，需要老師的協助，或者覺得沒有自信心無法完成而放棄，但是後來自己完成了用紙瓶子的「刺蝟」創作。也有個孩子較同屆的孩子年紀小，有些發展情形較

為遲緩，但是進行恐龍主題時，自己獨立完成恐龍公園的創作「恐龍公園遊園車」，連續幾天自己的單獨創作，也表現了孩子自己的進步。接受開放教育的兒童，雖然在成就掌控、歸因、自我概念及焦慮程度等項目都和其他兒童沒什麼兩樣，可是他們的好奇心以及一般心智能力都較占優勢，他們的合作性、創作力及獨立性也比較好。

　發亮眼神：

　　　實施主題課程將近兩個月時間，開始時積極強調主題結構性，而忽略孩子真正感興趣的是什麼？想要以主題課程替代角落學習時間，遺失了最重要的學習歷程──從角落活動學習中建構主題課程發展能力，學會放慢學習腳步讓學習者在沒有壓力下接受，在過去教學環境中沒有真正接觸完全的角落教學現場，在心中產生疑問──實施主題教學孩子跟角落活動孩子有不一樣嗎？我想詢問小雲老師是最有感受，小雲老師分享：其實孩子差別不大，最重要是團體討論時間可以讓孩子學會分享和練習口語表達能力，孩子參與討論氣氛會慢慢加強，在畫日記圖時間，老師替孩子寫下文字時，孩子練習說明想呈現畫畫內容甚至學會編故事能力，尤其在教童謠、語文活動作業時，孩子學會認識許多字，但是，主題課程讓孩子有較多思考空間去學習解決問題的能力，孩子思考能力較靈活，表現出來說話時會有發亮的眼神。（教師成長紀錄編號0020）

（二）教師的改變

　　剛開始接觸主題教學的改變，輔導老師也跟著藉由教學中調整自己的教學方式，自己也跟著改變，從當初的堅持主題教學的進行模式，覺得有許多地方可以改變，都完全遺忘老師的心理建設是否完全，連自己的堅持都無法有明確的方向，也造成輔導老師對於我的壓力，當重新省思主題教學的意義時，以及考慮轉型下老師的心情變化時，自己也懂得調整自己的心態與思維，我想對於之後教學環境的改變，和教學方式的不同，都有不同的角度來看待自己所處的環境。

感受：

　　壓力還有可能來自家長、孩子、同事互動，在這些壓力點下，轉型是隨時可能「中斷的」，所以協助轉型的人必須讓問題點降到最低，而讓學習者能走下去，除了透過和學習者多而又多的討論外，讓學習者觀察及學習項目單純化都是幫助學習者的途徑，先建構組成老師的信心更甚於讓孩子多一點學習內容。兩個主題同時進行因為若沒有老師的支持推動，至終回歸原點而轉型失敗，所以我看重「學習者的學習歷程」而過於孩子的需要，因為無論如何在主題教學過程中孩子正建構「發問、回答、思考、執行、修正、再修正、統整的能力」，所以我不特別為孩子擔心什麼。

　　在汲汲於主題教學迷思裡，我卻忽略最重要的教師內心感受和壓力，生活中給予孩子態度是無限可能和完成創作時間，對於大人世界裡又回歸原本倉促步調節奏，讓生活壓力束縛自己難以掙脫而蛻變，回想自己剛進入幼教現場時是一張白紙而慢慢增添對主題教學的色彩，對於單元教學瞭解侷限學術上的認知而無法感同身受轉型下老師適應上的問題，扼殺新手老師對主題教學接觸的感覺，對於自己無謂堅持造成讓人窒息恐懼，當放慢腳步才有時間欣賞周遭事物的變化。（教師成長紀錄編號0018）

二、建議

　　撰寫到最後，這份研究著重於實習教師的心情分享，以實習老師的角度面對與搭班老師間互動，教學方法的自我體認等，關係於自己教學思惟模式和人際關係，出發點以自我為中心，考量問題的主觀性較強，針對問題有許多不同的考量角度，校園課程轉型下產生許多問題，如家長接受的程度及反映，實際主帶班級的老師（如輔導老師）自己的心情等，著墨的地方較不明顯，這也是面對課程模式轉型下所可以思考心理層面的問題。

參考文獻

林育瑋等合譯（2003）。《小小探索家──幼兒教育中的方案教學》。台北：華騰。

佳美、新佳美幼稚園老師和家長合著（1995）。《與孩子共舞》。台北：光佑。

黃瑞琴（2001）。《幼兒遊戲課程》。台北：心理。

國立台灣師範大學附設實驗幼稚園（1996）。《開放的足跡──師大附幼萌發式課程的實踐歷程》。台北：光佑。

漢菊德（1998）。《成為一個人的教育：南海實幼對全人教育的詮釋》。台北：光佑。

陳穎涵譯（1998）。《探索孩子心靈的世界：方案教學的理論與實務》。台北：心理。

簡楚瑛（1999）。《幼教課程模式》。台北：心理。

附錄 3-1　兩隻大野狼與八隻小羊

生活中扮演者

　　人們的生活就像一則則小故事，不斷地串連成為一齣戲劇，每個人都是最真實的演員分子，隨著劇情節奏自然流露喜怒哀樂的心情，為快樂的事感到歡喜，為難過的事流下淚珠，放恣享樂後帶來苦難，備嘗苦難後學會解脫，因為解脫讓自己瞭解珍惜身邊美好事物，重拾腦海裡的記憶都是最讓人感動的劇本，而自己扮演著戲劇中最棒的主角。

　　以表演方式介紹繪本「胖國王」故事內容呈現給孩子，也活化孩子隱藏在身體裡表演能力細胞，延續孩子對戲劇熱誠來討論下一齣劇碼上場，給予孩子時間找尋喜歡故事資料，分享故事內容後投票決定演出「七隻小羊」童話故事，討論參與演出角色中多一位孩子想演出大野狼，所以戲劇名稱為「兩隻大野狼與八隻小羊」（因為羊媽媽也要算進去）。

　　第一次表演時，孩子們此起彼落的說話聲掩蓋故事情節呈現，場面有點混亂，不過孩子還是很快樂嘗試表演和學習欣賞戲劇，在進行活動中有的孩子面具壞了、衣服破了，讓孩子真實體會自己所製作道具耐用程度上的認知衝突，經由修補過程中思考如何解決所面臨的問題。團討時間提問孩子「如何才可以讓別人知道富岡附幼有戲劇演出？」孩子建議製作海報來張貼宣傳，在製作海報過程中延伸出「要有門票才可以入場」想法，孩子製作一張張入場券，彩繪圖畫呈現戲劇名稱，觀察電影海報時發現要註明時間、地點，讓人清楚知道戲劇演出，主題課程中孩子回憶舊經驗認知來提出想法，在創作過程面對新事物吸收產生認知衝突，激盪小腦袋思考能力產生解決問題對策，不斷地從嘗試錯誤中擴大學習經驗界限，經由統整學習過程能力成為舊經驗累積。

　　孩子樂於幫忙的天性，很快地就把娃娃家的城牆玩具、積木等搬到室內活動場，分工合作下利用角落教具布置羊妹妹房子裡的擺設，試著讓孩子們獨立呈現戲劇演出過程，討論中清楚介紹劇情內容和演員口

白,讓孩子熟悉和練習表演時走位,最後在孩子覺得可以表演的心裡準備下,讓戲劇主題留下一個美好愉快句點。

阿弘老師

討論與分享

◎日期: 11/19 A.M.9:15

T:誰想當撕票的人?演戲的人不可以當。

柏魁:小孩可以換班。

T:多久換一次班?

柏魁:等他想休息時。

銘瑋:有人想當撕票,有人想當衛兵。

T:想當撕票的人舉手。

朝與、思雅、景如、均曜。

T:自己決定想當撕票的人?或者站衛兵的人。

俊霖:銘瑋家裡有賣糖葫蘆的機器。

T:銘瑋回家有沒有問媽媽?

銘瑋:忘記了。

T:有一個想法,想買真的糖果或者假的糖果?

C:真的糖果。

柏魁:老師買糖果,然後把錢給媽媽,這樣媽媽就不用辛苦上班賺錢了。

銘瑋:老師買糖果,小朋友付錢,賣的錢給老師。

俊霖:沒有錢怎麼辦?

芙名:跟媽媽拿錢買糖果。

國昱:爸爸沒有錢跟老師借錢,爸爸買糖果。

敬庭:把家裡的糖果帶來。

鈞程:回家拿自己的錢買糖果,自己去買帶來學校。

T：我們來投票？

  1.幼稚園準備糖果→九人

  2.家裡準備糖果→十八人

T：老師發現你們長大了，知道怎麼舉手投票。

  敬庭：明天帶糖果來。

T：演戲的那一天再吃糖果。

  媽媽不希望帶糖果來學校，來學校不是讀書怎麼會演戲。

  小朋友回家會不會説。

  思雅：先問媽媽才可以在演戲時帶。

T：如果預備很少，不可以要求媽媽要帶很多。

為生活而忙碌

◎日期：11/11 A.M.9:10

T：上星期演戲時，娃娃角的房子擠了很多人。

  如果問當小羊的人希望躲哪裡？

俊霖：球池下面。

鈺雯：利用積木蓋城堡躲在裡面。

柏魁：鑽籠裡。

舒嫚：故事角的布偶台。

姿妤：語文角有桌巾的桌子下。

柏魁：布偶台的櫃子裡。

思雅：科學角有桌巾的地方。

國昱：用寶貝的畫蓋住身體。

銘瑋：用軟積木把自己躲起來。

T：娃娃家的東西可以搬出去演出使用。

  在外面演，城堡、桌子、椅子可以自己搬。

舜安：娃娃家可以請機器人幫忙搬。

附錄 3-2　同樂會

歡樂時光

　　謝幕，是舞台表演活動中所剩下的最後，表演者的認真在觀眾眼神中得到肯定，舞台上精彩演出隨著掌聲中深藏在人們腦海裡回憶，結束，並不是代表所有一切都停止了，而是讓另一個機會正醞釀萌發。

　　當孩子表演「兩隻大野狼與八隻小羊」戲劇給國小四年級小朋友欣賞後，大哥哥、大姊姊給的回饋是帶來精彩同樂會節目表演，有彩帶舞、熱門舞蹈、戲劇演出等，讓孩子度過一個歡樂的下午時光，卻留下記憶尾巴讓孩子想要找尋它的全貌。

　　孩子也想開同樂會，一個屬於自己設計規劃的同樂會，討論中孩子提議節目內容有彩帶舞、歌唱（一條花手巾）、律動舞蹈、戲劇表演（白雪公主）等，所有孩子都參與自己感興趣的活動工作中，扮演每個節目中的螺絲釘角色。

　　彩帶舞中欣賞線條劃過天際優美痕跡，孩子創作過程中覺得只有一段顏色皺紋紙太孤單了，有的三段、有的四段，隨著律動音樂揮灑手邊的彩色緞帶，在形成許多色彩繽紛的小圈圈跳躍音符節奏中，孩子自然的天性創造了無限可能的美。

　　歡樂時光總是讓人覺得短暫，卻留下許多甜美記憶，回想起來臉上泛起喜悅的微笑。在遊戲中學習，讓孩子的學習情境是祥和自然的，學習的態度是主動積極的，認真思考自己在活動中扮演的角色，學習過程相較於學習結果更值得讓人肯定存在的意義。

阿弘老師

「同樂會」主題網

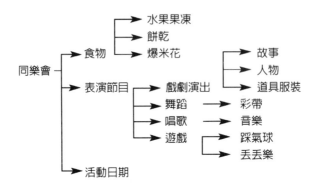

附錄 3-3　手

「手」主題網

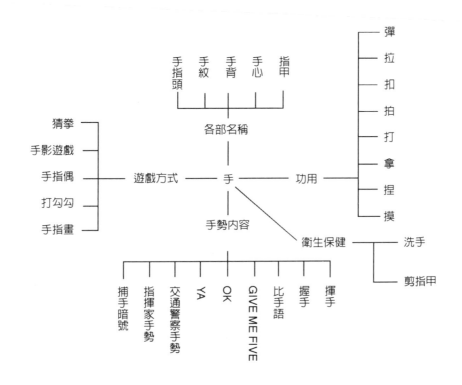

從手到蝴蝶

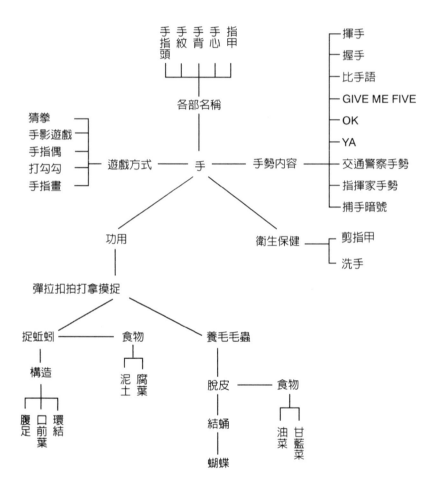

蚯 蚓

　　隨著漸漸逝去的寒意，生命的活力正躍動在每一角落，醞釀著準備心情來等待出發。學期初，教師們討論「手」主題內容和延伸相關主題網架構，跟孩子分享討論時間裡，孩子提到手的功能有捉、摸、拿……⋯⋯，延伸出「捉蚯蚓」活動內容，孩子說「捉蚯蚓可以玩」，孩子說「一

直玩他會死掉掉」，最後，養蚯蚓的念頭博得孩子的同意，讓孩子自己有能力發展自己感興趣的課程內容。

孩子回家分享學校「捉蚯蚓」活動的期待心情，帶來各式各樣挖土設備，有大鏟子、小鏟子、釘耙等，蓄勢待發準備想要把校園裡的蚯蚓通通捉進瓶子裡，因為孩子相信有能力可以照顧他們，一坑坑小洞都是孩子努力的成果，有時蚯蚓可能害羞地躲起來，若是當孩子從土壤中發現蚯蚓跳動的身軀時，換成孩子害羞起來不敢伸手去捉。

孩子是最會照顧生命的天使，替蚯蚓設計漂亮美麗的房子，「蚯蚓到底吃什麼呢？」讓孩子激盪出許多想法，也經由和家人分享討論裡，學習蚯蚓的舊經驗交流，每一個人都有可能成為生活中的智慧者，孩子提出許多問題的解答，有泥巴、寄生蟲、爛掉葉子等，再藉由書籍介紹蚯蚓認知給孩子瞭解，討論蚯蚓身上有那些構造、有沒有嘴巴、眼睛、會不會流血等，都是孩子好奇地提出許多問題尋求進一步認知瞭解。

藉由真實事物觀察和接觸，讓孩子認知學習更加具體而深刻，拿著放大鏡觀察蚯蚓身體構造，任何細微小東西都逃不過孩子敏銳的觀察力，孩子有的用黏土捏出一條條蚯蚓和蚯蚓的大便，用繪畫記錄蚯蚓的造型特徵，環節的構造、走路的不同等，孩子用自己的語言來呈現觀察結果，這些都是屬於孩子最有價值的學習歷程。

從蚯蚓的課程中，孩子學習愛護生命，學會貼心地照顧，學習觀察事實真相，學會記錄生活中不斷變化的過程，對於有興趣的事物產生好奇的心，也正是推動孩子學習的助力。

阿弘老師

毛毛蟲 v.s.蠶寶寶

孩子生活周遭中，充滿新奇事物等待孩子去發現，第一次的感覺、第一次的驚喜，無時無刻都發生在孩子身上，正是啟發學習的開始，沉浸在新鮮感的熱衷氣氛中，對於過去曾經陪伴在生活中的事物漸漸遺忘，孩子對於蚯蚓已經沒有感覺了。

　　毛毛蟲的開始，是孩子對於自然界生命的熱愛，當我們挑著手中的菜葉同時，是否想過菜葉上的菜蟲，牠的生命會有不同的變化，或者只是匆匆一瞥的過程，而孩子總是有不同的發現與期待，當孩子問你為什麼毛毛蟲會變成蝴蝶呢？為什麼毛毛蟲只吃葉子呢？當我們看待經常存在身邊的事物，是否停下來思考為什麼呢？或者對於周邊的生命已經沒有感覺了，想想，孩子學習事物的動力不也是這份好奇心，這份心也是孩子對於許多事物的一份堅持。

　　課程中介紹飼養毛毛蟲方法，設計毛毛蟲住的房子，孩子選擇自己喜愛的房子材料，放置菜葉，一份對毛毛蟲的關心處處可見，看見毛毛蟲吃著葉子可愛的模樣，孩子覺得自己負有照顧他們的使命，隔幾天，孩子發現毛毛蟲離開自己居住的房子，孩子對於毛毛蟲集體大逃亡產生疑惑，團討時間裡，孩子分享自己對於毛毛蟲會逃亡的想法，有的孩子說因為葉子不夠毛毛蟲吃，所以毛毛蟲會出去找食物吃，或者因為螞蟻太多，毛毛蟲害怕螞蟻，因被咬得很痛才跑出來，孩子對於毛毛蟲的遭遇感到十分同情，對於毛毛蟲喜愛吃的食物，孩子從家裡帶許多菜葉來餵食，高麗菜的葉子對於毛毛蟲而言是美味的食物，孩子細膩的心，真的讓人很感動。

　　每天都有孩子願意替毛毛蟲換置乾淨的房子，鋪上新鮮的樹葉，因為毛毛蟲接觸人類的手，很容易因為細菌感染而死亡，孩子用毛筆慢慢讓毛毛蟲附著於上面，孩子的貼心相信毛毛蟲可以感受到。

　　現在毛毛蟲已經慢慢長大了，隨著吃得愈多，毛毛蟲長得也愈來愈大，正在等待結蛹的那一天，因為這樣才能看見毛毛蟲蛻變成蝴蝶的美麗，也看見孩子成長的轉變，父母的用心何嘗不是正在等待孩子的成長。

阿弘老師

紋白蝶

　　毛毛蟲一直往上爬，孩子總以為是螞蟻來搗亂，害得毛毛蟲必須離開

自己的家園，在新的飼養箱裡，毛毛蟲有更安全的環境，不再會有螞蟻闖入，毛毛蟲往上爬，爬到自己覺得可以的地方，開始休息了，原本以為毛毛蟲是要離開這個地方，但是，發現毛毛蟲開始從頭部吐絲出來，經過兩天時間，毛毛蟲結蛹了，一切的辛苦都是值得的，彷彿照顧自己孩子的感覺，經過一段時間後，發現孩子成長了，說不出的感動和成就感，團討時間裡跟孩子分享毛毛蟲結蛹的過程，孩子有時利用下課時間，拿著放大鏡，東瞧瞧、西瞧瞧，看著蛹說：「這是真的耶！」平常時跟孩子一同數著結蛹已經幾天了，蝴蝶何時才會出來，「期待」的實現是「等待」最美好的果實，毛毛蟲變成蝴蝶也是看見孩子成長的蛻變。

隨著一天天時間過去，毛毛蟲的蛹靜悄悄地沒有任何動靜，像似幸福地孩子在安全舒適的家中受到保護，等待破蛹的那一刻，蛹是有生命的個體，長長的尾巴會不定時的改變位置而擺動，蛹的顏色隨的時間變化，剛開始時由淺變深，慢慢會在旁邊映出蝴蝶翅膀的顏色，蘊藏生命在裡面的變化，準備好時就破蛹而出。

有一天，觀察到並不是第一個結蛹的蛹開始有變化，只發現這個蛹有一條細微的裂痕，起初並不在意，以為可能蛹受傷了，再也不能有蝴蝶在裡面居住，下午時間，發現蝴蝶已經停留在飼養箱網子上面，原來蝴蝶真的從蛹跑出來了，生命的躍動，使人不禁分享其中的喜悅，孩子也興奮說著：「蝴蝶跑出來了！」剛出來的蝴蝶並不會舞動翅膀，只是靜靜合著帶點鵝黃色的翅膀休息著，有時會緩步的走著，像似剛學走路的孩子跌跌撞撞，孩子興奮看著蝴蝶，一份成長的喜悅洋溢在孩子最真實的心中，第二天，蝴蝶已經可以舞動翅膀，跟孩子討論蝴蝶的食物，孩子覺得蝴蝶要吃花蜜，所以放他們自由自在生活在田園中，才是一件幸福的事。

蝴蝶飛走了，一個新生命決定好體驗不同的感覺，是勇敢進取的冒險家，從「手」的主題走到「蝴蝶」結束，是預期之外的結果，但是，存在孩子心中不是一個句點，而是對於生活中事物產生問號，享受驚歎號的喜悅。

阿弘老師

附錄 3-4　恐龍

「恐龍」主題網

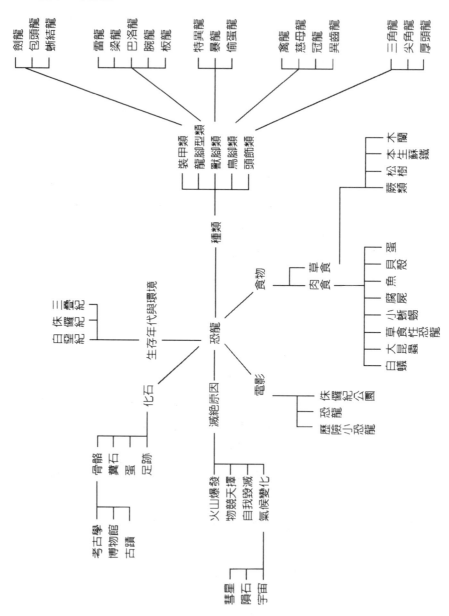

教學資源表　　　　　　　　　　　　　　　　　主題名稱：恐龍

教具資源		圖書資源		網路資源		多媒體資源		參觀活動	專家學者
名稱	出版	名稱	出版	名稱	網址	名稱	發行		
恐龍模型	世一文化	企鵝恐龍公園：劍龍、禽龍、原角龍、暴龍、特角龍、腕龍、迅猛龍、異果龍、慈母龍、似節龍、甲龍、梁龍、恐爪龍、角龍、異龍、慶形龍、雙冠龍、似雞龍、雙手龍	企鵝	中國科普博覽恐龍博物館	http://science.yam.com/dinosaur/	侏羅紀公園大探索	協和影視		
恐龍拼圖		長頸鹿和霹靂龍	漢聲	恐龍網	http://www.dinosaurworld.com.cn/	恐龍	迪士尼		
恐龍骨骼組合——長棘龍、長毛象、似毛象、櫛龍、三角龍、暴龍、嘴龍、眼龍		如果恐龍回來了	漢聲	恐龍世界	http://www.cpus.gov.cn/zlg/konglong/konglong_index.htm	小恐龍歷險記 暴龍	協和影視		
		恐龍和垃圾	漢聲						
		恐龍	兒童日報	牛頓小百科	http://king.idv.st/				
		垃圾龍大顯身手	天界文化	恐龍蛋化石展館/河源市博物館	http://www.djmzh.com/				
		月亮國——恐龍	漢聲						
		星星國——恐龍世界	漢聲						
		恐龍世界探祕	陽銘						
		噴火龍丹丹	信誼						
		小恐龍拔牙記	狗狗						

恐龍

　　構思如何讓孩子會感興趣探索恐龍的主題，決定藉由迪士尼製作「恐龍」動畫電影放映，讓孩子欣賞電影後心得分享作為恐龍主題的開頭，孩子對影片中的恐龍印象相當深刻，對於恐龍找尋理想的繁殖地表示敬佩的感覺，跟孩子討論影片中恐龍主角的名稱及恐龍相關知識特徵，並跟孩子分享恐龍理想生活的繁殖地環境特徵，孩子說：「要有水、有花、有草、有果子、有瀑布。」角落活動中，孩子提議要蓋一個屬於自己的繁殖地讓恐龍生活在富岡附幼裡，利用積木角的木頭積木、海綿積木、柔麗磚等圍成繁殖地的圍牆，利用塑膠製的恐龍模型快樂生活其中，有的孩子自己製作恐龍，運用紙盒、塑膠瓶、紙箱等材料，孩子發揮對於恐龍的創作及無限的創意思考空間，對於自己所創作的恐龍都有一份成就感，喜孜孜地與其他孩子分享，跟孩子討論繁殖地的名稱，有的孩子提議「恐龍世界」、「恐龍霹靂園」、「恐龍繞圈圈」、「恐龍公園」等，最後孩子投票以十四票贊成「恐龍公園」通過，好似一場真正的侏儸紀公園電影版在富岡附幼真實上演著，每個孩子都是富有冒險精神的探險家。

　　恐龍公園陸續完成，孩子對於恐龍公園充滿探索的樂趣，下課時間、上廁所時間，總之想要去參觀時，孩子就漫步恐龍公園中，孩子做了屬於自己的恐龍，有暴龍、蛇頸龍、雷龍等，讓恐龍公園好不熱鬧，人潮絡繹不絕，但是，有些孩子會不小心在遊戲時，會跑步穿梭在樂園中，也因此造成在裡面玩的孩子會跟穿梭的行人發生碰撞的意外，有時，孩子的腳會不小心把公園的城牆積木踢壞了，彷彿像廢墟般殘破不堪，是該跟孩子討論參觀恐龍公園開放的時間，孩子提議時段：

　　‧剛進入幼稚園的時間（7:30～8:30）

　　‧下課時間（10:10～10:30）

　　‧角落時間（10:40～11:20）

　　孩子自己投票決定下課時間不要開放，因為想到在活動場遊戲比較

好玩，經過孩子們的討論建議後，發現孩子犯規時，就自己比較清楚自己現在時間不能夠進入公園參觀，過兩天後，恐龍公園又見殘破的景觀，有些孩子可能遊玩後並不會收拾公園的玩具，或者欺負其他孩子做的恐龍，讓恐龍腳斷掉、頭跟身體分家了，是該跟孩子討論參觀恐龍公園的規則，有的孩子提議：

・不可以破壞恐龍（15 票）

・不可以破壞城牆積木（16 票）

・不可以踢恐龍（14 票）

・不可以用剪刀剪他的頭（16 票）

　　孩子經過自己投票決定的規定，孩子也比較遵守規定的有效，但是，孩子說：「如果違反規定會怎麼樣？」跟孩子討論違反規定的處罰方式，孩子說：「不可以去角落玩」（3 票）、「坐在鞋櫃休息」（1 票）、「罰站」（4 票）、「嘴巴張開，等到放屁時才能閉嘴巴」（16 票），孩子自己都很清楚，因為這些處罰都有可能會降臨到自己，連提議不可以去角落玩的孩子都不贊成自己的建議，相信孩子自己會對自己的行為負責，尤其面對這些屬於自己制定的規則。

阿弘老師

運用自製書本提升幼兒閱讀興趣之行動研究

邱鈺茹[1]、王怡云[2]

[1]原台東大學幼兒教育系研究生。

[2]元智大學師資培育中心教授。

摘要

本研究為研究者於幼兒教育實習期間之實習專題，時間為 2002 年 7 月至 2003 年 6 月，主題為「運用自製書本提升幼兒閱讀興趣之行動研究」。

欲培養幼兒閱讀習慣，必須先引起幼兒的閱讀興趣。幼稚園每日教學內容相當多，如果每天都要安排與閱讀相關的活動，對教師而言可能加重負擔。對幼兒而言，聆聽教師說故事也是一種閱讀方式，但比起幼兒主動閱讀，依賴教師說故事顯然較為被動。我們希望藉由一個幼兒喜歡且願意主動進行的閱讀活動，來引發幼兒的閱讀興趣，更希望能在引起興趣之後，持續培養幼兒主動閱讀的習慣。首先需初步暸解實習班級幼兒可能接觸過的閱讀活動，同時在教室中觀察幼兒的興趣，再與兩位實習輔導教師共同討論可能可行的方式，最後發展出「自製書本」的教學活動。

本文分為三個部分：第一部分為緒論，主要在說明本研究之動機、問題與目的，並界定本研究對象、範圍與限制。第二部分為研究歷程之呈現，主要在說明本研究過程及相關教學活動發展歷程等，並以活動過程為脈絡依序陳述，以期能使讀者更暸解整個研究過程。第三部分為研究結果省思，整理過去撰寫的各項相關資料，並嘗試回顧這個教學過程與成果，重新整合、檢討之。第四部分為結論與建議，根據研究結果歸納結論，並針對教學活動及未來研究提出建議。

自製書本是由幼兒主動開始進行的活動，教師順勢發展了一系列有關繪本的教學活動，並企圖藉此教學活動提高幼兒閱讀興趣、培養幼兒閱讀習慣；研究結果顯示自製書本的確有助於提高幼兒閱讀興趣，然而培養幼兒閱讀習慣則難以此一教學活動達成目標。研究者建議應設計具有高度持續性閱讀活動，以支持幼兒因自製書本而引發的閱讀興趣，才能期望培養幼兒主動閱讀的習慣。

壹、緒論

一、研究動機

（一）魅力不足的圖書角

開學前，我跟著班上兩位實習輔導老師（羅老師、郭老師[3]）一起布置教室，並分配角落，每一位老師負責二～三個角落，負責人需隨時注意角落中的媒材更換及幼兒活動狀況，一段時間後再輪換負責不同的角落。由於我是新手，輔導老師讓我從我比較有興趣的角落開始嘗試，圖書角即是其中之一。在教室裡我經常注意幼兒的閱讀行為，及其對各種有關繪本教學活動的反應，從旁觀察與記錄。然而，幼稚園裡每天都有許多活動，使幼兒的閱讀活動總是斷斷續續；而且，在角落活動時間，會主動進入圖書角翻閱書籍的幼兒總只有固定三、五個；加上甫入幼稚園的我，一個教學現場的實習菜鳥，說故事功力還有待加強，由我說演的故事較不易吸引小朋友注意。這種種因素之下，閱讀活動難以連貫，吸引力也有限，通常得等到角落活動結束後，圖書角變成唯一選擇時，才會有較多幼兒翻閱書籍。這樣的情況讓我相當沮喪，卻也開始積極設法，希望讓圖書角起死回生。

（二）閱讀與研習的啟發

為了引起幼兒的閱讀興趣，我先從相關書籍尋求可能運用的方法，並尋覓相關研習機會。很湊巧地，九十二學年度第一學期，元智教育學程中心[4]即在一次實習生返校座談的隔天，舉辦了一次繪本製作研習[5]。該次

---

[3]羅月娥老師現服務於台北市立雨聲國小，郭金燕老師現服務於台中縣車埔幼稚園。羅老師為該學年度（九十一學年度）之園長，以下文章中將直接稱之為羅園長。

[4]即今之元智大學師資培育中心。

[5]研習日期：2002 年 10 月 26 日。研習名稱：繪本研習。

研習中，讓我學到許多自製繪本的技巧，這也成為我日後進行專題研究時的重要資源之一。關於幼兒閱讀的理論相當龐雜，全語言教學、閱讀準備度觀點、讀寫萌發等理論，都各有其論述重點，有的從發展成熟的角度出發，有的認為營造自然的學習環境最為重要，雖然眾說紛紜，然「閱讀」的重要性均無庸置疑。國內學者洪蘭亦在其個人演講與著作中，經常強調「閱讀能激發創意」[6]的觀點。然而，在過去幾十年內，對於「何時可以開始讓幼兒閱讀」的問題，一直沒有讓大家都同意的說法。但是，我們從很早以前，就看到書局架上有許多給零歲幼兒的書（多半稱之為玩具書）。在幼稚園裡面，我所面對的是一群能聽懂繪本故事的孩子，他們應該是如何培養幼兒閱讀的深度與廣度，也是相當受關心的話題。在零到六歲的幼兒教育階段，我們也可以設計一些閱讀計畫，協助引起閱讀興趣及培養閱讀習慣[7]：

1. 讓孩子明瞭文字是有意義的。
2. 培養孩子對書的感覺。
3. 閱讀前的預備訓練：親子共讀，說故事給孩子聽。
4. 讓閱讀成為孩子生活的一部分。
5. 和圖書交朋友：從讓孩子擁有第一本書開始。

（三）輾轉發覺孩子的興趣

在實習班上，我們經常抽空跟幼兒分享繪本，教室裡也擺滿了各式故事書、遊戲書；平時幼兒最喜歡翻閱的書籍，就是教師近期內講過的繪本，其次是期初時一些幼兒自己畫的故事書。

在繪本研習之後，我無意中發現幼兒對自製繪本的興趣（Sa25[8]，w911029[9]），並逐漸有其他幼兒主動加入。新學年開始之前，原本我們

---

[6] 洪蘭教授於九十二學年度第一學期蒞臨台東大學發表演講。

[7] 小魯編輯（2002）。《孩子一生的閱讀計畫》。台北：小魯，頁 18-56。

[8] S 為幼兒代號，a 表幼兒就學狀態，25 為流水號。

[9] 將於本文第二部分詳述過程（頁 4-5），此處先予略過。

已經爲小朋友安排一些教學活動，在發現幼兒對自製故事書的興趣時，教師立刻設計了一系列自製書本的相關教學活動。

（四）讓幼兒成爲書本的主要建構者

研究者在實習現場蒐集資料，從幼兒、家長及實習班級所安排的活動，整合此三方面的資訊，發現班上幼兒的閱讀活動約有以下幾類[10]：

1.教師介紹繪本、故事。

2.同儕分享（一起看書或講故事給其他人聽）。

3.親人伴讀（父母、兄弟姊妹……）。

4.幼兒自己閱讀。

5.校內外圖書借閱。

6.在一般書局中翻閱。

7.搭配故事錄音帶。

8.電視台（偶或眞人說故事）。

9.其他（個人特別經驗：參加水果奶奶舉辦的活動）。

對實習班級幼兒而言，自製書本是一個比較特殊的活動。幼兒參與過的閱讀活動，無論呈現方式是口述、即興或戲劇等，都是由他人呈現，幼兒只是觀衆，是一個接受訊息的被動角色；而自製書本能讓幼兒反客爲主，從構思到完成作品，幼兒將是主導書本面貌的主人。

二、研究目的

研究者希望尋求一個以幼兒爲主動建構者角色的活動來引起幼兒閱讀興趣。擬從幾個由自製書本發展的教學活動，介紹繪本的特點[11]，並

---

[10]整理自實習手札（2002 年 9 月 17 日～2002 年 10 月 29 日及 2003 年 4 月份）。

[11]選擇繪本是考量實習班級幼兒最常接觸也最熟悉的書籍即是繪本。

讓幼兒嘗試自製書本。當時研究者以爲，一個全新的活動會比其他常見活動更能吸引幼兒注意，期望因而提升幼兒的閱讀興趣。本專題希望詳細記錄此一系列教學過程，並探討自製書本發展的教學活動，是否能提升幼兒的閱讀興趣？

此外，也希望在教學活動中達成以下幾個教學目標：

1.讓幼兒有機會發表自己的作品。
2.增進教師對幼兒閱讀興趣的瞭解。

三、研究對象

本研究對象爲簽署同意書，願意參與研究之家長及其幼兒。研究者實習班級共有三十位幼兒，簽署同意書同意研究者在教學現場觀察幼兒的家長共有二十八位（有一位幼兒家長勾選不同意，一位幼兒家長未回覆同意書）；同意研究者於教學活動結束後填寫問卷的家長共二十三位。

四、名詞釋義

1.幼兒：本實習專題研究中所謂的幼兒爲實習班級中，經由家長同意參與之幼兒。文中依研究需要分別給予不同的代號。
2.自製書本：在教學活動進行的過程中，所有經由本實習班幼兒參與製作的書籍，包括幼兒彼此合作、幼兒個人作品及親子繪本作品等，皆屬於自製書本。
3.閱讀：以閱讀書本爲主要探討重心。

五、研究限制

本研究限於人力、時間與少量樣本，相關研究與教學內容不適合直接複製使用於其他班級。顧及幼兒個別差異性，研究結果亦不適合直接

推論於任何一位實習班級幼兒。

貳、研究歷程

從發現幼兒對自己畫故事書的興趣，到所有相關教學活動結束，實際進行過程共約五個月，以下先以時間先後分為四個階段陳述，再總結各項資料進行分析與討論。

一、從班級共製到親子繪本──四個行動階段

（一）第一階段：埋下第一顆種籽

新學年開學第一個月，老師們常運用故事進行教學活動，偶爾也因應突發事件而採即興短劇方式與幼兒互動。光是這第一個月，教室裡老師們說的故事就有十三則（若再加上週三晨間義工媽媽的故事時間、全園性短劇故事等，就更多了）。這些故事，不一定跟實習班級正在進行的主題有關，也不一定互有連貫性，但是我們可以看見老師以說故事的方式，的確引起幼兒對繪本的注意力。每個老師剛講完的故事，在接下來幾天的時間裡，比起尚未講過的書，那是幼兒最常也最愛翻閱的書（w911007）。而且，幼兒會學著老師的口氣、跟著圖片進行，把故事一說再說。這些幼兒主動進行的閱讀遊戲，是教室裡經常可見的活動。進入第二個單元「蕃薯園」，我們讓每個小朋友自己種一小盆蕃薯，並準備一人八頁的小書給小朋友記錄蕃薯的生長過程（w911016）。這是第一個與本研究主題有關的活動，然此時專題尚未成形。

（二）第二階段：種籽正悄悄發芽

10月底，研究者返校參加實習座談，並報名了隔日的繪本研習活動

[12]。在這個活動中，研究者學會了如何自己做一本線裝書，以及其他簡易自製書本形式。那時心想：「這麼棒的活動，這麼好玩的小東西，等我回到實習學校以後，一定要縫個幾本放在角落給小朋友玩玩看！」

研習活動結束，回到實習學校的第一天下午，我找出園所裡最大張的圖畫紙，與其他各式紙張，構思著第一次嘗試自製故事書要給幼兒多大的頁面？就在我正對著風琴發楞時，忽然看見一個小小的身影，在美勞角前忙碌著。那時候下午美勞角並不開放，我一方面納悶著好動的Sa25為什麼今天沒有到戶外玩，另一方面仍是得出聲提醒她美勞角下午不開放這件事情。

　　Te03：Sa25，現在是下午了哦。

　　Sa25：再等一下就好了。

　　　　　（回頭看我一下，馬上又背對我，以更快的速度拉膠帶）

　　Te03：妳在這裡忙些什麼東西啊？（我走過去想知道她到底在忙些什麼？）

　　Sa25：……我……

　　　　　（吞吞吐吐，我猜是沒空告訴我，因為她似乎是想趕在我走到她旁邊前完成）

　　Te03：妳忘記美勞角下午不開放了哦？

　　Sa25：好了！

　　　　　（Sa25把手上的東西高舉到我面前。原來她正試圖把兩張對摺好的圖畫紙用膠帶黏起來，上面有一些圖案。我接過她手中的「作品」，嘴裡還不忘叮嚀她要把美勞角收拾乾淨。忽然，我發現了那兩張紙的「玄機」，那是一本小書。）

　　Te03：原來妳在忙著做一本書啊？

　　Sa25：對啊，這是我畫的故事書。老師妳幫我寫。

---

[12]同註3。

Te03：好啊，先把這裡收乾淨，我們去風琴那裡寫故事……
（w911029）

Sa25將兩張B5大小的圖畫紙，對摺後以膠帶黏貼，製作成總共八頁的小書。一頁一頁寫好故事後，Sa25要求我唸一次給她聽。聽完一遍之後，Sa25要求我多唸幾次，因為她「覺得好好聽哦」。其實小書內容不連貫，但這是小朋友自發性的創作，我立刻隨手縫了幾張圖畫紙給她玩，教她留封面、按順序畫，讓小書更像故事書。接下來兩週，Sa25完全沉醉在畫書的遊戲當中，每個自由活動時間及角落時間，她都投注所有的心力在畫她的故事書。如果她一整天每個自由活動時間都不做別的活動，就可以完成一本大約十四頁的小書（加上封面及封底共十六頁）。速度之快，讓我總來不及幫她的小書黏封面。

兩週下來，Sa25對畫小書的熱衷，漸漸吸引了其他幼兒的注意，開始有其他幼兒也想跟她一起畫書。由於研究者想試探實習班級幼兒現階段畫小書的能力、程度，因此對幼兒是「有求必應」，想畫書的用線立刻縫出一本。從封面到最後一頁，都由他們自己來畫，研究者不會中途主動參與，也不干涉幼兒畫了哪些內容。

此階段大約持續兩週，研究者發現，每位畫小書的幼兒都說自己畫的是「故事書」或「繪本」，但由於幼兒對繪本的基本元素瞭解不多，不易掌握故事書的特點。有幾位小朋友，把小書當作小本的日記圖（S15、S18、S21、S33、S28），通常一頁就是一個故事（或一個獨立的情節），全部加起來就是他要的故事書（S33、S28），這跟我的預料有頗大的差距。能用小書畫出一個有連貫情節的故事（或有兩頁以上情節連貫），只有四歲的S11、F13及五歲的Sa25、F30等四位。

後來，有幼兒要求我縫大一點的圖畫紙給他們畫，我雖然依照他們的要求縫了全開圖畫紙，但我不免擔心：這麼多頁、而且頁面比之前的小書整整大了兩倍以上，難度不是更高了嗎？但事實證明我的顧慮是多餘的，因為較大的頁面，大部分幼兒反而可以發揮得更好（圖畫方面），甚至會把兩頁當成一個畫面，跨頁創作更大的圖像。

幼兒畫的內容，除了與生活有關（Sa25-3在學校的一天）、與朋友有關（S33、S29），也有幼兒想像的內容（Sa25-2白雲姊姊），以及與老師剛說過的故事有關（w921113）[13]。

此時研究者也回顧該學年度報名參加教育部親子繪本選拔的作品。這些參加選拔的故事內容，就相當多元了，而且經過家長協助編排，整體而言是比較嚴謹、有結構性的。

不論是大頁面或小頁面，當幼兒畫好之後，都會要求大人為他寫上故事內容。以下先列出研究者所遭遇的狀況：

1. 口語表達能力：幼兒必須親自描述圖畫內容，教師才能協助幼兒以文字記錄。然非每位幼兒均有流暢的口語表達能力。

2. 繪圖能力：有些幼兒可以邊想邊把故事內容說出來，但要呈現在圖畫紙上，對他而言是有困難的，因為對他而言，說比畫容易多了。

3. 連貫與否：有時候，幼兒因為想到了一個有趣的故事，興致高昂的要求我給他一本小書，我卻始終沒有看見他完成的作品，最後才發現：他因為畫了一半，忘了後面的情節，且後來發生更吸引他的新事件，於是就把小書給忘了。

4. 記憶力：有些幼兒如果畫完一頁不馬上幫他寫，等他全部畫完、或者過了一天、甚至過了一個下課時間……他就忘記自己在畫什麼了。而且，他無法根據自己畫的內容做描述，因為他已經忘記自己當時到底在畫什麼？

5. 耐心：不是每個幼兒都有耐心畫完。或是有些幼兒只是一時興起，畫了兩三頁，就投入其他角落，小書從此住在工作櫃裡，徹底被遺忘。

6. 成人介入：有些幼兒會想帶回家畫。少數家長誤以為小書是回家作

[13]瑪夏.布朗著，林真美譯（1996）。《三隻山羊嘎啦嘎啦》。台北：遠流。2002.11.13進行的「三隻山羊嘎啦嘎啦」活動內容，引起孩子們用自己的方式把故事內容重新呈現，例如F13-1、F30-1、Sa25-6。

業，部分家長因求好心切而過度介入幼兒的小書創作，最後小書往往不是幼兒自己完成的，而是經由成人加工的作品。

儘管如此，小書仍然受到幼兒的喜愛。有些幼兒喜歡自己畫，有些幼兒喜歡看別人畫。在學期第二個單元教學活動的尾聲，因為幼兒對自製繪本的興趣日漸增加，實質上已經進入了關於繪本的活動，這比我們預期的時間更早。基於此，輔導老師們決定放棄期初預設的最後一個單元教學活動，重新討論教學活動，改走幼兒有興趣的繪本。由於我們想讓幼兒嘗試較正式的自製繪本活動，且基於上述第六點之考量，此教學活動預定所有活動均在學校完成。

（三）第三階段：嫩芽探頭望

漸漸進入繪本教學活動時，立即面臨幼兒提出的問題：「只有繪本才是書嗎？」

幼兒的討論結果：「當然不是」。幼兒們舉出許多例子：「爸媽看的雜誌、哥哥姊姊的課本等，這也是書。」（w911121）

羅園長也在該次討論後，安排以實習班級名稱為開頭，請小朋友以每個語詞最後一字之同音或相近音為開頭接續下一個語詞，例如：「魚缸的缸呀；鋼琴的琴呀……」。之後每進行此活動，教師先讓幼兒討論每個語詞的接續，當語詞決定之後，讓幼兒自由認養自己願意幫忙畫的語詞，甚至可以一起討論每個語詞可以有哪些圖片對應。最後，由教師打字並剪貼圖案，集結成冊，放在語文角給小朋友自由翻閱。就這樣，我們班出現了一本「永遠做不完的書」（w911128）。

至此，在繪本主題教學活動正式開始前，教室裡已經陸續出現以下幾種已完成、或正在進行中的自製書本活動：

1.參加教育部舉辦的親子繪本選拔之作品（已完成）。
2.小朋友自己在家畫的作品（多半已請爸爸媽媽寫好、裝訂好了）。
3.平日下課時間畫的各式線裝小書（進行中）。

4.全班合作的文字接龍（進行中）。

真正進入繪本的單元後，由於目標是要讓幼兒能夠完成自製繪本，因此我們安排許多「認識書本」的教學活動。過去講故事會提到書名、內容、圖片玄機等等，現在更深入，加入作者與繪者的介紹、各種書的形式、書的組成元素（封面、封底、書背、蝴蝶頁……）等，各種相關的資訊全部一起拉進來。然後，我們給予幼兒各種討論、選擇的機會，進行各種有趣的繪本製作。

如此詳細介紹繪本的活動，在進行了一週之後，我發現每當老師要說故事時，幼兒都會踴躍的說出有關繪本的組成元素（書名、作者、繪者、譯者、蝴蝶頁、書本大小、出版社、甚至那本書賣多少錢等）。當我在試教時間帶入繪本，如果我略過某一部分，都會被幼兒一一挑出來，等幼兒確定都說過了，故事才能開始。當然，我們不希望幼兒停留在關注繪本結構，引導幼兒注意書的內容，是接下來相當重要的教學目標。

（四）第四階段：枝葉成形

在嘗試各種版面與自製書本之後，各式各樣的書，開始出現在班上，擺滿了整個書架。此時，班級中的自製書本有「文字接龍」、「繪本集體創作」及「親子共製繪本」。

◆文字接龍

我們從班級名稱開始，每決定一個接續的詞，就要找一位自願的小朋友來把想到的東西畫下來，當作一種圖示，因為不是每個幼兒都已經認得國字，如果有圖，當幼兒自己翻閱時會比較容易看懂。第一次玩接龍時，幼兒們一口氣接了十幾個詞，發現如此一來負荷太大，討論之後決定每次最多接五個（不一定每天都有時間玩），一週大約會接五～十五個不等。

由於文字接龍是所有人都參與製作的書，且幼兒能夠邊翻、邊看、邊唸，這立刻成了實習班上最受歡迎的一本書。幾乎每個下課時間都有人拿

起來看，而且身邊總會很快就圍了幾個人一起唸。到最後，學得快的小朋友根本不用翻書就可以從頭唸到尾，但他們還是比較喜歡邊翻邊唸。

文字接龍連續進行了兩週之後，某天，送S21上學的媽媽對我們說：「我女兒每天回家都在唸什麼魚啊魚啊之類的，我都搞不清楚是什麼東西。好長一串耶，她居然記得住。」於是我們請這位媽媽進來教室看看那本文字接龍的書，S21的媽媽笑了：「原來是這麼一回事！（w911217）」

文字接龍對幼兒而言並不難，在幼兒能朗朗上口之後，也漸漸學會認一些國字，收穫超出教師們的意料，最重要的是他們喜歡那本書。

◆繪本集體創作

這個活動是由郭老師主導、帶領進行的教學活動。我們將班上的幼兒分成三組，一組十人，以淺色全開書面紙裁接成很長的繪本，可以折頁，也可以整幅展開。羅園長、郭老師及研究者分頭各帶一組幼兒共同構思、定稿及分配工作等。我們也趁此機會加入一些美勞的小技巧，豐富書本的內涵。在研究者帶的這一組，在故事定稿後，幼兒先討論確定封面、封底及各版面內容，再分配工作，有人畫主角、有人設計封面、有人畫背景等。此外，每一頁都有一個主要負責的小朋友，其他人去幫忙時就必須尊重該頁負責人的意見，製作過程由幼兒主導，當幼兒需要研究者協助時才介入。

由於這個活動每次一開始就會持續到放學，不可能中途停下來做別的事情，因此斷斷續續直到第二個學期初才完成。幼兒們過了一個年再回到學校時，都還記得這件事，有的人甚至連故事內容都還很熟悉。完成後，我們讓每組推派兩個代表來介紹自己那組的繪本，然後攤開來張貼在教室外面。這個浩大工程一出爐，立刻引起其他班及與老師的注意。

這是整個自製書本教學活動中最困難也最累的部分，因為集體創作繪本時，同組幼兒彼此之間的互相溝通，是一項更大的挑戰。而原先預定要在學校完成的幼兒個人自製繪本，因為已近學期尾聲，在活動時間

不足的情況下，最後還是決定讓幼兒帶回家畫，改以「親子共製繪本」的方式完成。

◆親子繪本

　　我們請愛心媽媽來幫忙縫書、裝訂、貼封面，總共做了三十本，讓小朋友把材料帶回家。雖然班上三十位小朋友都有拿到空白的、黏好封面的線裝書，但並不是每個幼兒都想畫，也不是每個幼兒都有能力掌握構成故事的元素，因此沒有完成的小朋友，我們也不勉強他一定要做出自己個人的作品。然而，有鑑於先前的經驗，這次我們寫了一張說明單，附在小書中讓幼兒一起帶回家，並利用在家長接送幼兒時的短暫時間以面對面方式傳達訊息，與家長溝通。在班級中，我們也發現有部分幼兒對於「畫小書」感到有困難。為此教師也與幼兒討論、溝通，基於「欣賞也是一種創作」的想法，我們以淺顯的方式與幼兒討論，讓幼兒理解當自己沒有作品呈現時，能「當個好觀眾或好聽眾」是一件很棒且很重要的事情。這一點在接下來的戲劇活動中，也發揮了作用，沒有擔綱演出的幼兒，不會因此而覺得不好意思。

◆作品分享

　　當班級共製的書告一段落，小朋友們帶回家做的書也漸漸完成，紛紛帶來學校與大家分享。每天上午角落時間結束後，我們會挑一個時段讓完成繪本的小朋友出來說故事，然後將這些書都集中放在教室裡的開放式書架上，讓小朋友自由翻閱、互相說故事。

◆未能進行的書展

　　原本希望可以為幼兒舉辦一場書展、邀請他班共襄盛舉，但考慮到保護書本的問題及活動時間不足（因即將進入戲劇活動），最後並沒有舉辦。

二、行動成效之評估

　　自製書本教學活動接近尾聲，在整個教學活動過程中，研究者陸續蒐集了一些相關資料，但是單靠研究者從教學現場蒐集的資料難以客觀，且亦希望獲知家長的反應，瞭解幼兒在家庭中的相關活動狀況，因此，研究者針對家長設計一份問卷，以增加評估此教學活動成效之資料。

（一）家庭閱讀環境問卷調查結果分析

　　問卷共分為三個部分：(1)針對家庭社經地位進行初步瞭解；(2)有關家庭閱讀環境之調查；(3)對家庭閱讀條件之調查。同意接受問卷調查的家長共二十三位，各部分均發出二十三份問卷，第一部分（問卷之單元一）回收二十一份，第二及第三部分（問卷之單元二）回收十九份。

◆家庭社經地位

　　對小朋友的閱讀興趣而言，這個部分所造成的影響最小，幾乎看不出什麼差異。家庭經濟較佳的幼兒，父母的確比較有能力買書，家中為幼兒準備的書也較多。但是經濟狀況不寬裕的父母，書籍來源還是很豐富：圖書館、社區、朋友之間互相借閱，都可以為幼兒借到許多好書。因此，就家庭經濟條件而言影響不大。

◆家庭閱讀環境

　　關於家庭閱讀環境，主要是想瞭解家長是否有特別為幼兒布置一個閱讀的空間（一個小角落也算，不一定要完整的書房），但是大部分家庭都沒有這麼做，原因可能在於台北市區的房子空間都不大，要特別在家裡開闢一個給幼兒用的專區，實在不容易；如果是三代同堂的家庭，更是不可能了。其次，還調查了小朋友本身在家中的遊戲狀況，發現實習班級中經常接觸電子類遊戲的幼兒，特別需要有人陪讀，如果沒有人陪讀，就不會特別想看書。

◆家長陪讀

　　大部分幼兒的家長都有陪讀的習慣，每次陪讀多在三十分鐘以上，多數是不定期的（視幼兒的要求與家長的時間能否配合）。有六位幼兒家長是每週陪讀三次以上，有四位是本身已經具有獨立閱讀的能力（兩位五足歲、兩位四足歲），所以有較多自己看書的機會。此外，問卷結果顯示，實習班級之四足歲幼兒較需家長陪讀，以及男生較需要家長陪讀。

◆家長對自製書本教學活動之看法與回應

　　問卷中，共有十四位家長肯定此一教學活動對提升幼兒閱讀興趣之成效，三位家長認為「稍有提升」，兩位認為「無明顯差異」。

　　在自製書本教學活動期間，除了獲得家長給予正面肯定與鼓勵之意見，有四位家長曾明確表示認為親子繪本對幼兒來說太困難，以及三位家長轉述幼兒表示「不想畫」。此外，家長表示最常聽到幼兒朗誦「文字接龍」，其次是提及「在學校（誰）畫了什麼故事」，以及「我要畫什麼故事」等。

（二）幼兒圖書借閱狀況

　　幼稚園開放了一個書架，大約一百本書，提供小朋友借書回家閱讀，每次可以借兩本，每週一、五早上有一個小時（九點以前）可以辦理借閱。研究者向負責圖書管理的老師調閱全園小朋友的圖書借閱登記冊，將我們班上小朋友的借閱紀錄一一找出來，借以瞭解借閱狀況：

1.在自製書本教學活動活動期間，有較多幼兒借閱繪本。
2.有六位小朋友會在幼稚園持續借書（總計借閱五次以上的），這六位當中有三位小朋友的媽媽是負責協助辦理圖書借閱的義工媽媽。
3.圖書借閱日之借閱人次超過五人，是在進行第二本班級共製書本及小朋友開始製作親子繪本期間（2002年12月中旬後）。

參、研究結果之省思

統計問卷結果後，研究者發現，以上兩個調查對整個專題的幫助相當有限，原因在於問卷內容不夠精細，以及調查後發現，研究者有以下幾個無法控制的因素：

1. 藏書量：幼稚園藏書藏書不多，幼兒不容易借到想借的書。
2. 借閱習慣：部分家庭之主要書籍來源並非到幼稚園借閱，而是到較大的圖書館借閱、帶幼兒到書局看書、與朋友交換閱讀書籍等。
3. 購書習慣：家庭社經地位較高的幼兒，其父母親傾向習慣於直接購書給幼兒，很少借閱。購書冊數方面調查不易，整體而言在五十冊至三百冊之間，且書籍種類較多，不只有繪本，還包括一些兒童刊物（例如：巧虎……）。
4. 借閱次數最多的幼兒，家中主要書籍來源也不是在幼稚園借閱。
5. 因 SARS 疫情，圖書借閱於 2003 年 5 月起停止辦理。

研究者以為，上述調查資料對整個專題而言，並沒有提供足夠有力的證據，證明這個活動對幼兒的閱讀興趣有明顯提高的作用；主要原因在於問卷內容不夠精細，且研究者在教學活動期間亦無法控制幼兒在園所以外（及入學以前）即養成的閱讀習慣。

有一位幼教老師是這麼解讀幼兒閱讀的：

「我們讀故事給小朋友聽，並不是想要他們變得早熟，我們之所以讀故事，是因為我們重視書的價值，而且我們看到他們也喜歡聽。有一部分原因是，他們喜歡擠成一團，喜歡人們將他們抱在腿上。另一部分原因是，他們喜歡圖畫。還有就是他們喜歡這樣的語言，他們喜歡聽，喜歡玩語言的遊戲，喜歡練習。在這個年紀認識書本，能夠預測即將到來的情節，那是非常令人覺得滿足的事情。就連最小的幼兒，都可以在聽到他們很熟悉的書時，搶著填上最後的幾個字。這是

一種可以讓他們覺得很高興的遊戲。[14]」

　　這一段話，是早在實習之前就已經閱讀過了，但是這段話真正在教師心底生根、在教室裡發芽，則是到了實習時進行此一專題，才深刻體認到這是多麼貼切的形容。四～六歲的幼兒多半識字不多，閱讀方面以圖片為主，因此繪本對此階段的幼兒而言是相當重要也是主要的讀物。這個階段的幼兒雖然看不懂字，但是可以用圖片串起整個故事。目前幼教教學活潑多元，教師們總會想盡辦法吸引幼兒對教學活動的注意與興趣。「書」是平面的東西，很多時候它的呈現方式都是靜態的，而非光鮮亮麗、容易吸引目光的方式。在科技日益發達的今日，我們從虛擬空間就可以獲得比書本更多、更新的資訊，但是書的特點並無法被虛擬空間完全取代。在這次的研究過程中，也讓研究者深深體會到，教師必須瞭解書本及閱讀是「無可取代」[15]的價值特性，並進一步思考書本及閱讀對幼兒的意義，才能期望帶給幼兒高品質的閱讀活動，引發幼兒的閱讀興趣，並培養幼兒主動的閱讀習慣。

　　此次研究，受限時間、人力因素，無法進行後續活動，若時間充足，研究者希望能進行持續性高的閱讀活動，例如：

1.幼兒說故事：讓借閱圖書回家的小朋友，在還書日時向其他幼兒介紹自己借的書。幼兒也可以向老師「預約時間」，介紹自己想像的故事。

2.成人說故事：每週三上午戶外活動前由故事媽媽說故事給小朋友聽，或在戶外活動後由教師說故事，並設計相關延伸活動，讓繪本「動」起來，不只可閱讀，也是可以玩的遊戲。

3.圖書角布置：除了定期更新書籍，再利用開放式書架，以及戲劇活

---

[14]江麗美譯（1999）。《幼教典範》。台北：桂冠，頁43-44。

[15]洪蘭〈生命是無可取代的〉，http://nonarts.sce.pccu.edu.tw/paper/paper-0301-2.htm。

動時幼兒製作的小屋，營造出特殊閱讀空間，吸引幼兒進入圖書角
閱讀書籍。

4.圖書交換：每個月選一天，請小朋友帶一本書（或在園所圖書室選
一本喜歡的書），與其他幼兒分享。

肆、結論與建議

根據研究結果，歸納出以下結論，並針對教學活動及研究方法分別
提出建議：

（一）結論

此次經驗應較適合作為一種引起閱讀動機的教學活動，除此之外，
需要教師與家長持續行相關活動，延續在主題活動中引起的閱讀興趣；
教室裡不論進行到哪一個主題，有關閱讀的教學策略都應該持續進行，
如此對幼兒的閱讀習慣之養成才有持續性的幫助。

（二）建議

◆對教學活動之建議

由於繪本教學活動之後，實習班級即進入戲劇活動，繪本活動呈現
一種戛然而止的不自然狀態。礙於時間不足，未能設計後續培養幼兒閱
讀習慣的活動，是一大遺憾。建議想進行類似教學活動的幼師，在繪本
教學活動中，仔細記錄幼兒對於自製書本活動以及閱讀各類圖書的反
應，並配合班級幼兒的特性，設計持續性高的閱讀活動，使自製書本引
發的幼兒閱讀興趣，以期能為幼兒延續興趣而成主動閱讀之習慣。

◆對研究方法之建議

在調查的部分，建議可以做更精細的調查，加入幼兒借書冊數、借

書種類之調查，將比借書人次更能呈現幼兒在閱讀興趣方面的轉變。此外，若人力、時間允許，訪談家長應能獲得比問卷更深入的研究資料。

再重新回顧實習專題的過程中，其實我無法肯定幼兒是因為本來就有興趣，所以對一連串的各種閱讀活動如此投入；亦或是真的因為這個活動，使他們覺得繪本真是有趣？在學年度已近尾聲，專題停止蒐集資料、撰寫工作也幾近完成的某日下午，赫然發現有幼與意義兒正在製作小書[16]。因為美勞角已沒有再放置空白小書，因此他們自己想辦法用膠帶、訂書機來做出書的樣子。為了呈現完整頁面，幼兒選擇不對摺，直接在紙張的同一側用訂書針固定。為此我十分感動，並相信這個教學活動所引起的閱讀興趣一定還潛藏在幼兒的心中，等待適當的時機再度燃起。

參考文獻

Vivian Gussin Paley，楊茂秀編譯（2001）。《直昇機‧男孩》。台北：成長文教基金會。

William Ayers（1999）。《幼教典範》。台北：桂冠。

台東師院主編（2003）。《教育行動研究與教學創新》（下冊）。台北：揚智。

夏林清等譯（1997）。《行動研究方法導論──教師動手做研究》。台北：遠流。

---

[16]S11、S27、F30，其中S27之前沒有完成親子繪本（w920604）。

附錄 4-1 相關教學活動摘要

（A）繪本單元活動前

單元	2002 年	繪本	戲劇	唸謠	其他	備註
快樂大腳丫	0902		◎			即興短劇：老師自我介紹
	0905			◎		啄木鳥、北斗神拳、不理你
	0912		◎			偶劇：不愛穿鞋的小莉
	0916		◎			手指偶：宣導教室地板注意安全事項
	0918	◎				繪本：派弟是個大披薩
	0919				◎	中秋節故事（大張圖片）
	0920				◎	中秋節故事（錄影帶欣賞）
	0923	◎				繪本：骨頭
	0925			◎		老師說故事：不愛穿鞋的小美
	0927				◎	教師節故事
	0930	◎				繪本：巴警官與狗利亞
	1001				◎	音樂故事欣賞：小騎士
	1002		◎			戲劇想像遊戲（鞋匠舞）
	1003	◎				繪本：鱷魚怕怕 牙醫怕怕
		◎				繪本：不會不方便
單元	2002 年	繪本	戲 劇	唸謠	其他	備註
蕃薯園	1007	◎				繪本：我和我家附近的野狗
	1008				◎	故事時間（羅老師）
	1009				◎	故事時間（羅老師）
	1016				◎	地瓜生長小書（以訂書機裝訂）：第一頁
	1029				◎	繪本：小兔子吹樹笛
						【校慶活動與健康操比賽之練習】
	1104			◎		手指謠 COCONUT
	1112				◎	S17 分享自製繪本；T3 介紹自製繪本
	1113	◎			◎	1.早晨：F13 媽媽說故事 2.S26、F30 說故事 3.繪本：三隻山羊嘎啦嘎啦－＞F30 畫小書
	1114			◎		台語兒歌：大頭仔生後生
	1115					
	1120			◎		兒歌教唱：白鷺鷥
	1122				◎	文字接龍（第一次嘗試）
	1126				◎	文字接龍（正式將書做出來）
						【11/27～11/29：昨日世界（配合戶外教學活動）】

（B）繪本單元活動期間

單元	2002 年	繪本	戲劇	唸謠	其他	備註
圖畫書	1202	◎				繪本：母雞蘿絲去散步
	1204	◎				繪本：下雨了
	1205	◎			◎	繪本：好餓的毛毛蟲、小種籽
						繪本團體創作（共分三組）
	1206	◎				娃娃國王變變變
	1209				◎	幼兒自製小書分享
	1211	◎				繪本：真的有耶誕老公公嗎
	1212				◎	兒歌教唱：印地安的小孩
	1217				◎	觀賞錄影帶：雪人
	1215				◎	早晨：F8 媽媽說故事
	1226				◎	手偶劇：笑咪咪的小雅
	1230				◎	1.F25、S13 自製小書分享 2.介紹繪本的基本組成元素
	1231				◎	1.F9、F10 分享繪本 2.繼續未完成的繪本團體創作
	2003 年					
	0106				◎	S11、S20、S29、F30 分享繪本
	0107	◎				繪本：年獸的故事
	0108				◎	幼兒繪本分享
	0110	◎				繪本：The Very Small
	0113				◎	1.十二生肖的故事 2.過年常說的吉祥話 3.S16、S17、F22 分享繪本
				九十一學年度第一學期結束		

（C）主題活動：繪本與戲劇

單元	2002 年	繪本	戲劇	唸謠	其他	備註
圖書書與戲劇	0217				◎	繪本：WHEN THE WIND CHANGED
	0218				◎	繪本集體創作完成
	0219	◎		◎	◎	1.Sa12 媽媽教唱日語童謠「多拉 A 夢」 2.繪本票選活動
	0220		◎		◎	1.票選活動之計票與頒獎 2.票選希望演出的戲碼：「誰是新鬼王」最高票，「好髒的哈利」次高。
	0224	◎				繪本：動物翻翻書
	0225		◎			戲劇選角
	0227		◎			討論劇場表演的準備事項：布景、道具、票、錢、海報、邀請卡……
	0303		◎			製作布景：鬼屋、神秘森林、葉子
	0304		◎			製作布景：剪貼手葉子、畫貓頭鷹、骷髏頭、紅眼睛
	0305		◎	◎		1.Sa12 媽媽教唱日語童謠「手指歌」 2.討論布景放置位置及舞台 3.排練戲劇內容
	0306		◎			1.討論布景顏色 2.布置畫面：蝙蝠、蛇、蜘蛛、蜘蛛網 3.選擇戲劇的背景音樂：恐怖音樂
	0307		◎			1.討論戲票製作 2.買票的錢的製作 3.完成後方布景製作
	0310		◎	◎		1.一起編創「誰是新鬼王」的宣傳童謠 2.分組製作宣傳海報
	0311		◎			1.觀賞戲劇的經驗分享與討論 2.排練正式的表演方式
	0312		◎	◎		1.Sa12 媽媽教唱日語童謠 2.戲劇排演 3.分配工作：提款、賣票、帶位、拉幕
	0313	◎	◎			1.繪本：長鼻子豬 2.戲劇排演
	0317		◎			戲劇公演。
	0318		◎			觀眾：同園他班幼兒及仁上托兒所幼兒。
	0320		◎			
	0321	◎				繪本：胖國王

第五章

提升幼兒閱讀興趣之歷程

陳惠美[1]、林文怡[2]、吳慧梅[3]、糠明珊[4]

[1]前新竹市港南國小附設幼稚園實習教師。

[2]新竹市港南國小附設幼稚園教師。

[3]新竹市港南國小附設幼稚園教師。

[4]元智大學師資培育中心講師。

摘要

因為發覺到班上的幼兒選角落時很少有人去選擇語文角，以及發現班上的幼兒家庭狀況多為單親、隔代教養、外籍配偶的家庭居多，在家中主要教養者較沒有閱讀的習慣，也因此幼兒們沒有閱讀的習慣，於是便想提升幼兒的閱讀興趣。而此研究便是以提升幼兒閱讀興趣之歷程作為研究，希望能提升幼兒閱讀興趣。實施的策略及結果歸納為以下四點。

1. 以圖畫書設計教案：結果顯示幼兒更熟悉故事內容，翻閱的次數也增多。
2. 推行閱讀護照：結果顯示幼兒在早上選角落時比較會選擇語文角並完成閱讀學習單。
3. 提倡親子共讀：實施結果幼兒變得主動借閱書籍回家並要求家長陪讀，讓家長因幼兒的要求而達到親子共讀的目的。
4. 推動幼兒說故事：實施結果幼兒喜愛在午餐後說故事，同時也提升了幼兒的口語表達能力。

在上學期實施了以上四種提升幼兒興趣之策略後，家長也感受到幼兒的改變，因此，我們也持續在下學期繼續推行。看著幼兒會自主性地閱讀，我想閱讀的興趣已悄悄地在幼兒心中發芽了。

壹、緒論

一、前言

港南附幼這個大家庭，在每天的一大早就能看到幼兒忙碌地在角落工作、遊戲著。幼稚園總共規劃出五個角落學習區：(1)「扮演角」：每天都有好多女生在裡頭扮演著母親煮著香噴噴的菜；(2)「美勞角」：孩

子總是拿著畫筆盡情揮舞著色彩；(3)「益智角」：兩、三人一組努力拼著拼圖；(4)最受歡迎的是「積木角」，每天總有一大堆幼兒想要開著小汽車或是疊著大積木爬上爬下；(5)唯獨「語文角」無人問津，只有幾位幼兒有一口沒一口的吃著已變冷的三明治。在開學幾天後老師們介紹各個角落的玩法及收納方式，以及為了平衡每一角的人數，還在每一角製作一張角落登記表，除了可限制每一角參與的人數，更可瞭解誰沒有參與收拾的工作。但每天卻只看到娃娃角、美勞角、益智角、積木角都有許多人的參與，語文角卻寥寥可數。

二、研究動機與目的

在 9 月的某天，閱讀《天下》雜誌時看到這一段話：「最近台灣的大人特別不安，要為自己不穩定的前程擔憂，更要為下一代不確定的未來焦慮。一個教改，幾乎把所有相關的人，從老師到學生，從家長到官員，都搞得灰頭土臉。值得思考的是：人民究竟應該具備什麼樣的能力，才能在二十一世紀立足？而且這些能力該如何培養？教育改革雖無捷徑，卻有方法。許多國家都不約而同在大力推廣閱讀運動，尤其是兒童閱讀，而且把閱（聽）讀的年齡，降至新生兒，希望及早著力，藉由閱讀習慣的養成，培養未來公民主動學習、終身學習的能力，為日後在知識經濟的競賽中打樁立基。愈來愈多的科學研究發現，通往美好未來的必經之路在閱讀，而且愈早啟蒙愈好。最新的腦部研究發現，閱讀和聯想力、創造力、感受力、理解力、記憶力都有極大的關聯。如果今天的小孩，二十年以後的社會棟樑，不愛閱讀，或者與其他國家相比，不喜閱讀，那麼二十年後的國力強弱及社會進展，在今天即已注定勝負。對個別的家庭而言，亦然。閱讀即未來。但從《天下》的『全民閱讀大調查』結果發現，台灣從大人到小孩，都不愛看書，閱讀在生活中的重要性遠落於電視、電腦、運動等其他活動。」（《天下》，263 期，2002）。初閱此文章時著實讓我有股認同感。從事幼教工作已有八、九個年頭了，也教導過許多的幼兒，發現到喜

歡閱讀的幼兒和不喜閱讀的幼兒其學習力、理解力、創造力就有明顯的差距；又發現班上的幼兒家庭狀況多為單親、隔代教養、外籍配偶的家庭居多，在家中主要教養者較沒有閱讀的習慣，也因此幼兒們沒有閱讀的習慣。有鑑於此，便想要針對此問題來提高班上幼兒的閱讀興趣，並以幼兒、園方的力量來推動親子閱讀。

本研究主要的目的有三點：(1)為了提高班上幼兒的閱讀興趣；(2)提倡親子共讀；(3)培養幼兒口語表達能力。

貳、文獻探討

閱讀可以增長知識，豐富人生，建立讀者的自尊與自信，孩子天生便喜歡閱讀，因為他們好奇、喜歡吸收新知，最重要的是，閱讀可以帶給他們無窮的樂趣（鄭雪玫，1985）。但並非是安排正式嚴格的閱讀課程，將閱讀視為一種功課，而是注重幼兒的自尊與興趣，才是有助於幼兒未來閱讀的學習，否則提早開始閱讀對幼兒而言是無意義的。簡楚瑛（1988）歸納國內幼兒的閱讀課程目標參考如以下九點：(1)口語能力的培養；(2)豐富經驗的充實；(3)聽覺分辨力的培養；(4)視覺分辨力的培養；(5)基本書本概念的培養；(6)對書本、雜誌愛好的培養；(7)記憶力的培養；(8)注意力的培養；(9)好奇心的培養。另外，教育部（1987）對於語文所制定的目標為：(1)啓發幼兒語言的潛能，增進幼兒語言的能力；(2)培養幼兒良好說話與聽話的態度與習慣；(3)發展幼兒欣賞、思考和想像的能力；(4)培養幼兒閱讀、問答和發表的興趣；(5)陶冶幼兒優美的情境及健全的品格。歸納以上文獻可得知閱讀相關目標重要者如：語言能力的啓發與培養、豐富生活經驗的充實、閱讀能力與技巧的培養、對書本的基本概念認知及培養閱讀興趣等。

在幼稚園的閱讀教學中，引起幼兒的學習動機常是幼教工作者所重視的，王國馨（2002）指出當幼兒對於閱讀抱正面的觀點，就能對閱讀

產生出愉悅的動機。林天祐（1986）也表示，兒童的閱讀能力與兒童未來的學習成就有著密切關連，兒童的閱讀經驗越豐富，閱讀能力越高，則愈有利於各項學習。在教學中，我們可以依早期閱讀的理論基礎，積極提供幼兒們一個學習閱讀的多元環境，讓幼兒在充滿生活經驗及語文溝通的刺激下，培養獨立思考及成熟閱讀的能力。

參、研究方法

一、研究歷程（如圖5-1）

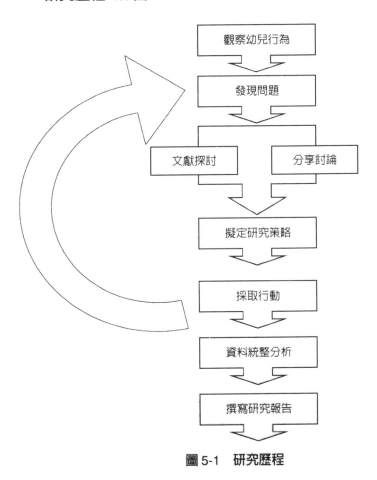

圖 5-1　研究歷程

二、研究對象

以新竹市港南國小附幼的幼兒為研究對象，其班級為中、大班混齡，全班共有三十人。大班共有十四人，中班共有十六人。男生有十三人，女生有十七人。幼兒基本資料如**表** 5-1。

三、研究方法及實施步驟

（一）研究方法

◆以圖畫書設計教案

每週的分組活動都需設計配合主題的活動，以圖畫書作為活動的重點，不只解說一遍故事內容，更針對故事內容做活動，幼兒將會更熟悉故事內容。

◆推行閱讀護照（所謂的護照是指收納幼兒閱讀學習單的集冊）

使用角落登記表記錄每日選擇語文角的人，且以完成閱讀學習單（看完書後，畫出最喜歡的一頁，並發表最喜歡的一頁的內容為何，以瞭解是否懂得書中的內容）一張視為閱讀一本書（一日一張），並給予點點貼紙，貼在閱讀小博士梯上，幼兒每閱讀五本書（並完成學習單五張來

表 5-1　幼兒基本資料表

年齡＼項目	大班	中班
人數	14 人	16 人
性別	7 男 7 女	6 男 10 女
家長國籍	母為外籍配偶 2 人	母為外籍配偶 2 人
家長婚姻狀況	父母離異 6 人（含喪父 1 人）	父母離異 3 人
主要教養方式	父母教養：7 人 隔代教養：5 人 兄姐教養：2 人	父母教養：13 人 隔代教養：3 人 兄姐教養：0 人

計算）就可榮獲閱讀小學士之頭銜；閱讀十本書可榮獲閱讀小碩士之頭銜；閱讀十五本書時，將請校長爲幼兒頒發閱讀小博士之獎狀。

◆提倡親子共讀

提倡親子共讀程序分述如下：

1.製作五十本好書書目：內容有介紹書名、作者、繪者、內容介紹，如此，家長便可瞭解圖畫書的內容而依據眞實生活的需要或幼兒興趣從五十本好書書目中來選擇想要閱讀的書籍。每週家長可在親子橋中註明欲借閱的書本，在週五時會讓幼兒借閱帶回。

2.發下親子共讀前的一封信（如**附錄 5-1**）告知家長學校爲幼兒所做的事，以及家長可爲幼兒做些什麼事。

3.每週五讓幼兒借閱書籍：除了讓有在親子橋中註明要借閱的書籍書本的幼兒可借閱，另外還開放給班上想借書回家的幼兒可自由借閱（不限五十本好書）。

4.親子共讀學習單：借閱書本時會一併發下親子共讀學習單，請家長和幼兒一起共讀後，讓幼兒畫下對書中最喜歡的一頁，並幫幼兒寫下畫畫的內容爲何。於週一帶回即可。幼兒每閱讀五本書（並完成親子共讀學習單五張來計算）就可榮獲「閱讀小學士」之頭銜；閱讀十本書可榮獲「閱讀小碩士」之頭銜；閱讀十五本書時，將請校長爲幼兒頒發「閱讀小博士」之獎狀。

5.期末發下親子共讀問卷調查表：以回收的問卷調查表來瞭解親子共讀推行的成效。

◆推動幼兒說故事

1.幼兒說故事時間：通常孩子會在一大早時就在白板上登記號碼（限定二名），於是就可在吃完午餐，且整理完教室後，上台使用麥克風說故事。在說故事上的規定是：(1)上台一定要準備很充裕；(2)說故事時間不要超過五分鐘。因爲會有小朋友完全沒有準備就上

表 5-2　研究實施步驟時間表

年月份 週次 項目	2004 年 9 月				2004 年 10 月					2004 年 11 月				2004 年 12 月				2005 年 1 月				
	一	二	三	四	一	二	三	四	五	一	二	三	四	一	二	三	四	一	二	三	四	五
I																						
II																						
III																						
IV																						

註：I 以圖畫書設計教案；II 推行閱讀護照；III 提倡親子共讀；IV 推動幼兒說故事

台，結果一直發呆。再則孩子的故事如果說得太長了，聽眾容易躁動。通常孩子說的故事都是老師曾說過的故事，或是在家中閱讀過的書籍，甚至於會有孩子直接看圖說故事。所以午餐後說故事時間除了可讓幼兒複習已讀過的書籍，更可讓孩子訓練口語表達能力，再者會讓孩子喜歡翻閱書籍。如此，才有機會上台說故事。

2.舉辦說故事比賽：在 1 月 5 日、1 月 7 日、1 月 12 日、1 月 14 日舉辦說故事比賽，分大班組、中班組。評分標準以順暢度、台風、音質、創意表現等作為評分標準，每一項滿分以三個笑臉（☺）為上限。評分者則為吳慧梅及林文怡兩位老師。

3.實施步驟：研究實施步驟時間表如**表 5-2**。

肆、研究發現與討論

一、以圖畫書設計教案

（一）教學活動與實施狀況

◎**主題**：有你真好

◎**日期**：2004/10/5 ～ 2004/10/7

◎**活動名稱**：製作感恩項鍊

在 9 月底，我們的主題進入了有你真好，就在吳園長的分配下，要

在 10 月的第一週的分組活動時，各自設計一份符合主題的教案。而自己從小便對故事書有莫大的喜愛，又曾修習幼兒文學，所以便想以故事教學來作爲教案的引起動機。我用的書是《生活中的勇士》，這本書是翻翻書的設計，以圖像的方式如：火災了，誰會來幫助我們，讓人猜出人物。引發出我們要向 _____ 說謝謝，因爲 _____ 。

【省思】在做完這一次的分組活動後，在點心時間時，大班的小威吃完點心後，竟然不像往常一樣去操場運動，反而一反常態的進入圖書角在翻閱《生活中的勇士》這本書，慢慢地，中班的小宇、小傑，以及大班的小棚、小棠也加入，最後竟變成小威翻著書在問：

小威：發生火災了，誰會幫助我們？
小宇、小傑、小棚、小棠也圍在一起看書並回答：消防隊員。
小威便翻開答案。
小威又問：誰會把小偷捉起來？
小宇、小傑、小棚、小棠齊聲回答：警察。

在午餐時，阿耀吃完午餐也進入語文角翻《生活中的勇士》這本書。放學時間時，小耀也在語文角翻《生活中的勇士》。這些種種的跡象讓我領悟到，孩子們很少去翻閱圖畫書，但只要老師曾說過的書，孩子都會主動去翻閱。在和輔導老師林老師討論過：如何提高幼兒的閱讀興趣時，我便想在設計活動時，以圖畫書作爲教案的引起動機，將故事說過一遍後，再進行活動。在教案設計中使用故事書作爲引起動機，會將故事完整講述過，再利用書中的內容進行活動。如此，會不會因爲孩子對這些書籍較爲熟悉，因而提高幼兒閱讀的興趣呢？

【發現問題】以圖畫書設計教案，我都是在每週的分組活動時配合當週的子題尋找適合的圖畫書來設計活動的，但有時卻找不到適合的圖畫書做教案設計（因爲要配合子題）。在兩位輔導老師的犧牲配合之下，便固定在每週三的第一堂課讓我帶閱讀課，也就是週三故事時間，說完故事後，讓全班每人都完成一張閱讀學習單。

◎**主題**：有你眞好

◎**日期**：2004 年 10 月 20 日

◎**活動名稱**：賣披薩

在引起動機上是以圖畫書《一片披薩一塊錢》的故事。在展開活動上，將印好的一元錢幣的紙張發給幼兒，請幼兒想一想要買幾片披薩，再剪下多少錢。在買好披薩後，請幼兒貼在學習單上，並塗上對應的錢幣數量，最後再畫一畫要請誰吃披薩。

【省思】《一片披薩一塊錢》這本書中所販買的東西有披薩及蛋糕，但在活動設計中，我只設計買披薩並沒有買蛋糕，小威還跑來問我：「陳老師爲什麼沒有賣蛋糕呢？」下次設計活動時，我要留意書中的劇情，把書中所提到的相關活動，都設計進入教學中。

由此可知，幼兒聽故事時相當的認眞，所以在活動設計和故事書中有些不同時，幼兒就會發現到不同點。

◎**主題**：海角一樂園

◎**日期**：2004 年 10 月 26 日、28 日

◎**活動名稱**：小魚旋轉扇

在引起動機上以《小金魚逃走了》這本書來引起幼兒注意。如果布置一缸舒適的魚缸，小金魚是不是就不會逃走了？其方法是用彩色筆在硬紙板上畫出魚。另外一張硬紙板上畫出魚缸及生活中所俱備的環境。將魚圖及生活環境圖背面相黏，且在兩張圖中間黏上竹筷。轉動竹筷，即可發現動物與環境圖影像重疊。

【省思】《小金魚逃走了》這本書相當淺顯易懂，書中文字相當的少，這本書在第一天說完後，第二天小琦在中午說故事時間就說了這本書（看圖說故事）：

小琦：小金魚在魚缸裡。

小琦：小金魚逃走了。

小琦：在那裡。在這裡。（用手指指出小金魚在那裡）

小琦：在那裡。在這裡。（用手指指出小金魚在那裡）……

小琦：小金魚和他的朋友在一起，不要逃走了。

（二）行動成效與評估

　　整理出幼兒閱讀護照中只要是有完成閱讀學習單一張，便表示閱讀過的圖書（如**表 5-3**）。

表 5-3　閱讀過的圖書清單

A.研究者設計教案使用的圖畫書

編號	書名	編號	書名	編號	書名
1	賣帽子	6	池塘裡的泳將	11	胖國王
2	我和我家附近的野狗們	7	小北極熊	12	壺家的新衣服
3	一片披薩一塊錢	8	愛畫畫的塔克	13	小羊睡不著
4	小黑魚	9	張開大嘴呱呱呱	14	紅公雞
5	小金魚逃走了	10	樹真好		

B.另一實習老師介紹過的圖畫書

編號	書名	編號	書名
15	勇敢的莎莎	17	膽小阿迪與毛毯毯
16	阿文的小毯子	18	菲菲生氣了

C.輔導老師課程上介紹過的圖書

編號	書名	編號	書名	編號	書名
19	白雪公主	24	我們都是好朋友	29	麻雀
20	巫婆與黑貓	25	鳥兒啾啾	30	小木偶奇遇記
21	海洋生物	26	小紅帽	31	小熊可可
22	爸爸你愛我嗎	27	學校真好玩		
23	小老鼠強納生	28	狼與七隻小羊		

D.不曾介紹過的圖書

編號	書名	編號	書名	編號	書名
32	別怕阿飛	44	國王的新衣	56	大花貓
33	竹林公主	45	孫悟空	57	小貓熊畫畫
34	醜小鴨	46	彩虹魚的新朋友	58	白雪女王
35	假裝是魚	47	青蛙王子	59	愛麗絲夢遊仙境
36	天使和小孩	48	第五個	60	哈利海邊歷險記
37	雪人	49	貪心的亮亮	61	好餓的毛毛蟲
38	棒棒天使	50	鯨魚	62	當熊遇見熊
39	如果我有一隻羊	51	老鼠嫁女兒	63	三隻小熊
40	睡美人	52	七隻烏鴉	64	躲在哪兒好
41	三隻小豬	53	鱷魚怕怕牙醫生怕怕	65	三個強盜
42	逃家小兔	54	小美人魚		
43	我的朋友	55	想看海的小老虎		

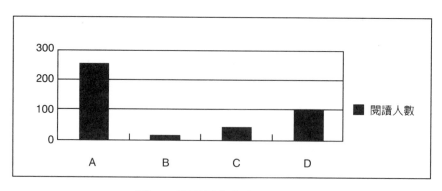

圖 5-2 閱讀圖畫書之累計人次

註：A.表示幼兒閱讀「研究者設計教案使用的圖畫書」之人次
　　B.表示幼兒閱讀「另一實習老師介紹過的圖畫書」之人次
　　C.表示幼兒閱讀「輔導老師課程上介紹過的圖畫書」之人次
　　D.表示幼兒閱讀「不曾介紹過的圖畫書」之人次

　　老師說過的圖畫書，幼兒翻閱的機會比較高。而以圖畫書做活動的內容，幼兒會對圖畫書較為深入的理解，翻閱的次數會更高（如**圖 5-2**）以累計的方式記錄。

　　由**表 5-3**及**圖 5-2**結果顯示，以圖畫書作為活動的重點，不只能說一遍故事內容，更針對故事內容做活動，幼兒將會更熟悉故事內容，翻閱的次數就會提高。

　　【省思】嘗試以圖畫書為主軸所設計出的教案，有些是以故事中的情節作為教案發展活動，例如：依《一片披薩一塊錢》這本書所設計的教案「賣披薩」，便是以情節中提到阿比賣披薩，一片披薩一塊錢來和幼兒進行數理上的買賣活動；《壺家的新衣服》中提到壺家人要去買新衣服；《紅公雞》一書提到公雞撿到一顆蛋，抱著忐忑不知會孵出什麼生物的心。有些是以圖畫書中的主角作為活動的重心，如《池塘裡的泳將》這本書是以介紹青蛙為主，我便是以青蛙的生長過程作為活動主軸，讓幼兒能瞭解青蛙的成長流程。有些是以圖畫書中的插畫媒材來進行活動，如《愛畫畫的塔克》一書是以粉蠟筆刮畫的方式做插畫表現，我便利用粉蠟筆刮畫的方式來進行刮刮樂的活動。有些是以圖畫書中的角色

特徵進行教案設計，如《張開大嘴呱呱呱》這本立體書，我就教幼兒如何利用紙杯做出立體工的大嘴巴娃娃。有些是以故事的意義整體的主題中所傳達的情感、想法或意義為主，如《小羊睡不著》一書，在書中便暗示傳達了數數的觀念，我便讓幼兒做一本小書，依數順序畫出量……。我覺得這些教案有些是很能符合圖畫書中的內容，但有些就不是那麼的理想，如《小金魚逃走了》這本書，書中所傳達的意義是小金魚因為沒有朋友，所以便逃離魚缸要去找朋友，而我所設計的教案卻是以布置一缸美麗的魚缸，小金魚就不會逃走了。其實在當初設計這個教案時，我也掙扎了很久，本來是想用網子來捉小金魚，但覺得好像有點殘忍，最後才改變方向。但好像也因而和書中所傳達的意義有些相違背了。所以在設計教案時，不論如何，還是要以書中的意義為主，再進行設計教案才好。

二、推行閱讀護照

(一) 活動實施狀況

觀察每天早上選角落時，語文角總是沒有人選。而在閱讀過學習環境的規劃與運用這本書後，針對語文角的擺設就有不一樣的想法，在取得輔導老師的同意後，便重新規劃教室中的圖書角。語文角原本的規劃上有些開放，且靠近交通要道；閱讀時孩子都只能坐在地板上，若寫閱讀學習單時，也必須趴在地板上。規劃的方向則為：(1)鋪上地毯；(2)利用矮櫃隔出半封閉空間；(3)提供專用閱讀的桌子。規劃整理完成後，便和班上的幼兒討論訂定進入圖書角的規定：

1.一次只能借一本書。

2.不能亂跑。

3.要安靜。

4.不能撕書。

5.書本要回家。

6.不能粗魯。

7.最多五個人（因隔出半封閉空間及提供專用閱讀的桌子，結果造成語文角有些狹小，只讓五個人進入）。

　　而發現自從重新規劃語文角後，每天一大早一到校，語文角就很快地額滿了，真是令人驚訝！所以，以環境上的改變來吸引幼兒進入圖書角的意願，藉此提高幼兒的閱讀興趣，算是成功的哦！

　　推行閱讀護照及閱讀小博士梯，其方法一是每人都有一本閱讀護照，而孩子在進入圖書角閱讀完書籍後，便可畫一張閱讀學習單，並說明圖畫的意義。方法二是固定在星期三安排一堂說故事時間，讓全班的幼兒都畫一張閱讀學習單。完成一張閱讀護照的幼兒就可得到一張點點貼紙，將點點貼紙貼在閱讀小博士梯的表格中，幼兒每閱讀五本書（並完成親子共讀習單五張來計算）就可榮獲「閱讀小學士」之頭銜，另外可得到一顆漢堡糖；閱讀十本書可榮獲「閱讀小碩士」之頭銜，另外可吃一片披薩；閱讀十五本書時，將請陳秋月校長為幼兒頒發「閱讀小博士」之獎狀，另外可得到一個小禮物。藉此鼓勵常閱讀的小朋友，用正增強的方法來提高幼兒的閱讀興趣。

　　【發現問題】語文角因隔出半封閉空間及提供專用閱讀的桌子，結果造成圖書角有些狹小，所以只讓五個人進入，但實在是因為有太多人要選語文角，造成每天都只有固定幾位幼兒進入（早到的幼兒可先選角），例如：小威、小蓁、小妤。為了讓其他幼兒也有機會能選到語文角，便在11月15日起規定幼兒不可重複選角（和前一天選不同的角落），總算讓班上的幼兒都有選擇語文角的機會。

　　【發現問題】閱讀小博士梯的爬梯格子只到十五格，但在不到兩個月的時間小威、小純就已達到了，想以活動時間拉長的方式來培養幼兒的閱讀習慣、興趣之下，在徵求輔導老師和班上幼兒的同意後，便將閱讀小博士梯加高至三十格。

【發現問題】因語文角隔出半封閉空間及提供專用閱讀的桌子，結果造成語文角有些狹小，每次五個人同時寫閱讀學習單時，整個空間就顯得有些擁擠，後來又將語文角稍做變動，總算擴大語文角，便在12月起開放人數可進入八個人。

（二）行動成效與評估

進入語文角的人數紀錄表，是登記幼兒在早上選角落時選擇進入語文角的人數，以累計方式記綠（如圖5-3）。

由圖5-3可發現從10月21日起推行閱讀護照的策略實施後，班上幼兒在早上角落時間選擇語文角的人數大為增加。而原本閱讀博士梯只有十五格，但後來為了要以活動時間拉長的方式來培養幼兒的閱讀習慣、興趣之下，便將格數拉至三十格，但在最後頒發閱讀小博士獎狀時還是以完成十五本閱讀學習單者，就可榮獲閱讀小博士獎狀及禮物一份。表5-4是統計班上幼兒完成閱讀學習單的數量。最後達到目標的共有十六位幼兒，超過班上一半的人數。

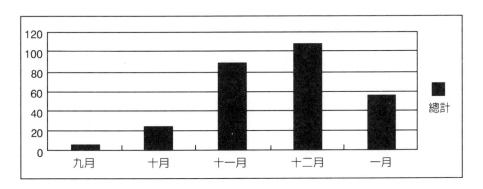

圖5-3 進入語文角的人數紀錄表

註：記錄期間為 2004 年 9 月 1 日起至 2005 年 1 月 14 日。

表 5-4　幼兒完成的閱讀學習單記錄（張數）

姓名	小宇	小端	小鎧	小正	小威	小紘	小棚	小棠	小純	小瑩
張數	7	17	5	6	26	12	3	15	30	25
姓名	小萱	小晏	小瑋	小均	小玲	小昱	小傑	小為	阿耀	小耀
張數	17	18	23	26	15	11	9	13	6	4
姓名	小蓁	小昀	小涵	小雅	小媛	小晴	小璇	小瑜	小妤	小琦
張數	18	7	13	19	5	17	15	8	21	21

註：姓名均爲班上幼兒的化名；張數是指幼兒完成閱讀學習單的數量。

三、提倡親子共讀

（一）活動實施狀況

　　根據國際閱讀協會理事長威廉斯博士曾表示過，培養幼兒喜歡閱讀，最重要的還是從父母、家庭做起。整個家庭都必須有閱讀習慣、認爲閱讀很重要，這樣才能培養孩子的閱讀習慣。提倡親子共讀策略共分爲以下三步驟：

◆步驟一

　　製作五十本好書書目及簡介，之後在親子橋中告知家長有五十本好書書目簡介可索取。

◆步驟二

　　發下給家長的一封信，連同五十本好書書目，讓家長瞭解如何運用五十本好書書目和幼兒們一起享受閱讀的樂趣。

◆步驟三

　　家長在親子橋中註明欲借閱的書本，在每週五讓幼兒借閱帶回，並在每週一將書籍歸還。借閱書本時會一併發下親子共讀學習單，請家長

和幼兒一起共讀後，讓幼兒畫下對書中最喜歡的一頁，並幫幼兒寫下畫畫的內容為何。

【發現問題】原本借閱書籍是想以家長在親子橋中註明欲借閱的書本書目，再讓幼兒在週五時借閱書本帶回，但在第一週時只有小琦、小瑜、小璇、小晴、小媛、小傑這六位家長有登記要借閱的書目，和當初在親子橋中登記索取書目的人數（十五人）有些差距。考慮到幼兒家長們的社經地位不高、隔代教養、單親家庭居多，是故便想以幼兒的力量來推動親子共讀，於是便開放給幼兒自由借閱。

【家長的迴響】隔週，小瑋的母親在親子橋中給予我們正面的回饋，很讚同借閱書籍回家的方法。小瑜媽媽甚至一口氣借了四本書，說明是家中的哥哥姐姐也想要參與閱讀。

【省思】看了家長們給予的正面回應，心中真的很高興，也希望親子共讀的活動能持續。

(二) 行動成效與評估

◆借閱紀錄與親子共讀單

以親子橋中，家長有主動借閱書籍數為主。

圖5-4是以親子橋中登記要和校方借閱書籍的人數以及幼兒自行借閱的人數做比較，因此可知，借閱書籍多以幼兒自行借閱。表5-5是收回親子共讀單有一百一十二張，但不含有四張是沒有全部完成的學習單（所謂沒有完成是指幼兒只有畫圖，但家長沒有協助填寫文字的學習單）。有此可知，家長在幼兒的請求下，幾乎都會和幼兒進行共讀。

◆問卷調查單

學期終了時發下親子共讀問卷調查單。實發問卷有三十份，回收有二十五份，有效問卷二十四份。依照題目及家長的應答內容如下：

1.幼兒在家排行：回答排行老大的有十一人，排行老二的有十二人，排行老三的有一人。幼兒在家是否有閱讀行為：回答經常的有三

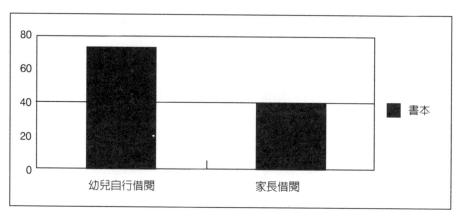

圖 5-4　親子共讀借閱紀錄

註：以回收親子共讀單爲準。

表 5-5　幼兒完成親子共讀單紀錄

姓名	小宇	小端	小鎧	小正	小威	小紘	小棚	小棠	小純	小瑩
張數	1	5	0	0	5	0	1	0	6	10
姓名	小萱	小晏	小瑋	小均	小玲	小昱	小傑	小爲	阿耀	小耀
張數	6	2	5	7	0	1	7	1	0	0
姓名	小蓁	小昀	小涵	小雅	小媛	小晴	小璇	小瑜	小妤	小琦
張數	0	0	3	7	3	4	9	7	8	14

註：姓名均爲班上幼兒的化名；張數是指幼兒完成親子共讀單的數量。

　　人，偶爾的有十九人，從不的有一人。

2.幼兒閱讀書籍的來源有：回答多以自行購買爲主的有十九人，在港
　南附幼借閱的有三人，向朋友借閱的有兩人。

3.幼兒在家會主動想要閱讀嗎？回答會的有二十人，不會的有四人。
　幼兒在家多半是自己閱讀還是需要陪讀？回答兩種情況各半的有十

二人，多半需要陪讀的有八人，多半會自己閱讀的有四人。

4. 若有人陪讀，通常是幼兒的：回答媽媽的有十四人，爸爸的有八人，其他的有七人。（不只一個答案的有五人）

5. 幼兒若有人陪讀時，會不會願意花較多時間看書？回答會的有十三人，不會的有三人，不一定的有八人。

6. 幼兒平均每週閱讀的次數：回答幾乎每天都會閱讀書籍的有五人，三～七次的有七人，少於三次的有十一人，沒有回答的一人。

7. 在正常情況下，幼兒每次閱讀時間大約：回答低於十分鐘的兩人，十至三分鐘的有十四人，不一定的有七人。

8. 幼兒在學校聽了新故事後，回家會不會與您分享？回答會是有二十人，不會的有三人，沒有回答的有一人。

9. 幼兒在家會不會主動要求您為他說故事或唸書給他聽？回答經常會要求的有八人，偶爾會要求的有十四人，從來不會要求的有一人。

10. 幼兒會不會主動說故事給您聽：回答會的有十三人，偶爾會的有八人，不會的有三人。

11. 幼兒所說的故事內容是：回答熟悉的故事的有十三人，自己想像的故事有十一人。

12. 幼兒在開始上學後，看書意願有提高嗎？（例如：主動看書的次數較多、看書時間較長了、會要求新的故事書、要求爸媽陪讀等狀況）：回答有很明顯的改變的有十六人，沒有很明顯的改變的有八人。

13. 幼稚園推行親子共讀的活動，是否對家中產生影響？幼兒有何改變？請詳述（也可給予我們建議或讚美，讓我們的教學更有信心）。

小宇家長：小宇現在開始喜歡看書了，他每天都要求要看好幾本書。

小威家長：小威現在每次回到家都會跟我們分享他在學校所發生的趣事。

小純媽媽：親子共讀的活動很好，小朋友回到家要媽媽講故事內容，然後把作業完成。

小瑋媽媽：腦筋會靈活的思考、增加認字以及閱讀能力、願意自動分享故事內容性。

小蓁爸爸：小蓁比較會積極瞭解其意，以及表達意見，會拿學校所聽的，老師及同學間得知的，來與家長給予的見解相比，而提出問題。

小涵媽媽：謝謝老師的教導，小涵從不懂到熟悉，都是老師的教導有方。

小雅爸爸：使我女兒變得更懂事，請老師多多教導和家長多多連絡，多多教導和家庭配合，使小雅繼續成長，謝謝。

小媛媽媽：感謝老師推行親子共讀的活動，讓琥媛至少能有目標性地去閱讀。

小晴媽媽：小朋友變得很愛看故事書，而且會自己去找舊的書來看，我覺得小朋友變得很愛閱讀，中午的說故事時間，原本以為小晴膽子很小，但是經過幾次的觀察下來，發覺小晴也變得很愛表現，講起故事來也落落大方。語文表達增強了。

小好爸爸：讓小孩能有很多想像空間，咬字也較清晰，腦筋也靈活，有時就像創作家，很不錯。

小琦媽媽：親子共讀可增進親子相處時間，有更深的互動，進而更瞭解孩子的特質。透過閱讀孩子較能靜心且豐富想像力。藉由角色扮演產生正向的啟示作用。感謝幼稚園所有的老師悉心照料，用心指導，造就這批充滿童真的孩子！您的用心，我們做家長的都看見了。

　　由圖5-4及表5-5以及綜合以上的問卷可知，對大多數的家長而言，推行親子共讀來提高幼兒的閱讀興趣，幼兒們都有明顯的改變。而家長

對於共讀都持正面而肯定的態度，但在實際借閱書籍上卻只有極少的家長
會參與選擇書籍，所以家長的共讀都是為了孩子或親子間而讀的，沒有家
長是因為自己本身喜愛閱讀而共讀的。此次的活動只是在幼兒、園方積極
地推動共讀的壓力之下，否則家長參與的意願有可能非常低落了。

四、孩子說故事時間

（一） 活動實施狀況

　　為了能瞭解幼兒是否能理解故事的內容，以及培養幼兒口語表達能
力，於是在和輔導老師林老師的討論之下，便決定在吃完午餐，且整理
完教室後，讓幼兒上台使用麥克風說故事。

　　10月20日起，通常孩子會在一大早時就在白板上登記號碼（限定二
名），在說故事上的規定是：(1)上台一定要準備很充裕；(2)說故事時間
不要超過五分鐘。因為會有小朋友完全沒有準備就上台，結果一直發
呆。再則孩子的故事如果說得太長了，聽眾容易躁動。通常孩子說的故
事都是老師曾說過的故事，或是在家中閱讀過的書籍甚至於會有孩子直
接看圖說故事。

　　【發現問題】實施午餐後說故事以來，發現每天早上登記要說故事的
人都是同樣幾個人（小雅、小妤、小端、小晏）原來是因為這幾個幼兒
都比較早到學校，所以一大早就在白板上登記好號碼了，為了想讓班上
每位小朋友都有說故事的機會，和輔導老師商量下，本想以每日輪流的
方式，如此班上幼兒都能說到故事。但後來考慮班上新生較多，在口語
表達能力上較弱，若用硬性規定可能會造成幼兒的壓力。最後便設計寶
貝說故事時間表（如**表**5-6），來登記每日說故事的人，但一個人一週只
能說一次故事。如此便可讓多點幼兒來參與。

　　【發現問題】推行中午說故事比賽後，孩子的反應相當熱烈，每天都
有幼兒想要上台說故事，但礙於時間的限制，每天只能開放兩個名額

表5-6 寶貝說故事時間表、名單及次數

姓名	小宇	小端	小鎧	小正	小威	小紘	小棚	小棠	小純	小瑩
次數	1	2	0	0	1	0	0	2	9	8
姓名	小萱	小晏	小瑋	小均	小玲	小昱	小傑	小為	阿耀	小耀
次數	9	1	1	3	4	4	0	2	0	0
姓名	小蓁	小昀	小涵	小雅	小媛	小晴	小璇	小瑜	小妤	小琦
次數	3	0	0	7	0	5	6	1	3	8

註：姓名爲班上幼兒的化名；次數表示幼兒説故事的次數。（從有登記寶貝説故事時間表 2004年11月22日起至2005年1月19日）

（因爲是利用吃完飯後，等待午睡前的時間，大約二十分鐘）。但實在有許多幼兒太想說故事了，甚至說了還想說，所以很多幼兒就會在早上的角落時間、休息時間或是等待家長接送時間時，進入語文角和三五好友進行說故事的遊戲。看著孩子們坐在小椅子上，拿著書本看著圖說故事，底下聽故事的幼兒眼神專注的模樣，眞是可愛，甚至因爲每一個人都想要說故事，還以猜拳的方式來輪流呢？

（二）行動成效與評估

　　1月初我們舉行了說故事比賽，將比賽日期共分成四天，分別在1月5日、1月7日、1月12日、1月14日。爲什麼要安排四天的比賽日期？原因是考慮到底下聽故事的幼兒，擔心他們會把持不住而躁動起來。在說故事比賽的前一週我們便在親子橋中告知家長比賽的訊息，除了期盼家長在家能指導幼兒練習說故事，另外便是可幫幼兒做額外故事內容的裝扮或演出。而在比賽的前兩天圖書角也開放讓幼兒在非星期五的日子借閱書籍回家練習（通常借閱書籍只有在週五才可借回）。在第一

天比賽活動開始前，我也特別向幼兒們叮嚀一番，如：不要一直看著書也要看看觀眾、說故事的聲音要大一點不要太小聲、不要害羞要大方一點等，以及最重要的就是底下的觀眾要安靜的聽故事。

而比賽結果也發現到，有借書回家的幼兒說得故事內容較爲充實、較爲精采，而其中有幾位幼兒是臨時才到圖書角找書說故事的幼兒，說得故事就沒有那麼充實了。其中小妤的家長特別的用心，用紙板畫上狼與七隻小羊的道具，好讓小妤在故事比賽時能拔得頭籌獲得好成績；另一個就是小琦，小琦所說的故事是《彼得與狼》這本書，這本書是小琦家中的書籍，小琦在說故事時會使用聲音隨著故事情節營造出氣氛，而故事書大而清楚的圖片，都令班上的幼兒目不轉睛。我覺得不只是因爲這是一個全新的故事，更是小琦把故事表達的很清晰。這次說故事比賽我覺得班上的幼兒表現得很不錯，其中最讓我覺得高興的是：許多不曾在中午時間報名說故事的幼兒這次都上場說故事了，如小鎧、小正、小紘、小棚、小耀、小涵。此外，幼兒借閱書籍回家，家長們都有協助幼兒準備故事，如小鎧、小正、小威、小棚、小瑋、小瑜、小妤。

最後我們是在結業式時揭曉成績，在全校哥哥姐姐的見證下，請校長頒獎。我覺得對幼兒而言是莫大的光榮。

雖然班上有十位幼兒從頭到尾都沒有參與過中午說故事時間的活動，但在正式比賽時，沒有說過故事的幼兒也都能上場說故事（只有小傑、小昀沒有上場，在平時兩位幼兒就屬安靜、內向需老師一對一教導的學生），所以幼兒在潛移默化中也願意上台表達語文了。

而在期末最後一週的主題活動──新十二生肖故事接龍的活動中，發覺到班上比較會發表故事接龍改編的幼兒，多以想像力豐富且平日較常閱讀的幼兒爲主。如中班的小綺說：袋鼠身上有口袋可以裝小 baby（學校並沒有提到這方面的常識）；甚至還協助小威發表：大猩猩很強壯而且會踢樹木。其中爲什麼會發表出大猩猩很強壯而且會踢樹木，那是因爲語文角中有一本五味太郎的作品《我的朋友》中有畫到大猩猩在踢樹木（小綺曾將《我的朋友》帶回家和父母共讀，並在中午說故事時間

時說過這本書，便是口述說大猩猩在踢樹木）。而另一組的小宇則是將舊經驗主題：海角一樂園中提過的共生朋友，小丑魚和海葵發表出來：我是小丑魚，我來報名十二生肖，我很聰明，我會躲在海葵裡面。小棠也會把《小黑魚》一書中提到的「大魚一口吃掉很多小魚」的經驗融合在「我是鯨魚，我來報名十二生肖，我很厲害，我會一大口吃很多小魚」。這些都代表著幼兒能理解老師上課的內容以及書中得到的知識。常常自己在想，進行那麼多有關閱讀方面的課程，幼兒真的有學習到嗎？我想這些口語表達的能力已經證明──幼兒真的學習了，真的有將書中的知識應用了。

伍、結論

為了提高幼兒的閱讀興趣，我使用「以圖畫書設計教案」策略，結果顯示幼兒更熟悉故事內容，翻閱的次數也提高了。而「推行閱讀護照」結果顯示，幼兒在早上選角落時比較會選擇語文角並完成閱讀學習單；而「提倡親子共讀」策略實施結果，幼兒會主動借閱書籍回家，主動要求家長陪讀，讓家長因幼兒的要求而達到親子共讀的目的。在「推動幼兒說故事」實施後，幼兒喜愛在午餐後說故事，同時也提升了幼兒的口語表達能力。

在撰寫行動研究結尾時，正巧是下學期的開學日，在開學第一天的園務會議中，輔導老師林文怡老師提到因上學期的閱讀小博士推行的成效相當的不錯，於是將在下學期持續推行閱讀小博士的活動。輔導老師提到的這個建議讓我相當高興，畢竟閱讀的興趣並不是一朝一夕就可培養的習慣，在園方的持續推動之下，幼兒必會有閱讀的行為，進而培養幼兒閱讀的興趣與習慣。在早上的角落時間幼生彣琦、光耀、靖純、琥媛、淳宇都會主動的到語文角來閱讀書本，並寫閱讀護照，而彣琦、富棚也在詢問是否可講故事（中午說故事）。這種種的反應、現象都讓我

感到相當開心，我想這代表著幼兒會主動去閱讀了，提高幼兒閱讀興趣的成效上是成功的。

其實每個幼兒都是喜歡聽故事的，只要大人肯多花一點時間去陪他們閱讀，閱讀就會變成一種興趣。

參考文獻

王國馨（2002）。〈小大讀書會發展歷程之研究〉。國立台灣師範大學家研所碩士論文。

《天下》雜誌，第263期，2002年11月號。

林天祐（1986）。〈EQ教育面面觀〉。《教育資料文摘》，第38卷，頁81-89。

林敏宜（2000）。《圖畫書的欣賞與應用》。台北：心理。

周均育（2002）。〈兒童圖書館員、父母與幼稚園教師對幼兒閱讀行為的影響之調查研究〉。國立中興大學圖書資訊學研究所碩士論文。

柯華葳（1994）。〈從心理學觀點談兒童閱讀能力的培養〉。《華文世界》，74。

黃瑞琴（1997）。《幼兒的讀寫萌發課程》。台北：五南。

曾志朗（2001）。《親子閱讀指導手冊》。台北：教育部。

鄭雪玫（1985）。〈孩子與閱讀〉。《書府》，第6期，頁60-63。

簡楚瑛（1988）。《幼兒‧親職‧教育》。台北：文景。

附錄 5-1　給家長的一封信

親子共讀閱讀樂～寫在五十本好書之前～

親愛的家長您好：

　　父母是孩子生命裡的第一位老師，且小孩在四歲之前的閱讀經驗非常重要，如果父母喜歡閱讀，而且樂於追求閱讀的樂趣，對於孩子人生閱讀樂趣的養成具事半功倍的效果。因此，要讓孩子愛閱讀，享受閱讀所帶來的樂趣與成長，最重要的是從父母、家庭做起。

　　根據最新的腦部研究發現，閱讀和聯想力、創造力、感受力、理解力、記憶力都有極大的關聯。每個人都知道，世界已進入知識世紀，一切的競爭與價值都以知識為主，而一切知識的基礎都自閱讀開始。如果今天的小孩，二十年以後的社會棟樑，不愛閱讀，或者與其他國家相比，不喜閱讀，那麼二十年後的國力強弱及社會進展，在今天即已注定勝負。

　　希望大家每天都能至少抽出一段時間，放下所有事情，為自己或陪孩子閱讀。每天翻讀幾頁，會使人生大不同。只要每一個人盡一份小小的努力，都能為下一代鋪一塊平坦的磚。

（一）學校為提高幼兒閱讀興趣所做的事

　　1.幼兒每閱讀五本書（並完成親子共讀習單五張來計算）就可榮獲「閱讀小學士」之頭銜；閱讀十本書可榮獲「閱讀小碩士」之頭銜；閱讀十五本書時，將請校長為幼兒頒發「閱讀小博士」之獎狀。

　　2.實施孩子說故事：讓幼兒在午睡前上台說故事給全班幼兒聽，讓幼兒發表已讀過的書籍。

（二）家長能為孩子做的事

　　1.瞭解圖畫書的內容：家長可依據真實生活的需要或幼兒興趣從五十

本好書書目中來選擇想要閱讀的書籍。

2. 向園方借閱書籍：家長可在親子橋中註明欲借閱的書本，我們會在每週五讓幼兒借閱帶回，並請於每週一將書籍歸還，以方便更多孩子的借閱。

3. 親子共讀學習單：借閱書本時會一併發下親子共讀學習單，請家長和幼兒一起共讀後，讓幼兒畫下對書中最喜歡的一頁，並幫幼兒寫下畫畫的內容為何。於週一帶回即可。謝謝家長的配合。

　　　　　孩子的未來靠你我來創造　港南附幼實習教師陳惠美敬上

擴張幼兒口語表達能力之版圖

王冠文[1]　陳未利[2]　梁家祺[3]

[1]原台北市永春國小附設幼稚園實習教師。

[2]台北市永春國小附設幼稚園教師。

[3]元智大學師資培育中心助理教授。

摘要

　　幼兒必須與周圍的人持續的、繁密的溝通，而語言正是他們進行溝通的關鍵。藉由語言，孩子逐漸瞭解他們周圍的世界，也知道其對世界的看法，所以可見語言對於人類之重要性。幼兒透過語言與外界或是他人溝通，這時候口語的表達能力就占有相當重要的地位。

　　觀察本研究對象後發現，他們是幼稚園中班的幼兒，在口語表達方面並不是發展的很純熟，原因包括對於語彙的認識不夠，而且對於句子文法不熟悉，還有重要的一點是，他們不敢面對人群說話等。為了要改變幼兒的口語表達能力，研究者和班上兩位帶班老師規劃及設計不同的語文活動與教材，讓幼兒可以由淺入深的學習，從單詞的認識到簡短的造詞、造句，甚至是學會講出完整的句子，增加他們的語彙能力，在人際關係和教學認知上都能夠更加順利的發展與成長，除此之外，更重要的是讓幼兒的口語表達能力有所發展，進而能夠清楚的表達出完整的句子意思。

　　經過九個月的研究歷程後發現，班上幼兒的口語表達有明顯的改變與進步，他們現在可以說出較完整的句子和句型，對於各種不同句型也在嘗試運用中。其實要培養幼兒的口語表達沒有特別的方法，唯有靠給予充足的學習情境，和不斷地讓他們有練習說話的機會，在一點一滴中，就會發現到幼兒不一樣的改變與進步。

壹、緒論

一、研究背景

　　幼兒在成長過程中，有許多需要學習的事物，而幾乎沒有任何一件事，是僅靠身體的成熟即可達成的。幼兒必須與周圍的人持續的、緊密

的溝通，而語言正是他們進行溝通的關鍵。藉由語言，孩子逐漸瞭解他們周圍的世界，也知道其他人對世界的看法。這個學習目的既明確又清晰，語言的學習也就自然而容易了。

語言包括聽說讀寫這四部分，每一部分都缺一不可，但是在說的語言這一項，也就是口語表達這一部分尤其重要和獨特，它是人類異於其他動物的一大特性，也是高智慧的象徵，透過口語表達傳遞思想和情感，含有有意義的聲音及經過思考建構的內容，因此，口語表達的能力，對於人類而言是表達及溝通上不可或缺的基本工具。

二、研究動機

我們已經知道語言包含聽說讀寫四部分，每個環節都緊緊相扣密不可分，也瞭解語言對於幼兒發展的重要性。但為什麼我會把研究領域鎖定在說的語言這一方面呢？那是因為我研究的對象是四～五歲的中班幼兒，這個時期規劃的語文課程和活動，幾乎都以說的語言為主，在閱讀、書寫方面的語言並不適合這個時期的幼兒學習，另外我也發現經由上學期開學（2004年9月）至今（2005年5月）對班上幼兒觀察，發現到他們所認識的語彙很有限，有的幼兒還會出現呀呀語時期所說的語言，像是車車、水水等，有時候甚至連物品的名稱都不能夠完整且清楚的表達。印象中有一位幼兒打不開他的工作櫃，想要請我幫忙，他跟我說：「老師，開。」短短三個字，讓我相當訝異，也瞭解到幼兒在口語表達這一方面的運用並不是很熟悉。鑑於以上的原因，促使我研究幼兒口語表達這部分的原動力。

三、研究目的

研究方向確立後，接下來就是希望藉由提供不同的語文活動設計及教材，讓孩子可以由淺入深的學習，從單詞的認識到簡短的造詞造句，

甚至是學會講出完整的句子，增加他們的語彙能力，在人際關係和教學認知上都能夠更加順利的發展與成長，除此之外，更重要的是讓幼兒的口語表達有所發展，進而能夠清楚的表達出完整的句子意思。

經由上面呈現的研究目的，本研究所要探討的問題，將有以下三點：

1.幼稚園中班幼兒的口語表達能力程度為何？
2.幼稚園中班幼兒的語言課程如何規劃、安排？
3.如何透過語言課程提升幼兒的口語表達能力？

四、名詞定義

（一）語言

語言是人與人之間的溝通工具。透過語言，幼兒在成長中逐漸建立自己的生命觀、文化觀，和瞭解自己所屬文化裡各種意義。語言又包括口頭語言和書面語言兩種，口頭語言是指聽和說的語言，而書面語言包含讀和寫的語言。

（二）口語表達

口語表達是人與人溝通的媒介，通常以「說」的方式，將自己內心的想法、情感、意見等呈現出來，讓對方瞭解和接收。良好的口語表達應該是讓接收者可以清楚聽見、判斷說話者的說話內容為原則。

（三）語言活動

語言活動是指教師規劃各種和語言有關的課程、遊戲，促進幼兒在語言方面有所進展。本研究所指的語言活動，是指教師設計有關幼兒口語表達、口說語言方面的語言活動，培養幼兒良好的口語表達能力，能

夠清楚且完整地表達自己的想法與感受。

貳、文獻探討

一、口語表達的意義

　　就狹義的定義而言，我們通稱的「口語表達」是指以有意義的聲音來表達思想情感，溝通交流意見的一種符號或工具。而在國語科教學中所談的語言，即是口語表達，它是包括語音、語詞、語法、已聲音和內容結合的產物（朱美如，2003）。人的口語表達速度約比寫字快八倍，其心理、生理活動過程非常複雜，口語表達是經由發音器官來表達思想感情，邊想邊說，反應過程如此快速，思維和表達幾乎是同時進行，它的便捷及特殊是其他的符號無可取代的。因此口語表達在我們生活中扮演著重要的角色，不論是小孩或是大人，想要表達思想、感情，建立人際之間溝通、傳遞意見，都必須善用口語表達，所以口語表達可說是我們生活中不可或缺的工具。

　　學者們（梁仲容，1992；張淑娥，1993；羅意眞，1997）認爲口語表達的意義是學生由觀察、組織、思考，培養出有條理連貫、合乎邏輯的能力，也是由語音、語法、語詞結合情景融入日常生活經驗、勇於發表自己的思想、感情，達成有效溝通的能力。口語表達的內容、見解、思想及詞彙等的學習，也是促進書面語言能力的基礎。

　　由此可知，口語表達是正確使用語音、語法、語詞，說出自己的想法和感情，並在觀察後能完整敘述日常生活經驗，爲有系統、有意義可經學習而獲得的能力，也是孩子觀察、思想、表達的綜合表現。

二、幼兒口語表達發展情形

幼兒口語表達的發展情形，有一定的發展順序和階段性，如能掌握其順序和特性，循序指導發展，幼兒口語表達會有更好的表現。現依相關文獻（林妙娟，1997；李丹，1989）將幼兒口語表達發展階段，敘述如下：

◆第一階段（0～1歲）
　　語言準備期、咿咿嗚嗚期。

◆第二階段（1～2歲）
　　語言發展期、單詞期。

◆第三階段（2～3歲）
　　不完整句、雙語期和三語期。

◆第四階段（3～4歲）
　　完整句子期、簡單句、複雜句。這段時間是兒童字彙發展最迅速的時期。三～四歲對語詞的掌握能力，是從掌握名詞、動詞，再一路進展到懂得運用形容詞、量詞、代名詞等。他們說話的句子更長了，甚至連文法結構都出現了，比如會說「因為……所以……」，但因限於字彙的有限，有時會將詞彙做特殊的結合，比如會說：「我不是『新來的』（學生），我是『舊來的』。」兒童對於不熟的、臨時想不起來或是念起來不好玩的語彙，他們還會自創一些新語彙。

◆第五階段（4～5歲）
　　想像用語期。此階段的兒童開始會用大量的虛詞，比如介詞、連接詞、嘆詞等。大多數的用語都能正確使用，且學得維妙維肖，比如要求語「求求你啦！」。兒童常使用及最快學會的詞彙，都是和兒童的日常生活息息相關。

◆第六階段（5～6歲）

　　能言善道期、複合句。五歲以後的兒童，他的發音正確，偶爾會出現錯誤的文法，也會自己修正。他非常喜歡表達自己的看法，只是因為仍處於皮亞傑認知理論「前運思期」階段，沒有清晰的邏輯思考能力，因此在口語中，經常以自我為中心解釋萬物。他也喜歡自己編故事，把聽過的故事轉述給別人聽，只是說得不完整而遺漏一些情節，甚至穿差別的故事情節。

　　根據皮亞傑認知理論實驗研究，在四～五歲兒童的「問題語言」最豐富，六～七歲兒童，能夠默默用「內部語言」進行思考，只是遇到困難時，才用「問題語言」（鍾聖校，1992）。當具體運思期開始之際，兒童把他表現在外面的口語表達，限定為溝通的目的，稱之為「社會化語言」，而「自我中心語言」是一種兒童對行為的重複說明，大約在七歲時「自我中心語言」就消失，由「社會化語言」取代。因此，兒童的口語表達發展認知的歷程中，六～七歲孩子已由「自我中心語言」進入「社會化語言」的口語表達階段。而社會化語言的形式之一，是交換訊息：小孩與人交換心得、想法時，會告訴聽者哪些事是他感興趣的或是會影響他的（朱美如，2003）。

　　從以上兒童的口語發展階段，觀察綿羊班四～五歲幼兒的口語表達，他們正處於想像用語期的階段，他們對於完整句的表達並不是很純熟，常出現主詞＋動詞就結束了，比如像是：「我要去（遊樂場）」，只有說前面的三個字，後面的受詞直接省略。他們常用簡短句來作回答，例如：「這是什麼顏色的雨傘？」他們會說：「紅色的」，而不會回答出：「這是一把紅色的雨傘。」

　　他們對於形容詞的使用也不頻繁，最常出現的形容詞就是「好漂亮」、「好高」、「好大」、「好小」、「好吵」、「好髒」等與他們生活比較有相關的形容詞。另外，這個時期的幼兒對於句子的理解能力還在成長和學習當中，問話者不能同時拋兩個以上的問題給他們，因為他們仍處於前運思期階段，所以對於句子的理解需要花比較多的時間來思考，

才能對問話者說的話融會貫通，而因爲如此，如果問話者沒有給他們多一點的時間思考，或是問話者本身的問話不夠白話，那麼幼兒可能就會像鴨子聽雷，聽不懂問話內容，更不知道要如何回答了。

有關幼兒口語表達發展的情形，李丹（1989）談到句子發展，在口語表達的發展過程中，句子理解先於句子的產生，幼兒到六歲時才比較能理解被動語態句，雙重否定句則要等到七歲。幼兒對理解句子會採的策略有三種：事件可能性策略、詞序策略、非口語表達策略（參照物、預期），但是幼兒一旦掌握口語表達結構，發現口語表達的例外情形，就會改進策略使口語表達更符合實際狀況，逐漸接近成人的理解。而有時候在言談中或是句子中，都有可能省略整個片語而不以代詞取代，但能由語境中加以瞭解，語言學家稱爲省略現象（黃宣範譯，2002）。

關於詞義的理解是兒童正確使用口語表達和理解口語表達的基礎，也是口語表達發展重要的項目。在普通名詞上，詞的使用範圍的擴張和縮小在二～六歲兒童是普遍存在的現象，以後隨知識經驗的累積和抽象概括能力的發展，對生活中常用的具體名詞詞義的理解越趨完善，但對抽象名詞詞義的理解尚須長期學習。

形容詞的發展過程有：從物體特徵的描述發展到事件情境的描述（顏色、味覺、動作、情感及個性品質、事件情境用詞），從單一特徵到複雜特徵（胖、瘦到很老、年輕），從口語到書面，從形容詞簡單形式到複雜式等四個過程。形容詞的類別多，因此有不同的發展情形，分述如下（黃瑞琴，1993）：

在空間維持的形容詞上順序爲「大、小」，「高、矮」，「長、短」，「粗、細」，「高、低」，「厚、薄」，「寬、窄」，但成對的形容詞不一定同時獲得，也會發生不同維度形容詞的混淆，如以「大」取代「高」，以「小」取代「短」。

時間形容詞的學習在六歲已經能分辨「上午」、「下午」、「今年」、「去年」、「正在」、「已經」、「就要」等語詞。

空間方向詞的發展順序是「裡」、「上」、「下」、「後」、「前」、

「外」、「中」、「旁」、「左」、「右」。

指示代詞「這」、「這邊」、「那」、「那邊」的指稱對象不固定的，需隨語言環境的變換而轉換。

人稱代詞「你」、「我」、「他」中，以「我」的理解最好。量詞的運用是表示事物或動作單位的詞，必須遵從「數量＋量詞＋名詞」的公式，六歲已經能根據事物分類，而七歲時已經能夠正確選擇相應的量詞。

三、幼兒口說語言經驗

口說語言指藉由聲音傳遞的語言系統，它的使用大致是以聽與說兩種行為出現。口說語言的範疇包含語音、語法、語意和語用。在真實的語言事件之中，這些元素交互作用，以促成表達和溝通，達成生活上各種不同的目的。

口說語言包含聽和說兩部分，指的是幼兒以口語或口語輔以肢體語言的方式，進行理解、表達與溝通的歷程。在口說語言的發展過程中，幼兒需透過對周遭事物的認識，來形成概念，進而聽懂語言，並學習語彙，發展詞句；更重要的是瞭解如何適當地應用這些語詞於各種溝通情境中，以達成生活上的各種目的。在溝通過程中，幼兒需要學習如何與人互動輪流，如何傾聽、等待、解讀非語言線索，如何起始、持續及結束主題，如何適時適當的提問、回應等。這些口語能力是幼兒在日常生活中，透過自然的人際互動，以有意義、功能性的活動經驗中，經由充分的語言使用，逐漸培養而成。（李連珠、林慧芬，2001）

參、研究歷程

一、認識形容詞

活動名稱：和你做朋友——認識情緒

◆活動內容

　　麗麗老師準備各種情緒的表情圖片，包括悲傷的、沉思的、快樂的、淘氣的、害羞的、無聊的、失望的等等，並且也準備和圖片配對之字卡，讓幼兒藉由圖片和文字的配對，更瞭解各種情緒的形容詞，也趁此機會讓幼兒練習說出這些形容詞。

◆活動紀錄與省思

　　這個活動為期兩天，在麗麗老師的教導之下，讓幼兒學會到很多跟情緒有關的形容詞，像是失望的、害羞的等。在他們的生活經驗中，比較常接觸的情緒形容詞應該只有生氣的、難過的、快樂的這些比較兩極的形容詞，比較不常運用到無聊的、失望的這些比較抽象的形容詞，而藉由這個機會，讓幼兒接觸更多我們成人會使用的情緒表現。

　　不過經由觀察發現，幼兒們對於情緒的形容詞接受度似乎不是很高，而且學習的興趣也不濃厚，我想可能是因為這些形容詞對他們來說太艱澀的，而且在生活當中也不太會使用，所以在老師教導過後至今，很少聽到幼兒們會把這些情緒形容詞套用到說話的句子裡，他們還是比較常使用「高興的」、「生氣的」這些形容詞，所以這個教學的成效並不是很大，若是老師能夠介紹比較生活化的形容詞，我想對於幼兒的吸收效果可能會更好。

二、組合簡單句子

（一）活動名稱：彩色王國——認識形狀（簡短句：主詞＋形容詞）

◆活動內容

　　利利老師發給每位幼兒三個七巧板（分別為圓形、三角形和正方形），當老師說：「掉下來，掉下來」幼兒要說：「什麼東西掉下來？」老師說：「我的Ｘ形掉下來」，若是老師說圓形掉下來，幼兒們則要把圓形的七巧板拿出來。接著老師要讓幼兒們輪流練習說自己手上的七巧板（顏色和形狀），例如：「我的正方形是紅色的」，這算是一次簡短句的練習，包含主詞（我的Ｘ形）＋動詞（是）＋形容詞（Ｘ色的）。

◆活動紀錄與省思

　　這個活動的主要目的有兩個，讓幼兒在同一時間認識形狀與顏色，除了認知以外，也要讓幼兒試著說出來。老師透過遊戲化的方式，促進幼兒的口語發展，我覺得非常的好，而且幼兒的吸收程度也非常的高，在我的紀錄裡面，班上的兩位幼兒所說的話，包括：小妤——我的圓形是蘋果紅色的、小琳——我的圓形是藍色的，而且還是大的。小琳的回答讓老師大吃一驚，因為她除了說出老師所要求的話以外，還加了一句「還是大的」，表示小琳除了有顏色形狀上面的認知以外，也有大小比較的觀念，更會用口語表達出來，真的很棒的表現唷！

（二）活動名稱：彩色王國——顏色造句遊戲（句子）

◆活動內容

　　麗麗老師準備紅色、黃色、藍色和綠色的色紙和字卡，讓幼兒們認識這些字。之後，請每位幼兒練習利用顏色來造句，例如：我喜歡紅色的毛衣。

◆活動紀錄與省思

　　這個活動透過顏色讓幼兒練習造句，其實要讓幼兒自己想出一個完整句並不是件容易的事，原本以為幼兒進行這個活動時，應該會看不到效果，不過我是小看幼兒的能力了，在老師的引導之下，幼兒們都能順利且完整的說出句子，班上只有小森、豪豪、小豪、禎禎、小潔這些幼兒不能靠自己完成造句，需要老師的提醒和指導，其他幼兒都可以靠自己完成造句遊戲。

（三）活動名稱：彩色王國──顏色大集合（簡短句：形容詞＋名詞）

◆活動內容

　　利利老師放置白色、紫色、紅色、橘色、綠色、黃色等顏色之色紙在講台前，準備娃娃角的食物，讓幼兒練習顏色之配對，例如橘子應該要放在橘色色紙上。當食物都配對完成以後，老師請幼兒練習說白色的雞蛋、紅色的蘋果等短句。

◆活動紀錄與省思

　　利利老師安排這個活動，串連了娃娃角的水果認識和顏色的認知配對，幼兒們覺得很有趣，看到老師拿出這些水果都非常高興和開心，因為幼兒對於這些水果非常熟悉，所以老師就利用這個點，讓幼兒利用水果和顏色來練習造簡短句。透過這個活動讓我瞭解一件事，那就是其實要促進幼兒的口語表達的方式有非常多種，老師可以規劃得很複雜，但是也可以變得很容易，水果在幼兒的生活中經常可見，所以透過他們熟悉的事物，變成一個有趣的活動，引發他們的口語表達，我覺得這樣的安排和設計很棒，也讓我學了一課哩！

三、認識單位詞

(一) 活動名稱：世界圖書館——認識單位詞

◆活動內容

　　麗麗老師準備「一張」、「一本」、「一輛」和「一條」等字卡，讓孩子認識。之後讓孩子利用這些單位詞造詞，例如：一條魚、一張色紙。

◆活動紀錄與省思

　　麗麗老師今天教的這個活動，透過單位詞的介紹，讓幼兒進行造詞遊戲。在觀察後發現，我覺得幼兒對於文字的認識部分有點陌生，且感覺上有點難度，幼兒們沒有辦法看到單位詞的文字後馬上意會出其意思而造詞，而是要透過老師的輔導和協助提醒，才知道老師所指的單位詞之意思。至於在造詞的部分，幼兒對於單位詞的瞭解也是有其限度，例如：「一張」這個單位詞，幼兒們說出一張紙、一張色紙；而「一本」這個單位詞，幼兒們只能說出一本書、一本故事書；至於「一條」這個單位詞，幼兒們說出一條魚、一條褲子等，所以可見幼兒們對於單位詞的認知並不是很多，所以也會限制他們口語的表達，在往後的語言課程，或許應該再加上這一部分的認知，這樣對於幼兒的口語表達應該會更有幫助。

(二) 活動名稱：大自然奇觀——認識單位詞 (一個)

◆活動內容

　　麗麗老師和幼兒討論有關於「一個」的單位詞，並且請幼兒在黑板上畫出有關一個這個單位詞的物品。

◆活動紀錄與省思

今天這個語文活動，麗麗老師是教導認識「一個」這個單位詞，幼兒們的表現都很好，我想也許是跟一個這個單位詞比較常出現在他們的生活當中有關，像是喬喬說：「一個釦子」；小豪說：「一個盤子」；小勳說：「一個球」；小育說：「一個雞蛋」；小瞳說：「一個草莓」。大家的想像能力很豐富，而且表達的很清楚和正確，算是一次不錯的口語表達。

四、認識簡單的字

（一）活動名稱：世界圖書館——圖字配對

◆活動內容

文文老師準備語文教具【賓果配對】，訓練孩子：(1)能做圖片與圖片之配對練習；(2)能夠說出物品之名稱；(3)練習圖片與文字之配對。

◆活動紀錄與省思

這個小組活動是完全由研究者所帶的語言活動，對於幼兒的口語表現，也看得非常清楚，這個小組活動的主要目的是要評量幼兒的認知能力以外，也是要培養幼兒們的口說能力，更是要他們學會圖與字的配對。在這個小組活動我比較注重幼兒能不能夠正確說出圖片物品的名稱，我發現班上的小森、小瑩、小豪、瑋瑋、涵涵、小耘、瞳瞳、禎禎他們只能說出約四種的物品名稱，還不到一半（總共有九種物品），而小慶的認知和口語表達能力比較不足，他只能說出二～三種物品名稱，有三～六種的物品名稱他都不認識，更是說不出口。所以這次的小組評量活動，讓班上幼兒的口語能力以量化方式呈現，讓老師可以很清楚幼兒們的程度在哪裡。不過這個小組評量活動也有值得商榷之處，那就是因為每位幼兒拿到的圖卡並不相同，有些圖卡的名稱的確有些難度，所以

幼兒不認識是正常的，如果能夠讓每位幼兒都用相同的題目作評量，那麼測量出來的結果可能會更有說服力，也會更有公信力。

（二）活動名稱：大自然奇觀——創意語文（認識「雨」）

◆活動內容

利利老師教導幼兒認識「雨」，並問幼兒「雨」是什麼「雨」？幼兒回答雨是「下雨」的雨，是「雨傘」的雨，是「雨衣」的雨，是「小雨」的雨（弦弦），是「毛毛雨」的雨（小凌），是「雨帽」的雨（小豪），是「雨鞋」的雨。之後老師在黑板上畫上表格，讓幼兒學會把相關的詞句畫出來。

◆活動紀錄與省思

因為這幾天天氣不是很好，一直陰雨綿綿，所以利利老師在課堂中就教導幼兒認識「雨」這個字，讓幼兒想想跟雨有關的詞，並試著畫出來。我覺得這個語文活動很富創意性，除了激發幼兒們的思考力以外，也是再培養他們的繪畫表現。幼兒們對於雨的認知還算不錯，像是可以說出「雨衣」、「雨傘」、「下雨」、「雨鞋」等。透過這樣的活動，讓我有很深的感觸，其實語文活動可以很活潑和生動的，不是一味的靠背誦和記憶，況且口語能力的培養，就是要多給幼兒說的機會，當他們有興趣表達時，我想活動的目的也就達成了。

五、藉戲劇扮演培養口語能力

活動名稱：暖暖的冬天——十二生肖

◆活動內容

配合課程之教學，文文老師先介紹十二生肖的故事，再安排孩子的戲劇扮演活動，讓班上每位幼兒都有機會參與，除了訓練幼兒的膽量，

也讓幼兒增加口語表達的機會。

◆活動紀錄與省思

　　在這個戲劇表演的前一週，麗麗老師已經和幼兒介紹過十二生肖的故事，而會安排這個戲劇扮演活動，除了是課程的延伸以外，也是讓幼兒有機會上台進行扮演活動，藉由這個戲劇活動，訓練孩子的膽量，也在培養幼兒的口說能力。過程中，幼兒們很熱烈地參與，雖然幼兒對台詞不是很熟悉，需要老師在旁協助，不過第二次演出的時候，幼兒們已經能掌握到訣竅，比較清楚和熟悉每個角色應該說些甚麼話，算是一次活潑的語文創意活動。

六、藉說故事培養口語能力

（一）活動名稱：暖暖的冬天──說故事比賽

◆活動內容

　　今天舉辦這個全園性的說故事活動，讓每一班的孩子上台說故事，人數沒有限制，講故事的方式也沒有固定的模式，我們綿羊班準備兩個活動，第一個是全班先上台表演兒歌讀本的內容「冰冰的海」，之後喬喬說一個「狐狸和葡萄」的故事。

◆活動紀錄與省思

　　這是全園性的語文活動，主要的目的是要讓各班派幼兒上台表演說故事活動，在班老師經過討論以後，決定先安排全班幼兒表演兒歌讀本的念謠，之後才讓喬喬個人參加說故事活動。會安排全班幼兒念兒歌念謠的目的是運用園所的資源與教材外，使得課程更添活潑性，讓幼兒有了不同以往的口語表達機會。至於喬喬個人說故事部分，也讓大家為之驚訝，因為小班的幼兒其實要說完一個故事並不容易，何況是面對這麼多人面前表演，喬喬在各方面表現得非常好，不但台風穩健，而且說故

事過程很流暢，用字遣詞方面也很不錯，口語表達能力很棒，算是令人難忘的一次表現。

（二）活動名稱：大自然奇觀——小種子故事書

◆活動內容

文文老師先和幼兒介紹《小種子》這本書，之後請幼兒畫出自己喜歡的小種子故事畫，並且每位幼兒在完成畫以後，說明故事內容。

◆活動紀錄與省思

這個故事書的活動，是利利老師給我的建議，除了讓幼兒發揮想像力，畫出自己的小種子故事以外，也讓幼兒可以把自己畫的內容說出來，訓練其口語表達能力。在和每位幼兒的接觸過後，讓我發現幼兒的成長與蛻變，他們的口說能力進步不少，也試著學習說完整的句子。

（三）活動名稱：大自然奇觀——看圖說故事

◆活動內容

文文老師準備一張圖畫，請每位幼兒說出看到圖畫中的內容。

◆活動紀錄與省思

今天我嘗試利用一張圖片，來聽聽看幼兒對圖片的內容看法，圖片的內容是在說這天的天氣很不好，不但颱風而且下雨，一位男生撐著快被風吹走的雨傘，而男生後面站了一位女孩，她也是撐著雨傘，不過因為風太大，所以雨傘也快拿不住。幼兒們對於發表自己的意見其實剛開始有點膽怯，他們不太知道老師的用意到底是什麼，不過久而久之，幼兒們已能很踴躍地發表自己的意見與看法，雖然沒有一個幼兒可以把圖片的內容全部描述，但是我覺得只要能夠試著開口說話就已經非常好，能正確說出一句完整的句子就已經很棒了。

（四）活動名稱：生活 DIY ——神秘書故事演說活動

◆活動內容

　　請每位幼兒分享之前回家製作的神秘書內容，至少要說出三個完整的句子。

◆活動紀錄與省思

　　會策劃這個活動的最主要目的是因為一年的課程已經快接近尾聲，所以想要知道每位幼兒在口語表達這方面是否有變化，能否能夠清楚表達出完整的句子，所以安排了這樣的活動。而在觀察後發現，幼兒們能夠表達出所要說的話，或許有些幼兒不是那麼容易靠自己完成，但是至少八成以上的幼兒，已經有不錯的表現，所以讓我感到相當欣慰和感動。

肆、研究結果與發現

　　回想起這一路的研究過程，很感謝班上兩位帶班老師——麗麗老師、利利老師的大力配合與支持，讓我的研究能夠順利地進行。研究者本身是剛進入幼教現場的實習教師，對於很多事物都還在學習階段，而在邊學邊研究的這段生活，讓我每天的生活充滿挑戰，雖然一路上走來遇到不少挫折與困難，但是卻讓研究者成長許多，也發現了自己很多的不可能。

　　為期九個月的研究，就如之前提過的，研究的目的是在探討班上幼兒的口語表達發展情形及老師們如何規劃這方面的語言課程，讓結果事半功倍，促使幼兒的口語表達能夠更為精湛與完整。依據這個研究目標，以下我就分別以當初規劃的研究問題，來作為本研究的結果探討。

一、幼稚園中班幼兒的口語表達能力發展情形

這份研究報告的研究對象為四～五歲的中班幼兒，在平時的觀察與記錄發現，他們很喜歡玩想像力的活動，像是娃娃角的扮演活動，在與彼此的對話中，常會發現他們很喜歡模仿大人們說話，或者是把生活經驗中常出現的對話跟對方說一遍，內容常常沒有條理，說話的句法、文法也不是很正確，但是卻能自得其樂，感到相當開心和愉快。

另外，他們很喜歡表達自己的意見，在團討或是聊天時，會不由自主的發表自己的意見，像是班上的形形、喬喬、小勳、安安、小瞳就非常樂於分享自己的想法和意見。他們說話的內容，常常還是以自我為中心出發，例如：我比較喜歡⋯⋯、我早就會做⋯⋯、我討厭⋯⋯、我知道⋯⋯等等。他們也喜歡自己編故事和說話的內容，常將自己聽過的故事轉述給他人聽，或許過程中會遺漏一些情節，說的不是很完整，甚至會添加一些自己的想法和說話。

至於在口語表達的特徵方面，班上大部分幼兒已經能夠運用完整的句子，例如：吃點心的時候可以清楚的表達：「老師，請你再幫我裝一碗點心。」只有少部分的幼兒，對於句子的認知還在摸索階段，像是小慶、冠冠、小森、小潔等，他們很少有句子的對話出現，幾乎都還停留在單詞或是雙詞句的發展階段。

除此之外，他們喜歡問問題，最常出現「為什麼」、「怎麼辦」的疑問，在疑問句這一方面，幼兒們使用的頻率非常高，對疑問句句型的運用，發展的算很不錯。幼兒對於在對話中加入形容詞的比例逐漸增高，像是「他畫的圖好漂亮！」、「今天吃的番茄好酸唷！」、「今天的天氣好舒服唷！」等等，代表幼兒對於形容詞的運用漸趨瞭解，也知道在適當的單詞前加入令人為之驚訝的形容詞。

二、幼稚園中班幼兒的語言課程規劃與安排方式

我很幸運在兩位這麼資深老師的班級中實習，她們兩位對於幼兒的語言發展都比我這個新手熟悉許多，也很清楚幼兒的語言發展程度，所以在規劃語言方面的課程，拿捏得很恰當，知道課程應該要進行多深入，才是幼兒可以接受的範圍。透過觀察，我發現老師們掌握到一個很重要的觀點，那就是讓幼兒能夠主動地參與活動，唯有透過自發性的學習，幼兒的語言學習才能夠有其意義和效果。另外，我還發現到，其實語言課程很難去界定其範圍，畢竟語言包括聽、說、讀、寫四部分，怎麼能夠去劃分應該要學哪一部分呢？所以其實語言課程是全面性的，每一次的語言活動或是遊戲，老師所要帶給幼兒的概念都不是只有一種，而是涵蓋多元性的學習。

班上帶班老師們設計的語言活動，大都以聽說為主，原因無他，因為這個時期的幼兒，對於文字認知和寫作的技巧，並不適合接觸，老師們還是會教給幼兒，只是不會這麼著重而已。每一次的語言課程，幼兒們的參與度都非常熱烈，而且也很享受過程中的學習，我想這樣就已經達到學習的目的了。

老師們很強調幼兒們的口語表達過程中，是否可以讓對方明白其意思，是否有達到溝通的目的。基於此，老師們規劃很多關於認識語言形式，或者是基本對話內容的課程，像是單詞、雙詞、句子的認識等等，透過生活化、活潑化、互動性的語言課程，經由討論、經驗分享、聊天等方式，讓幼兒的口語發展能力逐漸進步，能夠口頭描述自己的感想與看法、生活經驗等，讓對方清楚其所要表達意思，這表示幼兒已經對對話的語法邏輯具有一定的認知與概念了。

三、語言課程有效提升幼兒的口語表達能力

經過九個月的研究，研究發現語言活動的刺激，可以有效增加幼兒

的口語表達能力。我和班上兩位老師互相配合和設計教學課程，從上學期（931）的單詞認識，到學習單位詞的使用，在這學期（932）我所規劃的語言課程幾乎是以表達句子方面的活動爲主，像是小種子故事畫和5月進行的神秘書故事演說活動等，透過這些語言活動可以很清楚發現幼兒的口語表現進步很多，對於語句的使用也比上學期正確。像是班上的豪豪，上學期他的口語表達能力沒有發展很成熟，那時候的他還停留在牙牙語階段，沒有辦法完整表達一個句子，而透過不斷大量提供口語的活動，增加練習的機會，豪豪在下學期已經能夠說出簡短的句子，像是在「彩色王國」單元進行的顏色造句遊戲中，豪豪自己嘗試用「紅色」造一個句子，他說：「紅色的蘋果。」老師反問：「你喜歡吃紅色的蘋果嗎？」豪豪說：「我喜歡吃紅色的蘋果。」而在「大自然奇觀」單元中，設計了小種子故事畫的活動，當請豪豪上台分享時，他指著他的圖畫說：「種子們到冰山旅行，天氣很好，有太陽也有彩虹。」由此可見，豪豪在口語表達上的表現著實有進步，也可證明不斷提供給幼兒豐富且多元的語言課程，的確可以增進幼兒口語表達之能力。

除此之外，幼兒對於連接詞的使用，像是「因爲……所以……」這種句型也使用得很頻繁，像是班上小育在「生活DIY」單元的神秘書故事演說活動中說：「我喜歡哈姆太郎和大老闆，因爲他們很可愛，所以我要和他們作朋友。」而對於前因後果的表達句說得很清楚易懂；還有像是「然後……」、「這個時候……」、「很久很久以前……」這些句法也常出現在幼兒的對話之中，例如：小詮在「生活DIY」單元的神秘書故事演說活動中說：「從前從前有一個小朋友在草地上玩，他在玩風箏還有出去曬曬太陽。」

除此之外，幼兒們最大的不同之處就是他們比較不會害怕說話，很勇於嘗試表達的樂趣，在團體討論時或是平時聊天談話中，就可以很明顯感受到幼兒嘗試發表和分享的欲望。

四、總結

　　雖然本研究到此已告一段落，但是研究者深信幼兒的口語表達訓練是不能停下腳步的，除了學校老師規劃各種有趣的學習課程和活動以外，幼兒平時接觸時間最久的家庭教育也占有重要的影響因素，家庭可以給予幼兒最完整的口語表達場所和機會，只是看家長有沒有好好利用這自然且豐富的資源，如果能夠多和幼兒對話與分享，提供完善的語文學習環境，我想幼兒再口語表達這方面的進步一定會更多。

　　要讓幼兒學會良好的口語表達，情境與環境是占有舉足輕重的地位，只要在這個時候多給予他們說話的機會，並在旁給予最多的鼓勵和引導，我相信幼兒的發展可以突飛猛進，基本的對話一定可以掌握得很好。這些日子，老師們規劃各種語言活動，秘訣就是讓幼兒多說、多練習和操作，畢竟語言這個學問，唯有靠不斷操練才能真正學會變成自己的。

　　總而言之，我在幼兒身上看到很多潛能，誰說幼稚園中班沒有辦法教導幼兒語言的課程，只要老師有信心，放手讓幼兒多參與學習，製造一個完善的語言學習環境，幼兒的感染力是很深且很快的，只要持續給予刺激和引導，一定會在幼兒身上看到更多驚喜，找到更多珍貴的寶藏。

伍、研究限制與建議

　　本行動研究已順利結束，清楚看見幼兒在口語表達上有不少的進步。但仍有一些研究上的限制，讓本研究沒有辦法做到最好的信效度，我分別以下面幾點來作探討，藉此讓未來有興趣從事這個領域的研究者有參考的依據，讓研究成果更加完善。

一、研究者角色方面

　　我擔任此行動研究的研究者，但是有時又需兼顧教學工作，所以導致自己在教學的時候，沒有多餘的精力和時間做研究，不管是拍照、記錄幼兒對話語學習效果等都會被省略。如果要使這份報告的更有效度，則研究者的角色問題要先解決和釐清，這樣才能充分作觀察紀錄，對於幼兒的表現才能掌握的更加正確無誤。

二、研究對象方面

　　因爲鑑於研究的經費與所處地域上的限制，所以本研究對象就以研究者實習的班級爲主，因此研究結果只能代表本班幼兒的發展與表現，沒有辦法涵蓋到全國中班幼兒的口語發展情形。若是能夠把研究對象範圍加大，讓更多幼兒參與此研究，說不定會有不一樣的研究結果與發現，且對於研究的信度會更有幫助。

三、活動設計方面

　　本研究歷程中所提及的活動設計，可能不是最佳的語言活動，而是依照本班的幼兒口語發展情形與園所單元主題之配合所規劃出的活動，所以未必適用在每位中班幼兒身上，因此無法正確推論是否同樣的活動可以讓其他幼兒的口語表現有幫助和推力。

參考文獻

Len Googman 著，李連珠譯（1998）。《全語言的「全」，全在哪裡？》。台北：信誼。

朱美如（2003）。〈國小一年級看圖說話教學提升口語表達能力之實踐〉。國立新竹師範學院進修暨推廣部教師在職進修台灣語言與語文教育研究所碩士論文。

林千惠（1996）。〈全語言教室實務〉。《幼教天地》，13，頁18-24。

林蕙芬（2001）。〈適合發展的幼兒語文課程〉。《台南師院學報》，34，頁443-474。

林麗英（1986）。〈說說唱唱加「哈拉」──口語表達能力的促進〉。《學前教育》，19：7，頁57-59。

宋海蘭（1999）。〈幼兒創意的形音義認字遊戲舉隅〉。《創造思考教育》，9，頁36-41。

徐琇華（2003）。〈全語言教學在國小高年級之行動研究〉。國立新竹師範學院進修暨推廣部教師在職進修台灣語言與語文教育研究所碩士論文。

陳貞妃（2004）。〈全語言教學對國小一年級學童說話學習成效之影響研究〉。國立屏東師範學院國民教育研究所碩士論文。

陳淑琴（2000）。《幼兒與文教材教法》。台北：光佑。

黃美惠、陳琇玲（2002）。〈從幼兒語言發展理論談──全語言精神在幼兒教學上的應用〉。《幼教資訊》，141，頁5-9。

黃瑞琴（1993）。《幼兒的語文經驗》。台北：五南。

窩比幼教服務網 http://www.woby.com.tw/

第七章

揭開幼兒創造性戲劇教學
之神秘面紗

傅思維[1] 梁家祺[2]

[1]台師大特殊教育研究所研究生，原北市永春國小附設幼稚園實習教師。

[2]元智大學師資培育中心助理教授。

摘要

　　本研究旨在探討創造性戲劇教學落實在幼稚園中所運用的方式及策略，並進一步試圖解決在戲劇教學中常遇到的問題與瓶頸。本研究採用行動研究法，以研究者所任教班級之全體幼兒，即年滿四足歲到六足歲之公立幼稚園幼兒為研究對象。

　　本研究的主要結論依執行策略分述如下：

1. 提升幼兒溝通、邏輯推理能力與創意：瞭解幼兒想法、加強與幼兒對答技巧。
2. 幼兒創意在學習中醞釀：在教學與生活中，培養幼兒獨立思考與創意。
3. 幼兒戲劇融入單元中：透過「老師入戲」、開店遊戲、「偶劇」、「故事劇」，幼兒將所學所感呈現，而教師從中更瞭解孩子。
4. 由孩子主導的創造性戲劇：幼兒的意見有趣且具新意，教師的任務是與孩子討論、幫助他們落實自身的想法。

壹、緒論

一、研究動機

　　投入幼教工作，成為孩子眼中教師的身分，從此不再只是幼兒的玩伴，更重要的是不斷思考在幼稚園中真正能帶給孩子什麼，什麼才是他們最需要的。

　　目前台灣正提倡多元融合的教育觀，例如：「多元智慧理論」、「課程統整理念」，面對新世紀的來臨，全球經濟在全球化、數位化的浪潮下，全新的趨勢正逐步的形成與轉變中：這是一個 teamwork 的時代，很重要的是人與人的溝通；這也是一個 changing 的時代，要學習像海綿一

樣吸收新知，且要懂得邏輯推理、統整歸納、分析應用；這是一個資訊的時代，也是多元的時代，死知識永遠不嫌多，創意才是關鍵。而因應現代全球化、充滿挑戰的時代，正是運用溝通、統整、創意的能力，解決新時代所面臨的各種問題，進而提升面臨問題時，處理、解決問題的能力。

如果僅以要因應未來的社會為考量，在幼兒社會化的歷程中，孩子要學習的東西很多，甚至讀、寫、算往往成為大人最重視強調的一部分；然而，我們更不可忽視幼兒現階段學習的黃金時期：人生的第一個六年，是兒童生長最快速、模仿最多、好奇心最強與想像力最豐富的階段，是奠基生命發展的重要階段。

對於身為幼教工作者而言，個人以為要把握孩子的黃金階段鼓勵、讚賞、刺激孩子運用想像力與好奇心，進而達到創意豐富的優質思考，使創意成為發現問題、解決問題的基本能力與積極態度，並為自己的生命多添想像、創意與驚奇；且期許孩子們在多元的社會中，開創一片屬於自己的天空。

二、研究目的

1.探討幼兒創造力的培養與提升。
2.探討創造性戲劇活動的定義、特性、教育價值。
3.探討幼稚園中實施創造性戲劇教學的運用與問題。
4.記錄幼兒與研究者（幼稚園教師）在戲劇教學中的成長與改變。
5.透過研究歷程的反省中所發現的問題，修正教學方法。

根據研究目的，本研究將探討下列問題：

1.如何在幼稚園中落實提升、激發幼兒創造力的表現？
2.創造性戲劇活動的緣起、定義及教育價值為何？
3.如何將創造性戲劇應用在幼稚園中？

4.研究者（幼稚園教師）藉由戲劇來配合單元或主題教學的情形為何？

5.研究者（幼稚園教師）在實施創造性戲劇活動時，與幼兒互動的情形？

6.在實施創造性戲劇的活動時幼兒間同儕互動之情形？

7.研究者（幼稚園教師）在實施戲劇教學所遭遇到的問題與瓶頸為何？解決與改進方法為何？

貳、文獻探討

一、創造力

英國科學家赫勒曾說過：「今日不重創造思考能力的國家，明日即將因淪為落後國家而蒙羞。」

孩子天生就有「創造性」的「敏感力」，而這種能力是來自於孩子自身在環境中「自我建立」的強烈動機，是基於其身處的周邊環境的喜好，而克服一連串所遭遇的難題後，建立自己的獨立能力與自信心，但是這種本能卻在孩子六歲以後就不在存在（陳怡全譯，1991）。

（一）創造力之意義

托蘭士博士（Dr. Paul Farrance）指出：「創造力是一種心理活動的歷程，乃在發覺某些事物之間的缺陷或不足的因素，形成各種假設，以及表達實驗的結果，而修正原先的假設並引發重新的實驗。」（蘇建文、陳李綱等，1999）

（二）創造力之特質

1.流暢性：對於某一個問題能夠源源不斷地比一般人表現出更多有關的意見或想法（ideas），但不一定以語言或文字方式表示。

2.變通性：係指觸類旁通的能力，對於解決問題能見機行事，不固執一方。

3.獨創性：表現出新穎的觀點與作法，能夠推陳出新，而不是依樣畫葫蘆。

4.精進性：例如：在畫圖時，能精益求精以刻畫入微的特性。

（三） 如何培養學生創造力

1.培養創造性的態度。

2.激發學生的基本潛能及知識。

3.訓練學生的思考能力。

4.開發學生的自發能力。

二、統整

「統整」（integration）一詞就字義而言，通常指的是在概念上或組織上將分立的相關事物合在一起或關連起來，使其成為有意義的整體。將這種觀念應用在課程上，就成為一種課程組織的方式，特別強調課程在橫向的聯繫，希望能讓特定的課程內容和其他的課程內容建立融合一致的關係，讓學生能夠把所學的課程串連起來，以瞭解不同的課程間彼此的關連性（黃政傑，1997）。

「統整」是一項科際整合的課程，從相關的文獻中來探討統整課程的界定，我們可以發現課程統整強調的不僅是學科的統整，更重要的是強調生活與學習能力方面的統整。「課程統整」不只是重新安排學習計畫的方法而已，而是一種課程設計的理論，包括學校目的、學習本質、知識的組織和使用、教育的意義等觀點；簡言之，它包括經驗的統整、社會的統整、知識的統整以及課程的統整四層面（歐用生，1999）。

幼教學者 Bredekamp & Rosegrant（1995）將課程統整定義為：在兒童的經驗範圍內，提供一個有組織的主題或概念，讓幼兒能探索、解釋

和從事與涉及多學科目標的學習活動（周淑惠，1999）。

三、創造性戲劇

美國教育思想家杜威（John Dewey, 1859-1952）提出「從經驗中學習」，並認為「經驗」是具有持續性的，人們因為思維而產生經驗，又因經驗而產生意義，產生意義之後便與未來的行動有了持續聯繫的關係。

盧梭（Jean Jacques Rousseau, 1712-1778）強調個體的主體性與自發性，每個人都應依照著自身對事物的不同喜好來學習。學習的關鍵在經驗，而非死記；唯有從實際的經驗中學習，且以藝術作為媒體，才能培育出健全的個體（林玫君譯，1998）。

英國教育家卡德威爾·庫克（Cadwell Cook）在《遊戲方法》一書中曾提到，對兒童最自然的學習方式就是「戲劇」，一個最自然的教育就是藉著實作的過程，而非只光靠著教師的指導與聆聽，但是要把天真的孩子投身於社會，讓他直接從中得到經驗，卻是相當危險的；因此，最佳的教育途徑便是透過戲劇的角色扮演，藉由排練、假裝的過程，讓幼兒來瞭解這個大千世界。

創造性的戲劇活動除了加強教學效果外，一方面我們可以在教學活動中，看見兒童他們所反應出真正的內心世界，瞭解他們心中的想法及對許多外界事物的看法，瞭解他們的需要、他們的渴望，以及他們的想像天空（杜紫楓，1989）。

（一）創造性戲劇之定義

「創造性戲劇」是由美國西北大學戲劇教育學學者 Winifred Ward 於 1930 年所出版 *Creative Dramatics*（《創造性戲劇術》）一書名稱而來。

Devis & Behm（1978）指出創造性戲劇的基本定義是「引導者」帶領「參與者」運用假裝的遊戲本能，共同去想像和體驗人類的生活經驗。即創造性戲劇是一種原動力很強的過程。領導者透過戲劇互動的方

式，引導著參與者去探索、發展、表達及溝通彼此的想法、概念和感覺。在戲劇活動中，參與者即席地發展出符合當下探索的議題的「行動」與「對話」，而透過這些戲劇的元素，參與者的經驗被賦予了表達的意義與形式。

1977年美國兒童戲劇協會（The Children's Theatre Association of America，簡稱CTAA）將「創造性戲劇」一詞定義為：「創造性戲劇」是一種即興的，非展示的，以程序進行為中心（process-centered）的一種戲劇形式。在其中，參與者在領導者的引導下，去想像、實作（enact）並反映出人們的經驗……。創作性戲劇需要邏輯與直覺的思考（logical and intuitive thinking），個人化的知識並產生美感上的愉悅（aesthetic pleasure）。

（二）創造性戲劇之特性

根據Beane（1997）的分析，應證創造性戲劇之本質充分反應了統整的意涵，即：(1)知識的統整：提供兒童在實際的人類生活情境中，學習問題的最佳工具；(2)經驗的統整：每個參與者在戲劇的活動中，學習問題解決的最佳工具；(3)社會的統整：在活動過程中，參與者必須常常與他人合作互動，且開放自己和他人之口語及想法的接受度（林玫君，2000）

綜合**表7-1**中諸學者的觀點，創造性戲劇是：(1)幼兒日常生活中的一部分，透過「假裝」連結舊經驗、建構新經驗；(2)知識從活動中產生、經驗中獲得，並促進邏輯與直覺的思考；(3)將人際社會活動運用於創造性戲劇中，並以促進表演者人格成長為目標；(4)不只使參與者從中獲得上述經驗、知識與社會化的學習，更使引導者在多樣化的教學中，獲得成長。

表 7-1　創造性戲劇之學者觀點整理

出處	觀點
岡田正章（1998）	兒童每天的生活，其實就是戲劇活動的反覆過程；也就是說，他們生活的本身就是「戲劇」。不論是在教室中，或是任何的地方，他們所玩的遊戲，自然都會發展成戲劇遊戲，甚至還可以發展成較正式的戲劇活動。因此，在此情況下，幼兒不必像在舞台表演一樣，只需要大膽的自我發揮，享受戲劇所帶來的樂趣。
林玫君（1998）	戲劇活動在我們日常生活中，常是以多元的面貌來做呈現。像「扮家家酒」這種扮演活動，即是幼兒日常生活的一部分。透過這種「假裝」的扮演過程，孩子把自己的舊經驗在虛構的遊戲世界裡重新建構成新的經驗。
教育部（1994）	知識是靠建構而不是靠傳遞的，因此教學並不是一種傳授知識的過程，而是在幫助學習者從他們自己的生活經驗中，去建構自己的意義；因為知識是從活動中產生，知識是嵌入於活動中的，我們無法將知識從經驗中予以分開。
Robert Landy（1982）	一個社會中的戲劇化活動包括娛樂、偶像崇拜、職業工作、家庭生活以及街頭生活。當孩子在扮家家酒時，他們扮演著家庭中的角色；當人們進入某些特定的團體活動時，也會扮演特定的角色；所以，凡是有人際社會活動的地方都可以充分的運用創造性戲劇。在日常生活中，戲劇的蹤影正如開水般平凡地存在著，卻不能夠忽略它的重要。
王靜珠（1989）	創造性戲劇活動是指幼兒在教師的引導之下，運用戲劇的藝術形式來表達自己，不著重「表演」，而著重「表達」。
孫鳳吟（1999）	創作性戲劇是一種即興的、非展示性的一種戲劇形式，能反應出參與者的能力與概念，並促進邏輯與本能的思考，增進個人的知識，產生美感上的愉悅。
張曉華（1999）	創作性戲劇不是在強調「結果」的呈現，其終極目標，不是在培育一群演員。它在乎的是「過程」的啟發與分享，它是以促進表演者人格成長為目標，而非去滿足兒童觀眾。
黃美滿（1990）	戲劇教學的目的不是教孩子演戲，而是利用孩子透過「角色扮演」等學習方式「在遊戲中學習」，這樣的教學方式，提供了老師自己在：(1)傾聽孩子的心靈；(2)觀察孩子的行為；(3)培養故事組織的能力；(4)提升藝術欣賞的層次；(5)培養創造性思考能力等方面的成長。

（三）創造性戲劇之教育價值

綜合**表 7-2** 中諸學者對於創作性的教育價值的看法，歸納如下：

1.社會化的發展：認識社會、學習應用社會技巧、培養社會行為。

2.啓發、增進、發揮兒童想像力與創造思考的能力。

3.學習參與及合作，增進人際關係。

4.滿足學習興趣，提升學習效率。

5.提升幼兒的語言及表達能力。

學者 Saldana（1990）在研究中證明創作性戲劇活動對兒童認知、創造力、社會、情緒等各方面有重要的貢獻。因此，創造性戲劇活動應具備重要的價值應用在教學中。

表 7-2　創造性戲劇之功能

出處	觀點
Saldana（1985）	提出幼稚園實施創造性戲劇有三個目的： 1.學習戲劇的表演活動。 2.藉由戲劇，來幫助幼兒利用戲劇中對於感覺、情緒、身體、聲音、想像等訓練，以增進幼兒的社會技巧。 3.藉由戲劇的活動來學習語文、美勞、數概念等不同的學科。
戴韻梅（1998）	幼兒戲劇可說是集合音樂、舞蹈、文學、美術等的綜合性藝術表演，是幼兒最佳的學習環境。因其具有以下四種功效： 1.促進幼兒社會化的發展。 2.發揮幼兒的創造力與表現力。 3.培養幼兒共同計劃、協力合作的態度與能力。 4.在愉快的表演中，獲得喜悅、陶醉與滿足感，因此非常值得在托兒所和幼稚園中推廣戲劇活動的教學。
范長華（1990）	認為創造性兒童戲劇活動的教育功能，歸納其多重教育功能有四： 1.啓發兒童創造思考能力。 2.增進兒童的語文能力。 3.培養良好的社會行為。 4.自動學習寓教於樂。
王靜珠（1989）	創造性幼兒戲劇的功能： 1.可以滿足幼兒學習興趣，提高學習效果。 2.增進幼兒的語文能力。

（續）表 7-2　創造性戲劇之功能

出處	觀點
	3.啓發幼兒創造思考能力。 4.增進幼兒良好的人際關係。
何三本（1990）	認為幼兒創造性戲劇活動之功能： 1.角色扮演的功能。 2.豐富想像能力的機會。 3.培養獨立思考的機會。 4.使一個團體能自由發展實現自己的理想。 5.是一個學習合作的機會。 6.提供認識社會的機會。 7.使情緒的控制鬆緊自如。 8.養成傑出的表達能力。 9.提高文學程度的體驗。
胡寶林（1984）	在〈創作戲劇活動的教育價值〉文中提出兒童戲劇的教育功能乃是： 1.可以自由發揮自我的意志。 2.以身體肌肉神經的運作來模仿或預演生活經驗，可使模糊的心象獲得具體的認識。 3.透過情節的發展，使其對於常理及人與人間的關係產生明朗的知覺，學習思量關於自己及周圍世界的問題。 4.是一種社會行為的適應過程。
胡寶林（1990）	在《戲劇與行為表現力》一書中指出兒童戲劇的教育功能為： 1.自我實現。 2.內在意志與外在壓力的調節。 3.適應未來生活環境與社會角色。 4.團體行為的參與及合作。 5.舉止的自我操縱及表現。

四、戲劇教學在幼稚園之應用

　　「幼兒戲劇」最主要的目的，是希望在幼教現場的老師們能利用教室裡的創造性戲劇活動，將「故事歌謠」、「說話」及「閱讀」等活動相融合，以較生動、有趣的方式，來讓幼兒解脫枯坐板凳的酷刑（何三本，1990）

（一）幼兒發展

五、六歲的幼兒，此時期發展的一個重要的社會技巧是「去自我中心」和「角色取代」能力的培養。在戲劇遊戲中可以提供幼兒輪流、分享、溝通的機會，藉此可以讓幼兒練習社會技巧的運用。

根據皮亞傑的認知發展理論，認為認知的發展是一個階段性的歷程，並將整個發展的歷程劃分為四個階段，包括：感覺動作期（零～二歲）、運思預備期（二～七歲）、具體運思期（七～十一歲）及形式運思期（十一～十五歲）。而幼稚園的年齡層正是處於四～六歲階段，即為皮亞傑認知發展理論階段中的運思前期，具有自我中心、不可逆性、具體等重要特徵，表徵（representational）能力逐漸展現，即開始從事「假裝」（as if）的想像遊戲，扮演各種角色的行動、對話或情境。「扮演」不僅催化了孩子們無遠弗屆的想像空間，同時也催化了孩子們與辦家家酒間的化學作用，它讓孩子很快地融入不同的自我創作劇情當中。（吳昭宜，2002）。

（二）幼兒戲劇教學之內容

「戲劇教學活動」的內容大致可分為：一般性戲劇藝術教育，以及作為輔助教學、課程統整的教學工具，包含四項重點：(1)運用過程學習；(2)透過表演學習主題、話題與議題；(3)參與呈現；(4)詮釋及欣賞他人的戲劇創作。在課程規劃上，以學生為中心，重視「方案」的教學方式，使戲劇教學活動既是藝術創作，又兼具治療輔導的作用（鄭黛瓊，2000）。

戲劇教學的內容範疇應包含本土與國際，現代與傳統，當戲劇作為媒介，成為教學的輔助工具時，教師扮演著輔導者而非權威者的角色，戲劇可與眾多課程連結，以方案或大單元、主題式的方式進行，例如：討論火山、地震、歷史話題、文學、生活文化等各式取之不盡的題材。教師在蒐集主題時，可跨學科與其他教師互相討論，共同完成一個主題

式教學，運用戲劇模式統整各學科，從點的學習到面的聯結，培養可以周全思考的學生（鄭黛瓊，2000）。

戲劇的本質即是遊戲，課程活動若以戲劇為中心，易與其他各領域結合。此課程是基於皮亞傑的兒童發展理念，將幼兒視為主動學習者，意即幼兒最有效的學習是經由他們自己計劃、自由去執行，以及回想的過程。將教學內容編成鮮活有趣的戲劇，不但豐富了教學技巧，加強了語言及肢體表達能力。幼兒有了愉快、成功的扮演經驗，老師適時提供各種材料，再加入兒歌、音樂、美勞、造型創作、韻律活動，多樣化的扮演遊戲便很自然地展開。這種統合教育的方式，將達成「完整兒童」的教育理念（柯慧貞，1993）。

（三）適合幼稚園的戲劇活動類型

任何的教學策略與技巧都只是眾多教學活動的一部分，無法全盤適用於每一種教學情境、每一個幼兒；而任何活動皆有其原型，只要把握原則，便可再自行設計有趣又有意義的教學活動。所以，以下僅概要介紹幾種幼稚園常見的戲劇教學策略與技巧（轉引自吳昭宜，2002）。

◆律動

創作性戲劇活動的律動動作不同於一般所謂的幼兒律動活動（用一首歌加上一套固定的動作進行帶動唱之類的活動）；而是隨著特定的韻律節奏作表達與動作，希望透過節奏啟發肢體上更多的創意，引發參與者的想像，然後去創造一些人、一些情況，產生出一些戲劇效果。可用身體或物體固定的動作產生的節奏（如拍球、機械動作），或用樂器、童謠、音樂刺激想像，隨著想像的人物、劇情作動作。

◆模仿動作

幼兒在對一特定的人物、符號、形狀、靜物或動植物有了一定的瞭解之後，透過自己的肢體和聲音，將其型態與動作表達出來就是模仿。教師可運用「側面口頭指導」的技巧來幫助活動的進行，也可以兩人為

一組，輪流模仿彼此的動作。

◆感官活動

　　透過默劇、遊戲、說故事等活動的方式，開放自己的五官及其情緒感覺，以增加感官認知、感官回喚及情緒回溯的能力，增進其想像力。如進行聲音故事，教師先說故事再請幼兒加入為故事製造音效，教師須注意自己的臉部表情、身體動作與音調變化的控制，以吸引孩子的注意力。

◆偶劇

　　偶劇是說故事的另一種呈現方式，利用小小舞台及小小的偶不僅可以傳達故事的內容，也可以讓幼兒清楚地看到故事發展的過程，幼兒也可以透過自己的操作，表達對故事的瞭解與喜愛。

　　在幼稚園的教學活動中，老師也常運用「偶」來引發幼兒的學習動機，如手帕偶、襪子偶、手套偶、手指偶、信封偶、絨毛玩具等。

◆故事劇

　　從現有的文學作品中直接取材，只要運用說故事及戲劇表演的能力，再加上簡單的戲劇創作的分場概念，就可以發展出一個故事劇場的作品，劇中的角色多以第三人稱的方式進行，可說是兼用敘述和對話呈現的故事。

　　置身在幼稚園，常可見幼兒或在圖書角、或在扮演遊戲進行間，甚至是任何的場地、任何的時間，不斷創造著一個個自己想像出來的新故事；這些故事時常令我們感到驚奇；我們可以在故事裡發現幼兒發揮了十足的想像力和創意，所以其情節和結果通常是天馬行空又出乎意外的，他們結合了自己的舊經驗造出新穎的情節，更從中獲得一些新經驗。透過與幼兒一起參與的戲劇活動，邀幼兒一起進入故事的王國中，體驗事情的發展、過程，不但是親身體驗，更融合了想像、解決問題、肢體活動，對故事一定會有很深刻的瞭解。

◆教育戲劇

美國戲劇教育家 Spolin（1986，引自區曼玲譯，1998：1）在《劇場遊戲指導手冊》中所言：「劇場遊戲能讓老師與學生像遊戲夥伴一樣，互相影響、隨時接觸、溝通、體會、回應，一起做實驗而有新的發現。」

在戲劇活動教學中，小朋友們表演得好或不好沒有關係，它只是班級裡的一種遊戲，表演給自己、同學、老師看而已。因此，如何教育他們，使他們透過團隊合作使用語言及肢體來表演，並且培養他們某種興趣、助益其學習，是老師們必須重視的課題。（翰林文教雜誌網路版，第廿八期，王文信）

（四）幼兒戲劇之教學策略

Morgan & Saxton（1987，引自鄭黛瓊譯，1999）認為老師的功能是透過技巧，來提升兒童好奇心。教師在面對各種程序或情況時，若能採取最有助於學生參與並發揮創作潛能的教學策略，將能更增進兒童快樂學習。

王文信老師參考多位學者（張曉華，1995、1999；鄭黛瓊，1999、2000；Morgan & Saxton, 1987，引自鄭黛瓊譯，1999）文獻並歸納，對創作性戲劇教師運用之教學技巧策略敘述如下：（引自翰林文教雜誌網路版，第廿八期，王文信）

◆老師入戲（teacher in role）

老師入戲是指老師本身參與戲劇中的一個角色，透過問題情境的製造，促進彼此對話，且適時提出建議，同時掌控學生發展情節的過程。

◆從旁指導（side coaching）

「從旁指導」係由教師引導學生參與戲劇活動，當學生排演遭遇困難的時候，適時說出接下來的要點或作法，以促進戲劇活動的發展，相對的也助益學生的思考與學習，在筆者經驗中，此方法可說是戲劇教學中

最常用的教學方法。

◆詢問與回答（questioning and answering）

　　戲劇活動過程中教師視情境適切的詢問，可以促進學生對課程內容的瞭解，並能對問題深入的思考而進行回答，對兒童學習有相當程度的影響。

◆專家的外衣（mantle of the expert）

　　教師運用老師入戲的技巧，形成尋求學生協助的情境，學生當專家，老師不斷地提出問題，學生則在角色中回答問題。

◆坐針氈（hotseating）

　　由老師或學生扮演所要探索的角色，坐在其他同學面前，由同學提出問題，而扮演這個角色者則處於戲中角色回答問題。

參、研究方法

　　本節分為研究場所與研究對象、資料蒐集與整理、研究過程、執行程序與步驟四部分說明。

一、研究場所與研究對象

（一）研究場所簡介

◆教室圖（如圖 7-1 、圖 7-2）

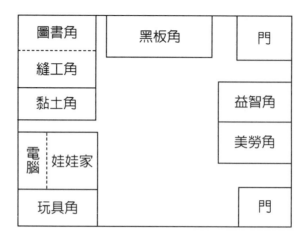

圖7-1 研究場所（上學期）

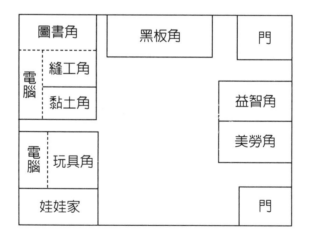

圖7-2 研究場所（下學期）

◆課程與活動（如**表** 7-3）

表 7-3　生活作息時間

	07:40 ～ 08:30	歡樂時光（幼兒入園、遊樂場活動、個別輔導……）
生活作息時間	08:30 ～ 08:50	準備活動
	08:50 ～ 10:00	教學活動（一）＊團體討論、分角、小組、分享活動
	10:00 ～ 10:30	點心時間
	10:30 ～ 11:30	教學活動（二）＊團體活動、分組活動
	11:30 ～ 11:40	半日班、整理放學
	11:40 ～ 12:40	全日班、準備午餐
	12:40 ～ 14:30	幼兒午休靜息
	14:30 ～ 15:00	整理、點心時間
	15:00 ～ 16:00	教學活動
	16:00 ～ 16:30	放學

（二）研究對象簡介

◆幼兒化名（如**表** 7-4）

表 7-4　幼兒化名

小卉	岑岑	萱兒	曉平	小柔
黃淋	阿騫	小郁	小姿	阿萍
欣如	小士	阿華	小凡	阿達
大禹	阿傑	小鈞	小魚	琛琛
阿宣	小誠	阿詠	阿豪	小煒

◆教師化名

　　Ⅰ.利利老師：班上之現場教師。

　　Ⅱ.瑛瑛老師：班上之現場教師。

　　Ⅲ.祺祺老師：實習指導教師。

　　Ⅳ.維維老師：研究者。研究者之角色是班級中之實習教師，故為完　　全參與者。

二、資料蒐集與整理

　　研究中蒐集的資料包括一星期撰寫一篇的教學省思紀錄，一個月撰寫一次的實習心得，4月20日的教學觀摩教案與省思，教案設計以及平時的田野筆記、教學日誌、相片、文件與檔案蒐集等多元資料，反覆省思、整理、分析與歸納。

　　另一方面，為了顧及研究倫理，此報告中涉及的相關研究對象之姓名，均採用化名。

三、研究過程

　　圖7-3為研究者進行行動研究時，所採取不斷發現問題、構思策略、省思的循環過程。

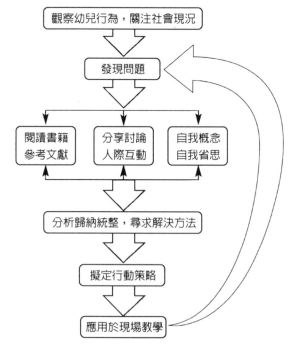

圖7-3　行動研究流程圖

四、執行程序與步驟（如表7-5）

（一）提升幼兒溝通、邏輯推理能力與創意

在以「提升幼兒溝通、統整能力與創意」為目標，執行策略的過程中，個人從中獲得不少省思與成長；但其中最大的問題是：研究者以只有十分基本的原則與本身粗淺的教學能力感到不足。

（二）創意在學習中醞釀

溝通、邏輯推理、想像力與創造力等能力的激發與應用不該被獨立，於是試著將其融入幼兒的日常生活中。但在缺少評量標準的感覺中，使研究有窒礙不前的困難。

（三）戲劇融入單元中

「創作性戲劇活動」為心中的疑惑找到可嘗試的解決方案，為尋求的課程統整性提供可運用的教學方式，使行動研究得以再度邁開步伐。在教室戲劇的融入下，使課程更加多元化，並在教學中提升幼兒溝通能力與創意，且豐富幼兒的童年經驗。

（四）由孩子主導的創造性戲劇

在單元的討論中引進戲劇，讓孩子由討論劇情、台詞、動作等等，慢慢串聯成屬於幼兒創造的戲劇。而一連串的戲劇帶領與活動，感受到幼兒的喜悅與成長，也在其中發覺戲劇帶領之困難點與限制。

表7-5　甘特圖

	2003/9/1	2003/10/1	2003/11/1	2003/12/1	2004/1/1	2004/2/1	2004/3/1	2004/4/1
一								
二								
三			■	■	■			
四						■	■	■

註：一、提升幼兒溝通、邏輯推理能力與創意；二、幼兒創意在學習中醞釀；三、教室戲劇融入單元中；四、由孩子主導的創造性戲劇

肆、好戲登場

一、提升幼兒溝通、邏輯推理能力與創意

最初，在「如何提升幼兒溝通、統整能力與創意」的思考方式下思索：在教學中，該如何具體落實。

（一）執行方式

◆日常生活中，溝通能力的養成

如何使個人創造力得以展現，設計一個有效的創新環境機制是十分重要的。它能使個人創意在一個容許異質、鼓勵冒險實驗的組織氛圍中，適當地被培育、交流與鼓勵，使個人成果能夠有效地被衡量（吳思華，2003）。

也就是說，創意需要透過交流與鼓勵，在允許的氣氛中被培育。因此，運用在幼稚園教學中，老師必須隨時提供孩子表達意見與看法的機會。首先，必須由老師平常對孩子的基本態度開始：肯定孩子、不嚴禁孩子表達自己的想法、建立孩子自信、不單從表面行為指責孩子、追究幼兒心裡的想法。因此個人平常盡量傾聽孩子說話的聲音，少給結論或多以問句進行談話，有時會蹲下來與孩子以同等的高度對談。

（二）實施歷程

平常早上在遊樂場玩的時候、點心時間、中午吃飯以及課堂外的空檔，都是與孩子最自然的接觸時刻。

I.黃淋：「維維老師，今天我弟弟一歲！」一大早到學校放好書包。

II.曉平：「維維老師，明天要珠算檢定，姊姊也要……」中午吃飯時間。

Ⅲ.大禹：「那你要去哪裡？」放學時間。

Ⅳ.小姿：「維維老師，我爸爸只要輕輕一開，就可以把這打開。」
點心時間。

Ⅴ.阿騫：「媽媽昨天帶我去吃可莉餅。」

Ⅵ.阿華和阿達：「老師我們想做電梯，可是不知道怎麼做。」角落
時間。

田野札記

【省思】個人認為，創意的第一個步驟是讓孩子知道老師願意傾聽且
會鼓勵孩子達成他們的想法。不過在與孩子相處的過程中發現，其實孩
子很喜歡和老師說話，並且不限定何時會告訴你什麼事，他們會把握生
活中少少的時間和你說話，因此無法確實的說明是因為老師的態度等因
素，使孩子願意表達他們的想法。

反過來說，幼兒本身就很愛表達他們的想法，所以老師這個角色最
需要做的就是傾聽，然後依孩子的話題與他們對談，我的回答大概可歸
納成幾類：

1. 5W（Why, How, Who, When, What）：最常的回應就是5W，又以
「為什麼？」為最。大部分孩子會來告訴你一件事，或是自己忽然
的一些想法，而5W的問法可以使他們將事件表達得更完整，也培
養他們的口語表達能力。

2. 註解：為孩子說的話加上一點小小的註解，有點像做個小小的摘
要：「那今天是弟弟的生日囉！」、「爸爸很厲害！」。

3. 提問：「好奇怪喔！」、「這樣啊！」、「喔，知道了。」也常使
用。通常對於較有質疑的內容，我會以這樣的方式作開頭再提問。

4. 坦承不會：「我不知道耶。」、「怎麼辦？」孩子有時候會問一些
我不知道的問題：什麼東西在哪裡、這是什麼湯、世界上真的有魔
法嗎……。不知道的就說不知道，老師會去找答案，孩子也可以自
己想辦法。有一次當我無法回答的時候，萱兒說：「維維老師也不

　　知道。」我讓孩子知道老師不是萬能的，不過我們可以一起想辦法。

　　與孩子對談的語言重要，但個人覺得態度更加重要，對於孩子所說的話要記住。孩子會沒頭沒尾、隨時冒出「後續發展」，考驗老師的腦容量，當快速地接上幼兒的劇情時，孩子會知道他們受到重視。傾聽孩子說話的收穫是更瞭解孩子本身的個性、先備知識與其家庭背景及成長環境。

　　在日常生活中許多時候會希望孩子遵守常規、安靜不吵鬧、適時的表現出他們乖巧的模樣；因此創意、放任與規矩之間的權衡，又是身處幼教環境中的一大考驗，需要反覆思量。

二、幼兒創意在學習中醞釀

（一）執行方式

◆團體活動中的統整

　　團討有點隨機，有點是對老師腦力激盪、考驗機制反應；需要事前的準備、由老師引入主題、讓孩子發表，在孩子的話題中，抓出一些重點，再針對某些點延伸，使主題加深加廣，且討論後對孩子的需要要加以補足，以行動證明老師對幼兒的重視，最後要將主題延伸至角落活動中。

◆看圖說故事，邏輯推理的練習

　　使用教具「我會說」（信誼出版社）。採小組活動的方式進行，由孩子將三～五張的圖片，依自己認為的順序排列，並說故事給大家聽。主要是聽孩子說、瞭解他們的語言表達能力、因果順序、觀察力以及推理

能力，並培養幼兒傾聽能力，讓孩子互相聽彼此說故事。

◆剪紙工中的創意

教具：剪紙磁鐵模型，磁鐵為色紙的四分之一，背面是完成色紙後的樣式。剪紙的做法是先將色紙兩次對折，再描繪磁鐵，剪色紙，最後讓孩子將剪好的色紙貼在圖畫紙上畫創意畫。

◆幼兒創意故事書

以故事書導入，激發幼兒腦力激盪，並製作故事書。

（二）實施歷程

◆團體討論

◎**日期**：2003/09/24

◎**主題**：上學了

每天早上約8:00～8:30的時間，幼童會到遊戲場玩，幼兒在學校已將近一個月的時間，對遊戲場有基本的認識，此時已適合與孩子討論「遊樂區」，且配合主題——上學了，因此利利老師在團體討論的時間與幼童討論「遊戲區」。

首先把在遊戲場活動的規則向幼兒強調，接著討論遊戲區。我們的討論由溜滑梯到可以爬的繩子，老師以大量的提問方式引導幼兒進入話題。當幼兒想到可以爬的繩子之後，利利老師問了一個轉折的問題：「爬的繩子和我們在縫工角玩的毛線有什麼不一樣？」答案有很多，其中最多的就是「爬的繩子很粗，毛線很細。」

前幾次團討中，幼兒已認識不少教室的角落，當老師聽到可以爬的繩子時，就加入縫工角的毛線讓幼兒比較，此時大家討論的話題已巧妙的有了改變。

接著利利老師加深大家「比較」的觀念。首先請小朋友用投票的方式決定她手中的毛線哪一條比較粗。接著請幼兒出來用手摸一摸、仔細

看一看，來確定是哪一條毛線粗。

利利老師讓大家比較兩條毛線的粗細，將「比較」的概念帶入團討中。爬的繩子比毛線粗，但毛線中也有粗有細可以比較；不只是相差很大的粗細能直接用視覺明顯察覺；毛線之間的粗細也可以用手摸、用眼睛仔細看來辨別。

最後利利老師帶領幼兒玩遊戲：用身體表現高矮、粗細和胖瘦。

由幼兒用身體表達高矮、粗細、胖瘦的過程中，可以讓幼兒自由表達他們對這些名詞的認知，能讓他們留下更加深刻的印象。

玩角落遊戲時，利利老師除了再次強調玩角落的注意事項，更提醒大家可以在美勞角以及黏土角做出有粗有細的東西。在美勞角，利利老師帶領大家用色紙做樹，讓幼兒辨別樹幹比較粗而樹枝比較細。

角落活動時，將「粗細」的主題融入角落中，幼兒從實作中更加清楚粗細的觀念。美勞角中，幼兒製作自己的樹。利利老師掌握樹幹比較粗與樹枝比較細的大觀念教幼兒；至於樹的顏色以及樹的形狀就由幼兒自行創意。

精簡自「教學紀錄與省思」

【省思】利利老師的團體討論非常精采，他總是能用幾句問句吸引幼兒的注意。例如：「遊戲區的玩具有哪些可以爬的？」、「有哪些溜滑梯？」。

討論遊戲區幼兒都很踴躍，對於遊戲區可以討論出比較細膩的話題；但同樣的幼兒在意見上發生爭執的機會就增加。此時，利利老師會說：「玩具是什麼顏色？要不要去看看？不要這麼兇。」「大家說的不一樣，我們下次去看看。」以實證的方式解決幼兒之間的爭執，一起找出最根本發生爭執的答案，而不只是要停止幼兒的爭執，這樣的解答方式很值得學習。

利利老師所帶的活動是由幼兒的對話中衍生出來的，並且不忘與這個月所教過的主題互相協接。「爬的繩子」「很粗」「很細」這些話是由

幼兒自己說出，老師順勢引導到她的教學上，讓孩子可以更加深入的獲得知識，又不覺得學習的突然。

利利老師的團體討論很充實與精采，可以讓幼兒腦力激盪。沒有設限的問句，說出沒有設限的答案，並依循著這樣的模式進行討論下去。這樣精采的團體討論是值得我學習的典範。

幼兒發展的階段中，孩子們還處於皮亞傑認知理論中的「前運思期」階段，沒有很清晰的邏輯思考、統整的能力，老師需要適度的引導孩子作有邏輯性的問答，適時的統整：在概念上或組織上將分立的相關事物合在一起或關連起來，使其成為有意義的整體；將教學的架構釐清：提供一個有組織的主題或概念，讓幼兒能探索、解釋和從事與涉及多學科目標的學習活動。無法說能夠提升幼兒的統整能力，而是老師需要加強自己這方面的能力提供給幼兒。

◆看圖說故事

◎日期： 2003/11/10 ～ 2003/11/14

◎教具：我會說。（信誼出版社）

【省思】這次的活動中，孩子對圖片的觀察力都挺敏銳；然而幼兒的邏輯推理能力並不強，大部分的孩子不會將圖片與圖片間作故事的連貫性，常常是將各張圖片獨立說故事。孩子在三、四張圖片的排序上和大人一般的排法並不全然一樣，我認為並無不可，只在孩子故事說完後盡可能的拋出問題，讓孩子將自己的故事內容能夠加深加廣，並且使其有連貫性，但不是每個孩子都懂得「自圓其說」，當孩子搖頭或說不知道時，都不給予繼續追問的壓力；而當萱兒對琛琛排序的方式有所質疑，並提出她認為的正確排法後，我說：「妳的排法是妳的故事很棒，可以，但是琛琛的排法變成他的故事，可不可以？」萱兒笑笑地說：「可以。」藉由這樣的方式，希望孩子能知道很多事情沒有所謂的標準答案，孩子也要接受各種不同的想法，聽聽別人對相同圖案不同的詮釋方式。

這是一個不需要批判與標準答案的活動，讓老師本身與幼兒有機會自在地聽聽每個孩子的聲音與故事；而在讓孩子動動腦、看圖說故事的

過程中，老師又可對孩子的能力有更進一步的瞭解，也是一種不錯的評量方式。

◆剪紙工

◎日期： 2003/11/24 ～ 2004/12/31

此次的活動以剪紙工並創作畫的方式引起孩子的興趣。

幼兒在一次次的練習及對剪紙工逐漸增加的熟悉度中，創意的表現越來越豐富。但研究者仍發現在剪紙工中發生的問題：

1.孩子照著教具畫與剪，但若紙張開口方向不對時，剪出來的花樣會與樣本不同。這樣的狀況我們能夠接受且回應「這樣也可以」、「沒關係」，並不特別指正，只以「爲什麼會不同」的方式讓孩子自己去思考、發現答案。

2.剪壞時的處理方式。若只是小錯誤，會請孩子將以做錯的花樣改造，或讓孩子自行想辦法解決，多半孩子會拿膠帶、白膠黏。

3.畫創意畫的時間。因爲有闖關的激勵，有些孩子會利用早上到幼稚園的時間、中午吃完飯的休息時間等等，盡可能地完成作品；但有些較晚到的孩子、吃飯較慢的孩子，沒辦法有這些時間繪畫。

4.因爲闖關，十個關卡完成後就會有獎賞，導致有小聰明的孩子想盡快畫完，反而沒有眞正激盪創意了。

【省思】針對這次的活動，反向思考：孩子或許有想像力，但在表達能力與基本技巧上會有點障礙，或許光從美術方面著手涉及的層面太狹隘。創意的表現應擴大到更多的層面，並非只是單一狀況。

◆幼兒創意故事書

◎日期： 2004/02/16 ～ 2004/02/20 （教案見**附錄 7-1**）

【教學過程】

1.引起動機：故事「方眼男孩」。

2.活動過程：

(1)從「眼睛」開始的自由聯想、腦力激盪。

(2)由孩子拼湊腦力激盪中聯想到的東西，畫成圖畫。

(3)幼兒以口語表達自己的繪圖。

(4)由孩子將大家的圖構成一個故事。

(5)讓孩子發表、演說故事。

3.綜合討論：

(1)如何將大家的圖畫構成一本故事書？

(2)討論書的命名。

【省思】同樣的幾張圖畫，孩子可以改變順序或思考方式，講出許多不同的故事；雖然有時候孩子的邏輯與連貫性沒有很足夠，但孩子嘗試拿著麥克風說出創造自己的故事，又能大聲地說給大家聽，覺得是一項不錯的活動方式。

三、幼兒戲劇融入單元中

（一）單元：各行各業（2003/10/26 ～ 2003/11/29）

在戲劇活動中，為了將角色表現出來，幼兒會去觀察、思考不同角色（醫生、護士、病人、警察、老師等）的特質及該有的行為動作，這就是角色取代的能力。戲劇活動的實施，有助於透過實作的經驗去學習、去模仿他人，對於幼兒社會行為的發展具有正面而且積極的效果（鄭黛瓊，1999）。

◎日期：2003/11/02 ～ 2003/11/08

◎主題：教育戲劇、角色扮演

【2003/11/03】利利老師和我要以角色扮演的方式介紹各行各業。

我的角色是「洗頭小妹」。著手的第一步就是用腦袋回憶洗髮的流程與步驟，接著想想如何展現，做道具。

　　星期一，一張長長的紙舖在地上當展示台，整個教室氣氛變得不一樣。在扮演時不需特意注意在觀看中的孩子，因為可以感受到孩子的專注以及聽到他們不時哈哈的笑聲。

　　我盡量不只以肢體、也多加說明的部分，是以向顧客介紹的方式呈現。接著是利利老師的咖啡廳，在表演之後以圖畫及團討的方式進行評量。

　　【2003/11/05 & 2003/11/07】我們以帶小組的方式開店。利利老師的銀行和我的早餐店。早餐店做了招牌、價目表和薯條等一些吃的食物。

　　發覺孩子說與做的能力有一段差距。第一次聽到孩子說價目表的做法說得頭頭是道，完全放手讓他們做卻不行，還是需要有人引導。

　　第二次花比較多的時間討論。將早餐店的工作分成三部分：招牌的看板和裝飾兩部分以及價目表的部分。因為討論說得明確，放手讓他們進行工作時就變得好掌控。

　　帶小組的過程中，開始要求孩子等待，不是總要掛心著有孩子無事可做；當在幫忙寫價目表的字時，有孩子來尋求協助時就必須等我把這件事完成。其實孩子會很專心的注意你在做什麼，順便看看不同工作的孩子在完成什麼。

　　最後讓孩子們欣賞整個早餐店的成果，讓不同工作的孩子看看其他孩子為早餐店做了什麼。

　　當招牌拉起懸空的時候，看到做招牌裝飾的小柔眼裡閃著光芒。貼色紙、黏紙條，最後有漂亮的招牌展現，真是一種很直接又強烈的回饋啊！當我看到小柔的眼神散發著光芒時，覺得這就是我們應該帶給孩子的喜悅。（取自 2-8 Nov. 教學紀錄與省思）

　　◎**日期**： 2003/11/16 ～ 2003/11/22

　　◎**主題**：「店」記

　　【前言】在教學中，透過討論與引導，孩子製造出幾個店面的情境，開店的時機也到了。

　　【開店前奏】星期一，討論開店時，孩子說：「醫院還沒蓋好」、

「袋子還沒做完」。孩子對於開店的各種事情，有注意和吸收。當老師說準備要開店的時候，孩子很快的反應告知還未完成的部分，他們知道在教室進行的工作是為了開店。

星期二，利利老師問孩子：「如果他有十元，可是東西只有五元怎麼辦？」結果竟然把孩子考倒，出現各式各樣的答案，直到小魚說：「那就買兩個啊！」老師說「對，也可以買兩個，可是我只想買一個怎麼辦？」小魚的眼睛轉呀轉，想不出答案。等了好久，終於萱兒說：「換錢。」然後說著要到銀行換錢的方法。我心裡想著，答案就是店家要「找錢」啊！

【開店】星期四用孩子做的綵帶進行剪綵儀式，為開店拉開了漂亮的序幕。

開店的原則很簡單：要當老闆的就當老闆，要當客人的就當客人，一間店可以有三個老闆。一開始，早餐店有四個老闆，銀行沒有老闆。早餐店有四個老闆怎麼辦？由孩子自己想辦法。萱兒問：「銀行沒有老闆怎麼辦？」利利老師說：「沒關係，今天銀行打烊。」結果，早餐店不是第四個要當老闆的人離開，是小凡決定改當早餐店的客人；銀行不是打烊，萱兒最後決定自己一個人當銀行的老闆。

在遊戲進行中由孩子隨意決定要當老闆或客人，並未使遊戲出現太多爭執，每個孩子似乎可以自行協調出自己的角色。老師只說原則：「一間店有三個老闆」，孩子就會遵守這樣的標準，自行處理，且結果往往不同於由老師處理的規準。

(1)銀行

萱兒依自己的方式管理銀行。她主要處理換錢的事，每個孩子到她那裡都知道要排隊。而且萱兒對錢交換的概念非常清楚，還追出銀行找大禹兩次：「你怎麼每次都不拿你換的錢啊！」。

銀行的運作就像萱兒在團討的時候講的：由客人到銀行換零錢買東西，店家因此沒有換、找零錢的手續。孩子記得團討時萱兒說的換錢方式，紛紛到銀行換零錢。孩子依他們自己討論出來的方式進行遊戲；雖

和我所想的「店家會找錢給你」的邏輯不同,但更加突顯他們是透過自己的討論並實際的在遊戲中展現。孩子很懂得理解、吸收孩子彼此討論的內容的呢!

(2)便利商店

之前,我們在教室玩角色扮演的時候,拿出真的餅乾當道具,孩子說:「是真的耶!可以真的吃嗎?」利利老師回答:「假裝真的吃吧!」那時孩子全都哈哈大笑。當孩子看到便利商店的東西是實物的時候,出現了和幾天前一樣的反應:「是真的耶!」,然後有孩子接話說:「假裝真的吃的啦!」老師們都心照不宣地笑了。利利老師說:「這些東西今天是要回收的喔,之後再讓你們全部玩真的吃的好不好?」孩子開心地大聲說:「好!」

(3)早餐店

早餐店的奶茶是沖泡的,所以可以讓孩子喝。第一個進去早餐店的是小魚,聽到真的可以喝,還不敢相信地連問兩次,且開開心心地買了真的可以喝的奶茶。之後孩子們聞風而來,早餐店的客人有逐漸增加的趨勢。幾乎每個進早餐店的孩子都問:「是真的可以喝嗎?」,會問表示孩子在這單元中有進入狀況,知道基本的遊戲規則。

【打烊】「天黑囉,要收拾囉!打烊囉!」、「大家把買的東西放回去囉!」客人很快地把買的東西歸回原位,老闆也忙著收拾。老師把電燈關掉,充分製造出天黑關門的氣氛。原來要孩子收拾是這麼簡單啊!我們班的孩子收拾得快速又安靜。完全跟隨著遊戲規則很精確地玩遊戲。接著大家在天黑中進行開店的討論。

【心得】孩子在這次的活動中很進入狀況。每間店都有一定的秩序在進行,孩子掌握著基本的準則。

萱兒將銀行管理得有條不紊:「你要換什麼錢?」、「排隊。」在團討時,萱兒還自己講了個笑話:「琛琛拿全部一百塊要換錢,我要給他一百塊,到八十塊他就說:『夠了夠了,不用那麼多。』然後我就說好,他就用一百塊跟我換八十塊。」逗得大家哈哈大笑。

便利商店真的東西，真的買的孩子，沒人真的吃。收拾的時候大家都把東西一一放回。

玩具店的黃淋老闆和便利商店的阿豪老闆都知道要吆喝客人去買東西，聽到真是忍不住讚美他們一番，很稱職的老闆角色。孩子很愛買玩具，每個人手裡都拿著幾個玩具，但是拿玩具就不好繼續玩遊戲了，怎麼辦？孩子自己又把買的玩具拿回玩具店放著了，好好玩的舉動，他們大概也很清楚是「假裝真的買吧！」畢竟他們知道學校的玩具是大家的。

之後，我問利利老師：「我們忘記把他們的購物袋給他們裝東西。」「我是故意的啊，看他們會怎樣。」「結果，沒人想到？」「有啦，只有小魚拿著玩具說：『我們開了這麼多店，就是沒有建一個我們自己的家喔！』」呵呵！要建自己的家放玩具，這點子可以考慮呢。利利老師說「他有那個概念，只是不懂得怎麼表達。」對啊，那就是孩子可愛的地方，有點像 Piaget 說的前運思期的不可逆性。做袋子要做什麼啊？裝東西啊！東西拿在手上怎麼辦？建一個自己的家好了。

【結語】孩子開開心心地開店了。透過討論與溝通，孩子對開店的原則有基本的瞭解，並且在玩的過程中建構、釐清、落實他們的概念。在遊戲中學習的方式中，有助孩子具體理解教學目標；老師也能在觀察孩子的行為中，知道孩子的能力與理解程度。在這次開店的過程中，看到孩子的自律與成長，我也和孩子一樣開心。（取自 16-22 Nov. 之教學紀錄與省思）

(二) 單元：環保小尖兵（2003/11/30 ～ 2003/12/27）

◎日期： 2003/12/02

◎主題： 12/2 手偶

【單元導入】這禮拜是新單元的開始，單元的導入是全園的孩子到視聽教室看錄影帶，老師以討論錄影帶的內容作為本週上課的內容。

利利老師以影片中的一個主題為內容。他本身就是以偶的方式表演

呈現，所以老師也讓孩子依樣畫葫蘆。首先教孩子製作簡單的偶，接著讓孩子演戲。孩子在記憶的部分沒有問題，對於影片中的台詞可以朗朗上口；但是在演戲的手偶操作上，表現得吃力不順手，老師需要接著教他們手偶的表演方式與拿手偶的方法。

【劇情】鋸子手和刀子手在比賽誰砍樹比較厲害，就把森林裡的樹全砍光了，動物們沒有樹可以住、沒有樹可以遮太陽，都要熱死了；於是，鋸子手和刀子手出來道歉，動物們回答要原諒他們可以，但是要種樹。最後鋸子手、刀子手和動物們都開開心心地一起種樹了。

【劇情內容】孩子對於劇情沒有執疑，沒有察覺到「樹要好久好久以後才會長成大樹，在樹長大之前，動物們怎麼辦」，大家都開開心心地念著劇本玩得很開心。（修改自 30 Nov.-6 Dec.教學紀錄與省思）

【省思】探討戲劇的劇本問題。

通常孩子會對「因果」很敏感。至於時間序列或一些故事中的邏輯問題，較不會引起孩子的注意。（祺祺老師之回饋）

孩子比較無法想到劇情中少部分不合邏輯的地方，也沒有對故事產生質疑的經驗或習慣，就像許多童話故事中，或多或少存在不合理的部分；但是如果由教師拋出問題，聽孩子原本對故事的想法，引導孩子思考故事中的情節，是否會激盪出幼兒不同的觀點？若以這樣的引領方式，可以提醒孩子運用省思、批判能力，並是考驗幼兒對事物的接受度。

◎**日期**： 2003/12/23

◎**活動名稱**：假裝是魚──故事劇 （教案見**附錄 7-2**）

【活動流程】

1.說故事：以提問的方式進行，鼓勵孩子看圖說話。

2.將孩子的座位改為左右兩排面對中間，並將海底隧道移動至前方。

3.扮演：讓孩子分兩邊輪流：一邊先隨意扮演他們想要扮演的海底生物，一邊當參觀的人，然後輪流。

4.演故事劇情：先 check 劇情、劇情人物及各角色說的話，第一組出來的孩子盡量先選比較會表達的孩子。

5.角落活動：鼓勵孩子做有關海洋的角落活動，希望將主題延伸至角落。

(1)黑板角：阿傑、小卉、小姿在畫魚。

(2)黏土角：黃淋用黃色黏土做魚。

(3)美勞角：瑛瑛老師帶孩子一起做水族箱。

【問題討論與幼兒反應】

1.「他們看到天空飄來一朵好大的雲。（停一下）那是什麼啊？」我將書翻到下一頁。孩子們愣了幾秒，很認真的在看圖，小魚首先發聲：「好像大鯨魚喔！」接著幾個孩子也跟著說：「真的耶！」、「是鯨魚媽媽！」，然後岑岑說：「呵呵，好好玩ㄟ，是真的耶！」

2.雪寶和巧比假裝是人魚和狗魚到了海底鯨魚的家，然後雪寶也約鯨魚們到他家裡。「可是，我們家那麼小，他們這麼大，要怎麼進來？（停一下）怎麼辦呢？（我問孩子）」「假裝是人啊！」萱兒說。我說：「對啊，還可以假裝是狗。」然後比劃了一下狗的樣子，孩子笑得很大聲。

【幼兒自主性工作】當我問誰要出來演戲時，好多孩子舉手，大班、表達能力強的孩子舉手不奇怪，小班的小誠以及平時不愛講話的小郁也舉手了，我便讓他們試試看；而第二組舉手願意出來演出的小孩中，更多了好幾個小班以及平時比較安靜的孩子。

小魚不想演戲中的角色，他說：「裡面沒有我想要演的耶，我想演大鯊魚。」我問他：「那怎麼辦？」「給別人演啊！」小魚回答。「那你當觀眾好不好？」我問道。小魚點頭。

在角落活動前，稍加提示孩子可以做海底世界的東西，瑛瑛老師會在美勞角教大家做水族箱。在角落活動時，雖然不見得每個角落都繞著主題走，但已有不少孩子在學習中獲得一些靈感，想在角落中落實。

【省思】配合我們在單元已讓孩子布置海底隧道的情境，我們也去了台北海洋館，接下來就是延伸相關的活動，於是我決定說「假裝是魚」的故事，希望滿足孩子的想像力。

在說故事時，我總以開放的提問方式問孩子：「接下來呢？」、「然後呢？」、「那怎麼辦？」像這樣的提問，通常都是大班以及表達能力比較強的孩子回答；但是透過後續的演戲，看到小班以及比較不會表達的孩子踴躍地舉手參與角色的扮演，令我覺得很開心，以及更加確定教學對他們的成效。

在讓孩子隨意表演海底生物時，孩子玩得很開心，在地上爬、跑來跑去假裝是魚在游；但是沒有真正模仿、表現出魚游泳搖動尾巴、扇動魚鰭的樣子，反倒螃蟹橫著走路的樣子比較像。我想是因為我沒有帶領他們示範或講解、討論魚在水中游應該是什麼樣子的關係。當初我的目的只是要讓他們純粹玩得開心，避免演戲只是讓少數人參與遊戲的缺點，所以沒有多出引導的部分；但是如果時間夠，其實不妨多一點討論，讓遊戲更加細緻化。

【教室情境布置】海底隧道由孩子們共同完成。布置海底隧道的活動，不論大班小班的孩子，我都可以在他們的工作過程中，感受到他們的喜悅和成就感。孩子心裡都明白，他們的目標是要布置海底隧道，要畫魚，於是他們各自努力著。大班和小班孩子的作品幾乎是可以一目了然的，尤其在剪魚的方式上就有明顯的區別，小班孩子比較不會照著他們畫的線條剪，通常外圍會留白；但是，都可以看出是他們努力的作品。

由於我們是混齡的班級，因此兼顧不同年齡層的能力與程度，是在教學方式與內容上必須思索的方向。在建造海底隧道的過程中，大班和中班的孩子都能跨越能力、程度的差異，朝向目標前進。教師看到的是孩子努力的程度與他們共同努力的決心。由於在孩子的內心有非常強的驅動力，幼兒願意突破個人在能力、技巧上的限制，自動展現了良好的學習態度與學習精神。此時，教師在旁是給予技巧上的輔助、點子的提供；而孩子的自主能力更是我們所欣賞的。

四、由孩子主導的創造性戲劇

◎日期： 2004/03/16

◎主題：對童話故事的討論

　　青蛙標本是引起動機，讓孩子看青蛙，並模仿青蛙的聲音和動作，進而討論拇指公主的故事。

　　提起拇指公主時，大班的孩子可以將故事情節表達得很清楚。我接孩子的話問：「那為什麼拇指公主不嫁給青蛙王子？」「因為青蛙很醜。」是孩子第一個直接的答案；我們花許多時間討論這個問題。有些孩子提到的觀念和答案，我以疑問句反問，例如：「因為公主要嫁給王子啊！」（公主一定要嫁給王子嗎？）答案有時是另一個問題的開始，但有提出疑問，並不一定非要即時回饋答案。

　　討論過程中，岑岑露出不能理解的眼神，彷彿像老師正帶領大家挑戰童話故事，她幾次重複，認為青蛙很醜的理由很合理，而我的提問、其他孩子間的討論，就成了她擴充思考方式的依據，好幾個不同的答案下來，當小魚說拇指公主不會閉氣，她主動接著說：「公主不會游泳」的理由，這才跳脫她原先認為「就是這樣」的想法。

　　幾次與孩子的對話中，等待孩子的答案、不斷問「為什麼」、「還有嗎」的情況下，孩子的答案越來越多元，且反應他們的想法。最後我再將討論的東西統整。

◎日期： 2004/03/17

◎主題：戲劇的起步

　　【開始演戲】青蛙如何搬走拇指公主，青蛙的動作由想到的孩子示範；昨天的討論成為幼兒台詞的應用。然後演戲和討論接在一起，「接下來呢？」、「要怎麼演？」，研究者以提問的方式讓孩子討論。因為拇指公主有許多版本，幼兒在討論時有各式各樣的答案；告訴孩子我們可以演我們自己的拇指公主啊，不用和故事一模一樣，這是第一次傳達這個概念給孩子——可以和原來的故事不一樣。最後，青蛙接受拇指公主

的建議決定去找青蛙小姐，不過卻大意的把公主留在池塘裡了，後來由蝴蝶來救她。

◎**日期**：2004/03/18

◎**主題**：角落和戲劇的結合

星期四早上小卉帶蝴蝶的翅膀道具到學校，幾個在娃娃家的孩子開心地表演起來；引導她們加入蝴蝶的歌曲，而孩子在玩的過程中也加入自己想到的對話。

星期四下午，正式教大家唱蝴蝶歌。讓小卉、岑岑表演早上在娃娃家的演戲，大家在蝴蝶出場時，一起唱蝴蝶歌。接著孩子嚷嚷要演青蛙，利利老師幫忙引導「那要怎麼做」，將演戲的肢體動作加進討論，讓大家的肢體語言更豐富，最後在教室青蛙跳做結束。

【**準備事項摘要**】劇情對話的記錄，劇情的彈性，角色動作、角色裝扮，音樂的加入，舞台、場景的構思，台詞的豐富，body language， 幕簾的想法——演戲的內外之分。

一場劇中有好多元素在裡面，「如何傳達、引導孩子」對我是項挑戰；當看到孩子有興趣地玩樂時，又會覺得更要好好帶領。希望的戲劇不只是純粹為了戲劇本身而演，而且要達到有學習到東西的目標。沒什麼把握，但盡力而為。（摘自教學紀錄與省思 14-20 Mar.）

◎**日期**：2004/03/23

◎**主題**：由角落中發展出的劇情

早上孩子在角落玩戲劇，拇指公主和蝴蝶對話時，演青蛙的幾個孩子拿著蝴蝶要用來救拇指公主的繩子玩跳繩的遊戲，我藉機引導孩子假裝小孩子在玩遊戲，蝴蝶來找小朋友借繩子，並讓他們增加對話來呈現——小朋友問蝴蝶為什麼要借繩子。當孩子要再演一次時，我問有誰要演小朋友啊？黃淋開心地大聲說：「我要演。」因為是由他們的動作中引導出來，又是新的角色，所以很有興致地玩了起來。其實，他們本來就是小朋友啦，可是能演小朋友還是覺得很高興。

◎**日期**： 2004/04/06

◎**主題**：戲劇的延續

教室的迷宮花園要開始動工了，討論的過程中，孩子說：「維維老師，拇指公主還沒演完。」我很高興孩子還記得並有興趣要繼續演戲。

下午，進行未完成的戲劇，我問孩子：「還記得之前在角落中演的小朋友嗎？」讓他們將在角落中發展出來的劇情在正式課堂中表演和分享，讓其他孩子們也都知道如何表演和參與。

在此次的戲劇活動中，對孩子戲劇的進行感到有了信心。距離之前玩戲的時間已經過了約兩個禮拜，但孩子在銜接上完全沒有問題，甚至很快接受新加入之「小朋友」的角色，並且躍躍欲試。

◎**日期**： 2004/04/12

◎**主題**：戲劇要素的融入

【歌曲】春神來了。

【我們的主題】春天的消息，以歌曲的方式導入季節的討論。簡單說明歌詞的意思，並反問孩子們：「春天來了，怎麼知道？」或許是因為歌詞的關係，孩子很直接地說：「花會開！」之後再將討論由季節引導至戲劇。

音樂的使用有很多用途。除了一般幕與幕之間的等待之外，我使用音樂作為戲劇開始的前奏，並以音樂引導孩子想戲劇開始的提示語。音樂的選擇與主題配合，孩子學會唱歌曲後，戲劇的前奏不只達到等待的功能，讓演戲與看戲的孩子有預備的時間，並在共同唱歌的時間，提升幼兒的專注力，達到看戲、演戲的孩子有共同參與的感覺，且音樂可以間接主導戲劇進行的速度。

【提示語】「春天來了，花開了，拇指公主生出來了！」成為大家共同想出來的台詞，也成為戲劇開始的提示語——拇指公主聽到這句話，就會誕生了。孩子以「生出來」的動詞表達「誕生」，我複述時以「誕生」說明生出來，孩子瞭解其意思，但是他們決定戲劇開始的秘密語言時，仍以「生出來」來表現，我還是尊重他們的表現方式。

◎日期： 2004/04/13

◎主題：戲劇的緊鑼密鼓

【孩子】萱兒問：「老師，我們怎麼沒有繼續演下去啊？」小魚：「我們要演完。」我很開心孩子對戲劇的態度很熱切。

【歌曲】孩子演戲的過程中，我在各個角色要出場前，導入音樂，讓所有的孩子唱歌：青蛙出場前有青蛙歌，蝴蝶有蝴蝶歌，這些歌曲之前已教過，只是適時地融入戲劇裡。

【戲劇】同樣的角色換人演，希望達到人人都能參與演戲的目標，並且與孩子溝通——如果他們演得很棒，我們就請客人來看表演，這樣的溝通孩子並沒有排斥，對於表演的感覺反倒是種榮譽，是需要努力才有辦法表演的，岑岑很可愛地說：「那我們就要很認真的練習練習。」

【劇情】戲延伸到「蝴蝶要帶拇指公主去哪裡」的問題，討論幾乎沒什麼爭議，孩子提到要到我們大綠班的公園，我問：「公園裡有什麼？」「花、樹……」於是請知道要怎麼演的孩子出來扮演。扮演花的孩子會自己搖擺，自己說：「風來了」，這是個較簡單且沒有台詞的角色，也適合小班孩子的參與。

【表演】演戲進行到此，已經有讓孩子表演的想法了。因為可以給孩子表演的舞台，不只是讓他們討論、演戲，而且還是需要努力表現給大家看的演戲，可以讓孩子有種榮譽感。不過，讓孩子表演給大家看不比我們自己在教室玩耍，多了一些需要注意的地方。

【衍生的問題】角色——小朋友，如果像玩角落時，拿著繩子玩跳繩會吵鬧，且玩耍的聲音會蓋過主角蝴蝶；而且小朋友的角色是後來加入的，在場幕上是與蝴蝶同時出現，要如何表現小朋友的出場需要思考。因為小朋友還沒有像青蛙、蝴蝶的歌曲表現，這部分需要補強。

◎日期： 2004/04/19

◎主題：戲劇表演前一天的準備

【麥克風的使用】星期一借麥克風教大家怎麼使用，但只有一支麥克風有電池，雖然孩子都說懂了，但仍不清楚孩子是不是確實知道要怎麼使

用；反倒比較確定孩子都很期待明天有電、有聲音的麥克風，孩子向我確定、提醒好幾次：「明天就有電囉？」、「明天老師要帶電池來！」。

【臨時更動的表演──小朋友】我們討論小朋友跳繩太吵要換遊戲，孩子想到拔河。可是孩子假裝拔河的表演看起來還蠻好笑的，有些人身體一前一後的動作，表現起來很僵硬；因此，決定還是讓孩子真的玩，不過不能玩跳繩等太多聲音的遊戲，所以選定繞繩子跑八字型。然後，全班小孩都學當小朋友的角色，排成兩排玩繞繩子跑八字型的活動。

【戲劇場幕的連貫】我們沒有把戲劇從頭到尾完整地演出過。雖然沒有每一幕很順利地從頭到尾演完過，但是每一幕的來源、故事的情節都是和孩子一幕幕討論出來的，會讓孩子演到已討論的地方，然後再繼續想「接下來呢？」。但要讓孩子演出，又沒有讓他們完整預演過，我沒有把握孩子的理解程度是幾成。

因此，問孩子：「你們知道什麼角色什麼時候應該出來嗎？」我要把劇情、孩子要配合唱歌的地方，以及他們何時該自己主動就定位的部分，與孩子一起做個完整的總結。所以不斷地拋出問題：「一開始是什麼？」、「是誰要出來？」、「然後呢？」，發現孩子都有概念。

不過，在小朋友和蝴蝶出場的銜接部分做了規定。因為是兩種角色在同一幕，也幾乎應該是同時出來，但我們做了一點先後之分──先念「小皮球香蕉油」讓小朋友登場，再唱蝴蝶讓蝴蝶出場。我們玩小朋友的角色時，孩子會開心地一直重複喊下去；但我說：「我們現在是演戲，說一次就好。」並讓孩子試念一次，讓他們知道什麼是「一次」。

【表演人選】以孩子自願的方式決定，可能因為「要很厲害才能表演」的觀念，孩子都很想要表演。

◎日期： 2004/04/20

◎主題：戲劇表演

【臨時情況】要演戲時，幼兒發現昨天選好的蝴蝶角色──欣如請假，我問孩子：「怎麼辦？」有好幾個孩子舉手表示要演。我又問那麼多人舉手要演怎麼辦？孩子說：「用選的」、「要表決」。因為小鈞來演

蝴蝶,他原本小朋友的角色就要重新選;我請已經演花的小誠將小朋友的角色讓阿詠演。小鈞之前演過拇指公主,這是第一次演蝴蝶;雖然是第一次,但是他對劇情的熟悉和說話的清晰度,都表現得很好。

【互相幫助】在表演戲劇的過程中,看到孩子很自然地會互相幫忙。戲劇表演當天,岑岑會自己把麥克風擴音的地方對準自己的嘴,在表演時不只幫自己用,也會幫其他孩子調整。岑岑(拇指公主)幫小鈞(蝴蝶)調整麥克風後,還對他說:「再說一次。」

【參與演戲的角色】花仙子——黃淋;拇指公主——岑岑;青蛙——小郁、小魚;蝴蝶——小卉、小鈞;小朋友——曉平、小姿、阿詠;花——阿騫、阿傑、小誠;樹——阿宣;王子——萱兒。班上共二十四位幼兒,十四位孩子參與演戲。

【所有孩子的戲劇】讓所有孩子都能融入戲劇中,是很重要的目標。所以戲劇中台上與台下互動的比重很多,甚至有互相配合的意味在其中。每一種不同的角色上台,台下都有不同的歌曲或歌謠唱吟,這需要孩子們的默契以及對戲劇的瞭解。戲劇的美妙在於,感覺到每個孩子都完全投入戲劇中的那份心情,我們的孩子做到了在台上是好演員,只要回到台下就是扮演好觀眾,和台上的角色們互動,小孩們真棒。

【麥克風】表演戲劇使用麥克風,我無法正確評量是好是壞。因為孩子對於麥克風的使用會覺得更加慎重、更加重視,但是麥克風也或多或少對幼兒造成干擾。

【結語】教學觀摩的戲劇演出對孩子來說是他們戲劇表演的高潮活動。因為當天的表演很慎重:事先選擇角色、用麥克風,而且真正有觀眾看幼兒表演;原來孩子不只喜歡有表演的舞台,也喜歡展現自己給大家看。

戲劇演出是活動的高潮,也意味著活動的結束;戲劇帶給孩子讚美、掌聲和獎勵,對孩子與我來說,演戲的活動算是畫下完美的句點。

伍、結論與省思

一、結論

在不斷地發現問題與解決問題的過程中，概略分爲四階段的執行與解決方向。

（一）提升幼兒溝通、邏輯推理能力與創意

著重在日常生活中，傾聽幼兒聲音、與幼兒對答技巧。

（二）幼兒創意在學習中醞釀

在團體討論、語文、美勞、創作故事中，培養幼兒獨立思考與創意。但由於研究者的具體目標與評量標準並不明確，在研究過程中發生不少阻礙；不過前兩階段的嘗試正是引導幼兒表現自我、展現戲劇的基本方式與態度，可稱爲發展戲劇前的暖身動作。

（三）幼兒戲劇融入單元中

幼兒創造性戲劇成爲這次研究的適當轉折點。

◆單元：各行各業（10/26 ～ 11/29）
　◎日期：11/2 ～ 11/8
　◎主題：教育戲劇、角色扮演
　戲劇的起步由「老師入戲」引入。以戲劇的方式吸引孩子，效果很好。當大家全神灌注，融入一個情境中，很容易體會你所要傳達的東西。不過，在表演後，仍要透過團討的方式，加強、澄清、導正孩子正確的認知。
　◎日期：11/16 ～ 11/22
　◎主題：「店」記

　　開店遊戲是模仿成人社會生活、行為模式的遊戲。必須是孩子觀察社會並累積印象，將印象整理出來，表現成為自己的行為之後才能進行的遊戲。因此，模仿的遊戲是發生在現實、印象和表現三個世界的遊戲。

　　開店遊戲是一場「創造性戲劇」，因滿足了：(1)幼兒日常生活中的一部分，透過「假裝」連結舊經驗、建構新經驗；(2)知識從活動中產生、經驗中獲得，並促進邏輯與直覺的思考；(3)將人際社會活動運用於創造性戲劇中，並以促進表演者人格成長為目標；(4)不只使參與者從中獲得上述經驗、知識與社會化的學習，更使引導者在多樣化的教學中，獲得成長。

◆單元：環保小尖兵（11/30 ～ 12/27）

　　◎日期：2003/12/2

　　以「偶劇」的方式進行，幼兒用自己做的偶和小小的舞台，透過操作表達故事情節。

　　【探討劇情】孩子比較無法想到劇情中少部分不合邏輯的地方，也沒有對故事產生質疑的經驗或習慣，因此在「幼兒主導的戲劇」中，研究者提出對故事的質疑與幼兒討論。

　　◎日期：2003/12/23

　　以「故事劇」的方式引導。教室情境布置——海底隧道由孩子們共同完成。布置海底隧道的活動，不論大班或小班的孩子，都可以在他們工作的過程中，感受到他們的喜悅和成就感。

　　我們是混齡的班級，兼顧不同年齡層的能力與程度，是在教學方式與內容上必須思索的方向。在建造海底隧道的過程中，由於孩子的內心有非常強的驅動力，願意突破個人在能力、技巧上的限制，展現了良好的學習精神與態度。這是在「幼兒主導的創造性戲劇」中，研究者必然要延續的精神。

（四）由孩子主導的創造性戲劇

由童話故事「拇指公主」開始的戲劇引導，為孩子提供想像、省思的空間，在推翻幼兒既定的觀念與限制的同時，也使孩子在發展劇情與表演上，更加不受拘束。

◆劇情的成形

開始與幼兒討論時，孩子便已尋求他們所認為合理的答案，研究者所預設的答案反而不如孩子自行討論的結論讓他們印象深刻；於是，戲劇就一邊透過討論、一邊表演慢慢產生。並且需要開放的角落時間讓孩子享受玩戲劇的樂趣；在孩子玩得盡興的同時，會發展出自己的東西，教師若能給孩子支持並融入於戲劇中，對幼兒是一項無形的肯定。

◆台詞

初告訴孩子台詞的概念時，孩子說那我們演戲就要背台詞，研究者告訴孩子理解就好，懂了、用心想了，自然記住就好。在透過一次次的演戲中，孩子們沒有死背劇中的對話，但他們都能完整傳達劇情要表現的意思。戲劇的對話源自於孩子對劇情的想法與語言的構思，研究者能指引的是透過一次次的討論增加孩子台詞的豐富性。

◆肢體語言

這部分是研究者需要多加以琢磨的部分。孩子對每個角色的肢體語言會有一定的認識和表達方式：拇指公主誕生、青蛙跳、蝴蝶飛、小朋友玩耍、花兒隨風搖擺，這些都是幼兒已認知到且發展出的肢體動作。但若是要表現為一場在台面上表演的戲劇，這部分就成了需要加強、表現更大方的肢體語言；但研究者並未特別要求孩子們。

◆歌曲

音樂在這場戲劇中，占了非常重要的角色，我稱它為軟性的引導者。無詞的音樂可以讓孩子有傾聽與緩和的作用，而使用孩子會唱的歌

曲能提升幼兒的專注力，加深幼兒對劇情連貫的印象。歌曲的熟悉提升幼兒參與的感覺，表演者與觀賞者皆能完全地融入戲劇中，班級裡的幼兒不論戲裡戲外都能互相配合與呼應，塑造了由所有孩子共同完成的戲劇。

◆角色

每個角色本身有不同的難易度，孩子們可針對自己的能力與對自己的期許選擇扮演的角色；因此戲劇能跨越混齡的界線，吸引全班孩子的興趣，共創這一部精采的戲劇。

◆場景的構思

教室中演戲的方向與觀賞者的座位方式，是一開始決定要表演時所面臨的問題。孩子的座位以地墊、椅子與桌子區分為三階層，確保每位孩子的視覺效果。表演場地以平時遊戲的型態呈現，未再刻意變動，以致以欣賞表演的觀點看來，台面並不夠寬廣；但戲劇主要以幼兒遊戲為主，並非正式的戲劇演出，研究者並未積極解決這方面的問題。

◆舞台

開始有設計幕簾的想法，幕簾可增加神秘感，又可營造場景內外之分；但幕簾設計後，依孩子的高度無法自行拉幕、閉幕，所以在嘗試階段便已放棄。在主題「春天來了」中，與孩子以立體工作泥土及花，布置出長條的小型花圃；在戲劇中此小花圃便扮演區分場內場外的重要角色。

◆主題

這次的戲劇是與主題相配合。（如**附錄** 7-3 、 7-4）

二、省思

能完成這份行動研究與戲劇教學，實在感謝利利老師與瑛瑛老師的

支持與配合。研究者是一位初進入現場，一切都在學習中的實習教師，能獲得現場教師們的授權，全然的與幼兒相處、共同嘗試戲劇活動，是得自於利利老師與瑛瑛老師的雅量與對人的信賴；而且教師們在我的教學過程中，總是不斷地幫忙、提供諮詢、提出建議、適時溝通。這一路走來，教師們是我最好的倚靠、最棒的學習者。

◆默契

幼兒之間的互助、幼兒與教師的互動，在平日生活中養成。孩子表達意見的能力在平日養成，老師傾聽孩子的聲音，孩子在發言中獲得回饋，自然幼兒的表達能力愈來愈好。

◆互助

在幼稚園的社會化過程中，幼兒之間會漸漸學會互相學習、互相教導：透過戲劇演出時，孩子的互助更十足展現，一起完成很棒的戲劇。

「玩」戲劇與「表演」戲劇，對孩子來說無明顯的差異，因為玩得很棒了，就可以表演，「表演」對孩子是正向的獎勵，使孩子具有向上的動機。因此，如果可以，就給孩子表現的舞台，孩子願意，就讓他們有表現的空間。

從推翻原本拇指公主的劇情開始，孩子就開始運用想像力、創造力回答教師的問題，漸漸地，孩子所演的劇情與主題融入在一起，要帶拇指公主到孩子在班上布置的花園玩，花園屬於王子的……孩子的意見總是相當有趣，且具有新意，教師的任務是與孩子討論，幫助他們落實自己的想法。

◆主題的配合

連串戲劇的演出都與主題相配合，適切的融入主題中，並且循序漸進。老師入戲、創造性戲劇、偶劇、故事劇，到由幼兒主導的一場戲，都配合著每個主題。且教學時間的掌握很重要，維持孩子的新鮮感與興趣也很重要，若教師不堅持或持續引導孩子，可能戲劇就無法順利展

開。而幼兒主導的戲劇中,約以兩星期的時間布置情境,若孩子一開始沒有對這齣戲產生興趣,沒有將主題與戲劇產生連結,這場戲劇沒有延續,就沒有完整的劇情誕生。要將戲劇與主題配合,需要教師的智慧,真正引起孩子的興趣,大家一起開開心心的享受學習,玩戲劇。

在教學中孩子常常帶給我省思與成長。幼兒的潛能與學習動機,使生活產生許多驚奇與喜悅;幼兒的大而化之、吵吵笑笑,使人生變得更自在、簡單;孩子的創意與想像,使思考多加豐富的色彩;孩子是寶貝,是成長與喜悅的來源。

參考文獻

Barbara T. Salisbury 著,林玫君譯(1998)。《創作性兒童戲劇入門》。台北:心理。

何三本(1990)。〈兒童創造性戲劇活動教學與認知發展原理的運用〉。《幼教學刊》,第 2 期。

吳思華(2003)。〈創意快遞——創造力教育資源(2004)〉。《知識台灣與創造力教育》,頁 8-17。

吳昭宜(2002)。〈走入幼兒戲劇教學的殿堂:一個幼稚園大班之行動研究〉。屏東師範學院國民教育研究所碩士論文。

周淑惠(1999)。《幼兒教材教法 統整課程取向》。台北:師大書苑。

孫鳳吟(1999)。〈創造性紙影戲劇教學對國小學生創造力之影響研究〉。《藝術論橫》,第 5 期。

岡田正章(1998)。《幼稚園戲劇活動教學設計》。台北:武陵。

張曉華(1999)。《創作性戲劇原理與實作》。台北:成長基金會。

戴韻梅(1998)。〈幼兒自發性的創意活動——戲劇〉。《幼教資訊》,86。

教育部(1994)。《幼稚園教師手冊》。台北:教育部國教司。

杜紫楓(1989)。〈兒童創造性戲劇教學〉。《78學年度兒童戲劇研究營成果手冊》,頁 66-77。

林玫君(2000)。《課程統整面面觀——以創造性戲劇為主軸》。幼兒教育課程統整方式面面觀學術研討會論文集。國際兒童教育協會中華民國分會,頁 29-49。

柯慧貞(1993)。〈談幼稚園的戲劇扮演活動〉。《國教月刊》,39。

歐用生（1999）。〈從課程統整的概念評九年一貫課程〉。《教育研究資訊》，頁128-
　　138。

王文信（2004）。翰林文教雜誌網路版，第28期，桃園縣：中正國小， http://www.
　　worldone.com.tw/magazine/28/28_07.htm ， 4-Feb.-2004.

王靜珠（1989）。〈創造性幼兒戲劇活動與幼稚園生活教育〉。《幼教學刊》，第2
　　期。

胡寶林（1984）。〈創造戲劇活動的價值〉。《國教天地》，第55期。

胡寶林（1990）。《戲劇與行為表現力》。台北：遠流。

范長華（1990）。《創造性兒童戲劇活動與國小國語科教學》。台灣區省市立師院七
　　十八學年度兒童文學學術研討會論文集。

蘇建文、陳李綢等（1999）。《發展心理學》。台北：心理。

鄭黛瓊（2000）。〈「戲劇教學活動」的實踐與理論初探〉。《美育》， 114 。

陳怡全譯（1991）。《蒙特梭利教學的新視野》。台北：及幼。

黃政傑（1997）。《教學原理》。台北：師大書苑。

黃美滿（1990）。〈在教學中運用戲劇活動：一位教師的經驗報告〉。《台東師院幼
　　教學刊》，第2期。

附錄 7-1 「我會說」活動設計教學

活動名稱	我會說	活動對象	大班
活動地點	教室	活動時間	40 分鐘
活動人數	8人	領域	語文
單元目標	1.提升幼兒閱讀繪本的能力 2.增進表達意見的能力 3.培養傾聽他人說話的態度 4.激發幼兒的創意及聯想力		

活動目標	教學過程	資源	時間	預期評量
	(一) 活動前準備 故事書、錄音筆、圖畫紙、西卡紙、蠟筆、麥克筆、打動機、線。			
1-1孩子能看繪本表達故事或意見	(二) 引起動機 故事「方眼男孩」。 (三) 活動過程	故事書—方眼男孩	5'	孩子能表達故事繪本所傳達的意思或自己的看法。
4-1能聯想與「眼睛」相關的事物	1.從「眼睛」開始的自由聯想、腦力激盪。	圖畫紙、麥克筆	15'	每個孩子至少表達一項自己聯想到的事物。
2-1以繪圖的方式使孩子的意見具體化	2.由孩子拼湊腦力激盪中聯想到的東西，畫成圖畫。	圖畫紙、蠟筆		孩子能以繪圖的方式表達自己的想法。
2-2以口語的方式清楚表達圖畫要傳達的想法	3.幼兒以口語表達自己的繪圖。			孩子能以口語用整句話清楚表達自己圖畫呈現的意涵。
3-1培養孩子傾聽他人說話	4.由孩子將大家的圖構成一個故事。	錄音筆	10'	能專注聽其他幼兒說話。
4-2能運用創意及想像力編連續性的故事	5.讓孩子發表、演說故事。		10'	大部分孩子有想像力能將圖畫串連成有架構的故事。
2-3孩子能說出有連續性及邏輯性的故事				大部分孩子能表達具有邏輯性故事的能力。
3-2孩子能傾聽同儕說故事				孩子能接收、理解同儕所說的故事內容並有反應。
2-4孩子能清楚說明解決問題的方式	(四) 綜合討論 1.如何將大家的圖畫構成一本故事書？			至少想出兩種方式再決定。
4-3孩子能發揮創意想書的名稱	2.討論書的命名。			至少想出兩種名稱再決定。

附錄 7-2 「假裝是魚」活動設計教案

活動名稱：假裝是魚——故事劇	日期：2003/12/ 23		
活動領域	文學、戲劇		
基本條件	人數：26 人　　年齡：大班、中班　　地點：教室　　情境：海洋（海底隧道）		
活動材料	海底隧道（事前已在單元中，由孩子共同完成）、風箏、果凍		
環境布置	海底隧道		
教學目標	增進孩子的想像力、瞭解語文的美麗 提升表演能力、口語表達能力 將戲劇融入單元情境		
活動流程設計	1.說故事：以提問的方式進行，鼓勵孩子看圖說話。 2.將孩子的座位改為左右兩排面對中間，並將海底隧道移動至前方。 3.扮演：讓孩子分兩邊輪流：一邊先隨意扮演他們想要扮演的海底生物，一邊當參觀的人；然後輪流。 4.演故事劇情：先 check 劇情、劇情人物及各角色說的話，第一組出來的孩子盡量先選比較會表達的孩子。 5.角落活動：鼓勵孩子做有關海洋的角落活動，希望將主題延伸至角落。 　黑板角：阿傑、小卉、小姿在畫魚。 　黏土角：黃淋用黃色黏土做魚。 　美勞角：瑛瑛老師帶孩子一起做水族箱。		
實際進行教學活動	問題討論	「他們看到天空飄來一朵好大的雲。（停一下）那是什麼啊？」我將書翻到下一頁。	
	幼兒對問題的反應	孩子們愣了幾秒，很認真地在看圖，小魚首先發聲：「好像大鯨魚喔！」接著幾個孩子也跟著說：「真的耶！」、「是鯨魚媽媽！」然後岑岑說：「呵呵，好好玩ㄟ，是真的耶！」 岑岑是比較缺乏創造能力的孩子，當她想像力被激發的時候，會有不可思議的表情，且眼睛露出光芒，我一直希望提升岑岑的想像力、創造力。 小魚不像岑岑、萱兒這些和他同樣是大班的孩子會很多國字，但相對的，小魚看圖的能力比其他孩子好很多，對圖像的反應很快。	
	問題討論	雪寶和巧比假裝是人魚和狗魚到了海底鯨魚的家，然後雪寶也約鯨魚們到他家裡。「可是，我們家那麼小，他們這麼大，要怎麼進來？（停一下）怎麼辦呢？（我問孩子）」	
	幼兒對問題的反應	「假裝是人啊！」萱兒說。我說：「對啊，還可以假裝是狗。」然後比劃了一下狗的樣子，孩子笑得很大聲。 萱兒的反應很快，能掌握故事的邏輯連貫性，並且舉一反三；雖然有時會堅持事情要有標準答案，但對新事物、新想法的接受度還算高，領悟力也快，常會因為幾句話，把她逗得哈哈笑。	

幼兒自主 性工作		1.當我問誰要出來演戲時，好多孩子舉手，大班、表達能力強的孩子舉手不奇怪，小班的小誠以及平時不愛講話的小郁也舉手了，我便讓他們試試看；而第二組舉手願意出來演出的小孩中，更多了好幾個小班以及平時比較安靜的孩子。 2.小魚不想演戲中的角色，他說：「裡面沒有我想要演的耶，我想演大鯊魚。」我問他：「那怎麼辦？」「給別人演啊！」小魚回答。「那你當觀眾好不好？」我問道。小魚點頭。 3.在角落活動前，稍加提示孩子可以做海底世界的東西，瑛瑛老師會在美勞角教大家做水族箱。在角落活動時，雖然不見得每個角落都繞著主題走，但已有不少孩子在學習中獲得一些靈感，想在角落中落實。
活動評量 與省思		1.配合我們在單元已讓孩子布置海底隧道的情境，我們也去了台北海洋館，接下來就是延伸相關的活動，於是我決定說「假裝是魚」的故事，希望滿足孩子的想像力。 2.在說故事時，我總以開放的提問方式問孩子：「接下來呢？」、「然後呢？」、「那怎麼辦？」。像這樣的提問，通常都是大班以及表達能力比較強的孩子回答；但是透過後續的演戲，看到小班以及比較不會表達的孩子踴躍的舉手參與角色的扮演，令我覺得很開心，以及更加確定教學對他們的成效。 3.在讓孩子隨意表演海底生物時，孩子玩得很開心，在地上爬、跑來跑去假裝是魚在游；但是沒有真正模仿、表現出魚游泳搖動尾巴、扇動魚鰭的樣子，反倒螃蟹橫著走路的樣子比較像。我想是因為我沒有帶領他們示範或講解、討論魚在水中游應該是什麼樣子的關係。當初我的目的只是要讓他們純粹玩得開心，避免演戲只是讓少數人參與遊戲的缺點，所以沒有多出引導的部分；但是如果時間夠，其實不妨多一點討論，讓遊戲更加細緻化。

附錄 7-3　戲劇與主題之配合關係表

15-Mar	16-Mar 為什麼拇指公主不嫁給青蛙	17-Mar 蝴蝶救公主	18-Mar 教大家蝴蝶歌 早上孩子演戲由我指引加入了蝴蝶歌	19-Mar 公假──返校座談
22-Mar	23-Mar 由孩子自己加入人物、我將之融入劇情中	24-Mar 公假──觀摩教學	25-Mar	26-Mar 代課
29-Mar 泥土 情境布置──泥土立體、半立體	30-Mar 樹 情境布置──樹立體、半立體	31-Mar 種子 情境布置──樹立體、半立體	1-Apr 繪畫──植物園 情境布置──池塘半立體	2-Apr 挖泥土
5-Apr 生命 教室名稱	6-Apr 花 情境布置──花 表演角落中發展出的劇情（小朋友）	7-Apr 校園種植 情境布置──花	8-Apr 植物種類 樹之功能 情境布置──池塘立體	9-Apr 複習──樹學習單
12-Apr 樹、花、草 歌：春神來了 回憶、表演劇情	13-Apr 樹葉、藤蔓 蝴蝶帶拇指公主去哪裡──教室情境融入劇情：花、樹、池塘	14-Apr 昆蟲 王子登場	15-Apr 昆蟲 討論戲劇之默契	16-Apr 公假──返校座談
19-Apr 麥克風之使用	20-Apr 大家演小朋友	21-Apr 戲劇表演	22-Apr	23-Apr

附錄 7-4 幼兒戲劇本

◎第一幕

歌曲：春神來了

提示語：春天來了，花開了，拇指公主生出來了。

拇指公主：這裡是哪裡啊？

花仙子：這是妳住的地方啊，妳就住在花裡面。

拇指公主：我的肚子好餓哦！

花仙子：花裡面有花粉和花蜜，妳可以用吸管吸。這是吸管。

拇指公主：花蜜好好喝，我吃飽了，謝謝。

花仙子：不客氣，妳就在這裡好好休息、睡覺吧！

拇指公主：謝謝花仙子。我要睡了，晚安。

花仙子：晚安。

◎第二幕

歌曲：小青蛙

青蛙國王：呱呱！這裡面是什麼啊？好漂亮的公主啊！來來來，趕
　　　　　快過來看！

青蛙：眞的耶，好漂亮哦！

青蛙國王：我們把她搬回家好不好？

青蛙：爲什麼？

青蛙國王：因爲她可以嫁給青蛙王子啊！

青蛙：好啊，我們把她搬走吧！

拇指公主：這裡是哪裡啊？

青蛙：這裡是青蛙王國啊，妳要嫁給青蛙王子。

拇指公主：不要！

青蛙：爲什麼？

拇指公主：我不會在水裡閉氣。你去找青蛙小姐吧！

青蛙：好吧！

拇指公主：別走！不要把我丟在這裡！救命！

◎第三幕

歌謠：小皮球香蕉油

歌曲：蝴蝶

蝴蝶：我好像聽到有人叫救命的聲音。

拇指公主：救我。

蝴蝶：為什麼妳在這裡？

拇指公主：因為青蛙把我抓來這裡。

蝴蝶：那我想辦法救妳。

　　　＊　　　＊　　　＊

蝴蝶：借我你們的繩子好不好？

小朋友：為什麼？

蝴蝶：因為要救拇指公主。

小朋友：好吧！

蝴蝶：拇指公主妳抓緊繩子，我們要飛囉。

◎第四幕

蝴蝶：拇指公主妳要住在這個迷宮森林公園嗎？

蝴蝶：這裡有花、有樹很漂亮哦！

拇指公主：好啊！謝謝蝴蝶。

　　　＊　　　＊　　　＊

王子：這裡是我的迷宮森林花園。這裡怎麼有一個人呢？妳是誰
　　　啊？

拇指公主：我是拇指公主。我好可憐哦，蝴蝶把我救來這裡的。

王子：妳的家在哪裡啊？

拇指公主：我沒有家。

王子：那妳要不要住在這裡？

拇指公主：好啊！

王子：那我帶妳去逛逛吧！

歌曲：拍拍手

Ending

（歌曲、提示語、歌謠爲全班幼兒一起唱誦。）

第八章

增進幼兒在角落活動中的創造力 ——以美勞角為例

歐陽瓔[1] 謝慈容[2] 彭詩文[3] 梁家祺[4]

[1]原台北市永春國小附設幼稚園實習教師。

[2]台北市永春國小附設幼稚園教師。

[3]台北市永春國小附設幼稚園教師。

[4]元智大學師資培育中心助理教授。

摘要

　　本研究旨在如何運用教學策略來增進幼兒在美勞角活動的創造力，以實際的行動落實創意教學。本研究採行動研究法，研究對象為所任教班級之全體幼兒，即年齡為滿四歲到五足歲之公立幼稚園小班的幼兒。

　　本研究主要策略為規劃創意活動及情境，引發幼兒的創造力。研究結果為教師需隨時修正教學活動才能真正促發幼兒的創造力，必須提供多元且豐富的素材供幼兒盡情使用，教師的定位為引導者與協助者。

壹、緒論

一、研究動機與目的

　　在成為實習老師之前，我深感創造力是幼兒最為重要的能力之一，也希望自己能透過教學促進幼兒的創造力，並真正地落實在活動中，而我實習學校永春附幼的教學法正是採大單元主題和角落教學相互配合，而角落教學正好是一個以幼兒興趣為本位的教學，並提供豐富的材料、工具、活動，讓幼兒進行自主學習，亦同時是創造力的動力之一。

　　而本研究以美勞角為主要研究目標，其原因為本班美勞角的教學活動大部分都是畫圖，很少看到其他類型的美勞創意活動，幼兒的作品大都以平面繪畫作品呈現，不然就是幼兒總是做出相似的美勞作品，總是讓人無法看到角落教學的真正意義。真正的角落教學，幼兒可以充分地應用美勞角的素材進行創作，即使是相同主題的平面作品，亦可以以貼黏、剪貼、雕塑等方式來創作。

　　在我與班上兩位老師共同討論後，在下學期開始，著手設計增進幼兒創造力的美勞相關活動，此是配合本班幼兒在經一學期的訓練已熟悉美勞角的定位與功能，並具備使用美勞角工具之能力。本研究目的為教

師如何規劃教學活動及創意情境，引發幼兒的創造力，並真正落實在角落活動中。

二、名詞解釋

（一）角落教學

　　亦稱為學習區教學，是強調以孩子興趣為本位的教學；教室裡會安排圖書區、科學區、音樂區、益智區、積木區、娃娃家（裝扮角）、烹飪區等，每一個區都是依照孩子的興趣、能力而設計與布置，會提供許多材料、工具、活動，讓孩子嘗試選擇自己有興趣的角落活動，從探索、操作、實驗、遊戲中學習，老師只是輔助與引導的角色，透過細心的觀察和記錄，瞭解每個孩子在各方面發展的情形。角落的布置與規劃看起來好像是分科，其實孩子的學習卻是統整性的，每一個角落都能激發孩子在認知、社會、動作技能各方面能力的發展。（http://www.kid.com.tw/instruction.asp）

（二）美勞教學

　　美術教育不只是有彩繪與勞作而已，而是含括了線畫、彩畫、貼畫、版畫、水墨畫、平面設計、圖案、設計、傳達設計、紙工、泥工、綜合工、陶工、木工、紙塑、紙雕等綜合課程。孩子樂於表現其內心世界的情感，則擁有創造力。而美勞角的素材則是老師隨時蒐集提供新的，大致來說包括紙類、土類、瓶類、工具、各式筆類，因應不同的主題提供不同的材料。對於幼兒的創作要給予充分的自由。（董鳳酈，1994）

（三）創造力

　　創造力是一種思考和行動的方法，同時是一個人獨特思考的價值呈

現，它可能是一解決問題的歷程或是產生一些新產品的過程。

（四）想像力

蔡淑桂（1999）在〈想像力和創造歷程〉一文中指出想像力是個體隨時隨地在其心中無限憧憬，以達到目標的歷程，而這嚮往的影像呈現出像照片一樣鮮明的物象，並在外在的環境中，交互加深此印象，常是很令人深刻，高度詳細和鮮明的超出眞實生活經驗。

貳、文獻探討

一、美勞教學

美勞教育藉由手的操作來使兒童得到滿足、快樂與身心的發展，可以說是一種自然而效果可觀的教育。（曾興平，1994）

美勞教學主要是從雙手（雙手相對於心理之表達）出發，以人而言，美感來自心中，而雙手的創造代表認知之肯定。（曾興平，1994）

董鳳酈（1994）在〈淺談兒童美術教育〉一文指出，對孩子而言，美術教育不只是單一的技術教育，而是培養創造力和陶冶審美力的全方位教育，眞正的美術教育應包括繪畫、設計、工藝、雕塑四大類，其中包含了平面、立體、半立體之創作。所以，眞正的美術教育不只是有彩繪與勞作而已，而是含括了線畫、彩畫、貼畫、版畫、水墨畫、平面設計、圖案、設計、傳達設計、紙工、泥工、綜合工、陶工、木工、紙塑、紙雕等綜合課程。孩子樂於表現其內心世界的情感，則擁有創造力。而美勞角的素材則是老師隨時蒐集提供新的，大致來說包括紙類、土類、瓶類、工具、各式筆類，因應不同的主題提供不同的材料。對於幼兒的創作要給予充分的自由，材料蒐集可考慮周圍地緣的利用，若教室外的場地夠大也可以將某些主題移至戶外操作。

二、創造力

創造力在張春興的《心理學辭典》中有兩種解釋：

1.為創造力思考的歷程，在問題情境中超越既有經驗，突破習慣限制，形成嶄新觀念的心理歷程。

2.是思考能力，指不受成規限制而能靈活運用經驗，以解決問題的能力。

Mary（1985；引自黃麗卿，1998；引自黃期璟，2003）認為，創造力是一種思考和行動的方法，同時是一個人獨特思考的價值呈現，它可能是一解決問題的歷程或是產生一些新產品的過程。

Gardner（引自黃期璟，2003）更提出「創造力」應具備以下兩個特點：

1.創造力幾乎永遠是在某一個特定的領域、學科或技藝中發揮，大部分的創作家只在某一個領域，至多兩個領域中有突出的表現。

2.有創造力的人會做出一些起初是創新的事，但是它們的貢獻不僅是在創新。因為要做出與他人不同的作品，不是一件難事；事實上，創造性行為或是一個人能否被稱為創作家，是在於大眾對於這種創新最終的接受程度。

而各學者對創造力也有各自不同的解釋與定義，彙整為**表8-1**：

表 8-1　學者對「創造力」的定義

學者	年份	創造力的定義
羅德 （Rhodes）	1961	創造力係創造者（person）在具創造性的環境（place）中，透過個人的特殊的創造歷程（process），最後能產出具創意或獨特的產品。
陶倫斯 （Torrance）	1974	創造力是個體遇到困難問題時，在既有資料不甚足夠的情況下，提出假設，經修正與驗證後，進而提出解決問題能力。
基爾福特 （Guilford）	1986	創造力是個人藉由其特殊的創造性特質，產生新的想法、觀念、產品，或融合既有的觀念或產品，改變舊事物的一種能力。
史克斯特密哈利 （Csikszentmihalyi）	1996	創造力是改變或轉換現有知識領域到另一新領域之構想、行為或產品。
賈馥銘	1976	創造力是利用思考的能力，經過探索的歷程，藉由敏覺、流暢與變通的特質，做出新穎與獨特的表現。
李錫津	1987	創造力是創造性人物，以其原有知識、經驗為基礎，發揮其好奇、想像、冒險、挑戰的人格特質，運用其習得的創造技術，透過靈活有效的創造性歷程，表現出流暢、變通、獨創、精進的能力，獲得新穎、獨特、稀奇、與眾不同、利人利己的觀念行為與產品的總和。
陳龍安	1988	創造力的指個體在支持的環境下結合敏覺、流暢、變通、獨創、精進的特性，透過思考的歷程，對於事物產生分歧性的觀點，賦予事物獨特新穎的意義，其結果不但使自己也使別人獲得滿足。
郭有遹	1989	創造力是個體或群體生生不息的轉變過程，以及智情意三者前者未有的表現。其表現的結果使自己團體或該創造的領域進入另一個更高層的轉變時代。
洪榮昭	1998	創造力強調的是「變」，「和別人不一樣的點子」就是創造力。由於不斷地變，人類文明才能不斷地創新。然而要變得有意義，才真的會產生創造。
吳靜吉	2000	創造力乃個體在特定領域中，產生一適當並具有原創性與價值性的產品之歷程。

資料來源：【線上資訊】，2002/2/6，http://www.creativity.edu.tw/

參、研究歷程

一、研究架構

本研究架構基於行動研究之意義，從行動者之實際情境中，發現問題，並制定相關策略以改變現況，在策略執行時，透過行動→反思→修正的過程解決問題。（如圖 8-1）

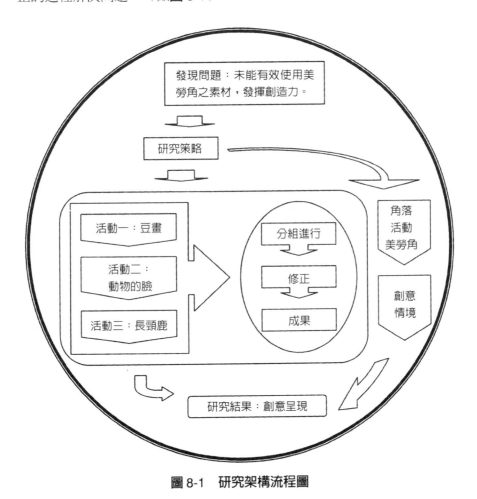

圖 8-1　研究架構流程圖

二、研究方法：行動研究法

行動研究法是指由工作者共同參與，謀求工作情境中當前問題之解決，評價並導正決定和行動過程的研究方法。因此，行動研究法的目的不在理論的發展或普遍的應用，而在於即時的應用，促進某種特殊情境的改變。（http://library.cmgsh.tp.edu.tw/）

行動研究強調在實際情境中實踐與修正的研究法，研究者在研究中所進行的實際行動（action）、行動後的反省（reflect on action）及反省後的在行動（the action after reflecting）是研究中極為重要的特徵；但是，不管研究者進行怎樣的行動，研究總是以解決研究者所關切的問題為目的，若是研究問題過於龐大或是過於混雜，研究的結果將無法對問題提出有效的解決方案，研究自然不具任何貢獻。（唐偉成，2000）

陳伯璋（1988，引自唐偉成，2000）指出行動研究法是研究和行動結合的一種研究方法；即情境的參與者（如教師）基於解決實際問題的需要，與專家、學者或組織中的成員共同合作，將問題發展成研究主題，進行有系統的研究，講求實際問題之解決的一種研究方法。除了問題的診斷之外，也重視治療的嘗試，換言之即：問題的形成→問題診斷→行動方案（問題治療）→研究（行動）結果→問題的解決或問題再形成，是一種不斷循環的過程。

所謂行動研究是一種極有彈性的研究方式，其研究歷程是實務工作者在工作場域中針對一個想要突破的困境、問題，謀求解決之道，經由實作、對話、修改的過程，使研究者從中得到成長、研究問題得以改變，最後研究者提出行動過程的報告和其他工作者分享。

三、研究歷程

（一）研究對象

永春國小附設幼稚園小班（私幼的中班年級）──孔雀班，幼兒的年

表 8-2 永春附幼孔雀班幼兒名單表（化名）

1 誼誼	2 翔翔	3 群群	4 辰辰	5 謙謙
6 楷楷	7 濃濃	8 哲哲	9 閔閔	10 承承
11 倫倫	12 軒軒	13 邦邦	14 佑佑	15 小婕
16 安安	17 卉卉	18 小玲	19 君君	20 小妤
21 亮亮	22 琳琳	23 靖靖	24 小君	25 婷婷
26 霈霈	27 淳淳	28 小萱	29 甯甯	

齡為四～五歲，全班共二十九位幼兒（如**表 8-2**），男生十四人，女生十五人，以及班上的三位老師（化名）：瓔瓔老師、文文老師、容容老師。

（二）研究環境

◆永春附幼的教學法

永春附幼之教學以大單元主題加上角落教學為主，大單元主題則以四～五週時間為一單元主題進行相關教學活動，角落教學則在單元教學後而進行角落活動，而每次角落活動以開放四～五角落為主，每一個角落以六～八名幼兒為活動成員，並有一名教師擔任指導及引導工作。

◆行動研究區域

進行行動研究之區域即是孔雀班教室，美勞活動之區域以「美勞角」為主要創作區。每一次的美勞創意活動都以分組進行，一組成員以六～八名幼兒為主。（如**圖 8-2**、**圖 8-3**）

◆孔雀班美勞角之配置及素材

美勞角主要有兩張桌子及三個素材櫃，所提供有工具有：剪刀、花邊剪刀、刀片、膠帶台、打洞器、膠帶、白膠、雙面膠等，材料有：色紙、皺紋色、吸管、蓪草、竹籤等。

（三）研究策略

本研究試以設計三個美勞活動達到幼兒在角落活動中能發揮創造

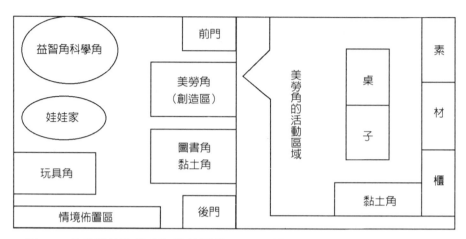

圖8-2　永春附幼孔雀班角落分配圖　　**圖8-3　美勞角教具分配圖**

力，此三個不同型態美勞活動為：豆子創意畫、動物的臉、好長好長的長頸鹿，配合當下的單元主題及情境而設計的。並在單元主題教學後，在角落活動中進行。「豆子創意畫」是個人的平面作品，目的是為了改變平面作品既有的創造方式（如畫、紙拼貼等），利用有色豆子替代色筆或色紙。「動物的臉」則是利用紙盤「圓」的形狀進行動物聯想，讓幼兒發揮想像力，進而轉化為操作上的創造力。「好長好長的長頸鹿」則是立體合作的美勞作品，幼兒從角落自主地探索、實驗、操作，運用智慧，學習解決問題，即是創造力的實踐。

◆豆子創意畫（配合當月單元主題「大自然奇觀」）

　　「豆子創意畫」是在當月單元主題「大自然奇觀」下所進行的活動，此單元主題由文文老師帶領幼兒認識天氣現象，容容老師介紹四季景色，進而延伸至大地植物生長，透過觀察植物、種植蔬菜，幼兒學習到植物的構造及生長情形，進而深入到認識豆子，在這部分的教學中，我準備了五種豆子（綠、花、紅、黃、黑豆），讓幼兒瞭解各種豆子的差別、名稱、構造，而介紹豆子的功用時，幼兒所能想到的就是豆子可以用來做豆腐、豆漿、紅豆冰、綠豆湯，或是拿來種。因此，為了告訴幼兒說豆子除了用來做食物以外，也可以是我們畫畫的材料之一，才有

「豆子創意畫」的美勞活動。

【活動目的】促使幼兒運用豆子來創造，而不單是用繪畫方式來呈現幼兒的想像力，並訓練幼兒的貼黏精細動作技巧。

【活動設計內容】此作品性質為平面貼畫，所用工具為白膠，指定素材為豆子（綠豆、紅豆、黃豆、黑豆、花豆），固定自選素材為創作底圖紙（如**圖**8-4），此三種底圖的變化是依據活動進行情況而變更的。

【活動進行過程】此次角落活動同時有四個角落開放，每個角落約有六～八人，故美勞角的「豆子創意畫」須分成四組並在不同時間完成。第一組的幼兒使用的創造底圖以第一種為主，第二組以第二種底圖為主，第三、四組以第三種底圖為主。

1.以第一種「具象圖案」為創作底圖：以謙謙、小君為例。

　(1)謙謙：選擇圖2-1-6「星空」為作畫底圖，謙謙很仔細用一顆一
　　　　顆豆子做排列，他用不同顏色來代表星、月、雲，用黃豆做白

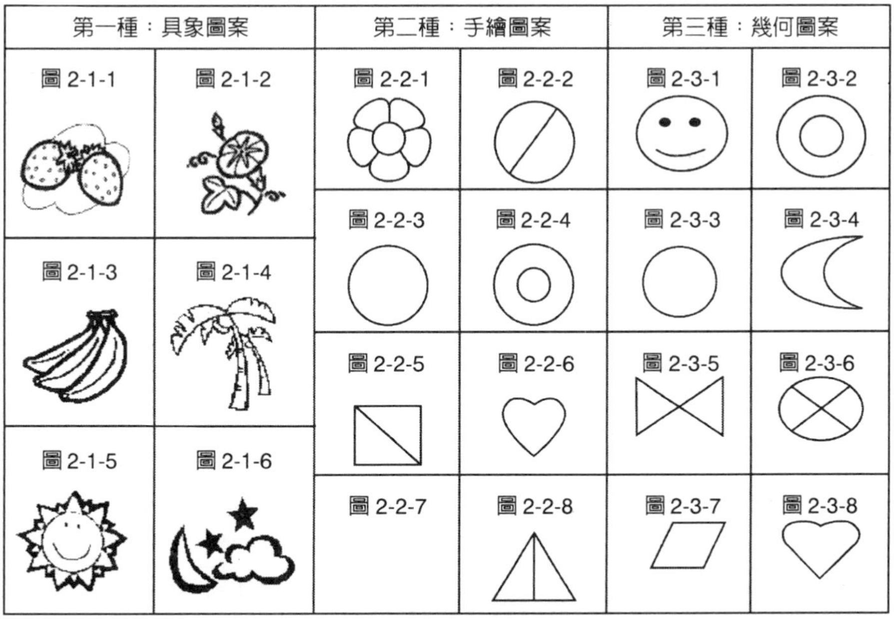

圖 8-4　創作底圖紙

雲，花豆貼月亮，綠豆為星星，從中可以看出謙謙是經過思考才開始配色的。

(2)小君：選擇圖 2-1-5「太陽」底圖來創作，一開始小君就照著圖案黏貼豆子，太陽的臉是黃豆，光芒用紅、綠、花豆相間貼成的，而黑豆則是兩顆眼精，也是圖案的黑線，但在貼線形微笑嘴巴時，小君卻問我說：「瓔瓔老師，我可以把嘴巴貼成圓形的嗎？」，我當下即說可以，然而，這句話卻讓我開始省思這個活動的缺陷。

【省思與檢討】從謙謙的作品來看，他只是依著老師所準備的教材，依樣畫葫蘆的貼貼豆子而已，並無法看出幼兒使用非繪畫的素材時，如何發揮想像來創作。但這並不是幼兒缺乏想像力，而是我在設計本活動時所沒有想到的，具象的或卡通化的底圖已限制幼兒的想像力與創造力，而點醒我的就是小君所問的那句話，讓我清楚地發現問題所在，就是使用的底圖太具象，無法讓幼兒有想像的空間，促使我馬上動手修改底圖圖案，因此，第二種底圖是以手繪的簡單圖案為主。

2.以第二種「手繪圖案」為創作底圖：以甯甯、誼誼為例。

(1)甯甯：選擇圖 2-2-1「花」的圖案，甯甯用紅豆貼花心，而五片花瓣分別用不同顏色的豆子呈現。以原汁原味的表現出底圖的圖案，但卻缺少了創造力。

(2)誼誼：選擇圖 2-2-4「同心圓」的圖形，誼誼選用紅豆作內圓，外圓則是綠豆，這時我便問：「你覺得這圖形像什麼？」誼誼說：「像太陽。」我說：「太陽是什麼樣子的？」誼誼：「有光的樣子。」之後，誼誼就在「外圓」的外圍用花豆貼成一道道的「太陽的光芒」，完成和底圖有差異性的作品來。

【省思與檢討】從甯甯的作品可以發現底圖不是只是簡單的圖案就可行的，同樣可能扼住幼兒的創造力的發展，但是誼誼的作品，讓我思考到改成幾何圖形，可以引導幼兒想像這幾何圖形像什麼，再進行創作會更好。故我又重新把底圖類型稍做修正，但保留住能幼兒發揮聯想力的

圖案，因此，第二種和第三種有些圖案有所重複。

　　3.以第三種「幾何圖案」為創作底圖：以小婕、小妤、濃濃、靖靖為例。

　　　(1)小婕：選擇圖2-3-7「菱形」為豆子創意畫的底圖，小婕覺得菱形就像是「風箏」，因此，她在菱形的尾端用綠豆「畫」出了放風箏的線，並用黑豆貼出風箏的彩帶。

　　　(2)小妤：選擇圖2-3-5「沙漏形」進行創作，一開始我便問：「妳覺得像是什麼？」小妤說：「像蝴蝶。」她用各種顏色的豆子貼好在兩個三角形的翅膀、兩隻觸角、長長的身體後，我問：「還少了什麼呢？」小妤說：「還要有一對翅膀。可是不會貼。」我說：「另一對翅膀長在什麼地方？」小妤指著三角形的下方，我就說：「那用白膠先畫出翅膀的樣子，再貼上豆子。」小妤用白膠畫好了翅膀，把豆子貼上去就完了「蝴蝶」。

　　　(3)濃濃：選擇圖2-3-1「臉形」的底圖，我問：「你覺得這像什麼？」濃濃說：「這是大巨人。」他用花豆貼成巨人的臉，用黃豆貼眼睛，黑豆是圖案的邊線，我指著巨人臉兩邊問：「喔！這個黃豆是什麼啊？」濃濃說：「這是耳朵啦！」我又指著臉上方一排整齊的花豆問：「這一排花豆是什麼呢？」濃濃說：「他的頭髮啦！」

　　　(4)靖靖：選擇圖2-3-6「圓餅圖」作為豆畫創意，靖靖用黑豆、紅豆、綠豆、黃豆分別貼在圓餅圖的四區塊中，又用花豆貼出「兩條線」，於是我便問：「這是什麼？」靖靖說：「這是一顆發芽的種子喔！」原來花豆貼出來的「兩條線」正是種子的「芽」。

　　【省思與檢討】以第三種底圖創作的有第三、四組的幼兒，因此，此部分大都可以看出和前兩組幼兒的作品有些差距，以第三種底圖為創作的幼兒展現較強的聯想力與創造力，除了幼兒本身資質差異外，最重要因素是開放性的素材及引導式的教學，讓幼兒可以有深度的聯想及創

意。

4.小結：從本活動可以發現教師在幼兒發展創造力時所扮演的重要角
色，從教師所設計教學活動、教學態度、教材準備，都可能影響幼
兒聯想力、創造力的發揮。教師應不斷地思考，改變教學策略，才
能為幼兒帶來創意教學，進而促發幼兒的創意，表現在作品上。

◆動物的臉（配合當月單元主題「動物狂歡節」）

「動物的臉」和「好長好長的長頸鹿」兩個活動都是在當月單元主題
「動物狂歡節」所進行的美勞角活動，本單元由文文老師帶領幼兒進入動
物世界，鼓舞幼兒蓋一所孔雀班的動物園，在本班三位老師與幼兒討論
的過程中，逐建地建構出孔雀班動物園的雛形，以木柵動物園為例，孔
雀班動物園分六個區：水生動物館、陸地動物館、鳥園、可愛動物區、
北極館、昆蟲館，依各區特性飼養動物，如魚、鳥、烏龜可以在班上飼
養就真的養，如不能真的養的動物，就讓幼兒用畫的、做的、捏的製作
動物，假裝飼養，並同時介紹各種動物的特徵、生態，讓幼兒建構出動
物的居住環境（角落情境布置）。而一開始幼兒都是透過觀察→寫真（畫）
活動來認識動物的形態，讓幼兒熟悉了動物的特徵後，文文老師才開始
進行「動物的臉」的創意活動，就是為了讓幼兒逃脫平面的創作，但未
設定為立體的作品，為本單元一個統整性活動之一。

【活動目的】讓幼兒以「圓形」的圖形來想像動物的臉，並利用圓形
的紙盤及紙材來創作。

【活動設計內容】作品性質不以平面為主，指定素材為蛋糕紙盤、紙
材，自選素材以美勞角所準備的素材為主，有紙類（色紙、多色卡紙、
瓦楞紙、牛紙皮、玻璃紙、皺紋紙、貼紙、紙盒——第二組時增加的）、
塑膠類（蓪草、吸管、圓形泡棉、方形泡棉）、木製類（竹籤、牙籤）；
可使用工具：白膠、膠水、漿糊、雙面膠、透明膠帶、打洞機、剪刀
等。

【活動進行過程】文文老師是此次活動設計者及美勞角活動引導者，

文文老師試著用紙盤讓幼兒發揮聯想力，去想像圓形的紙盤像什麼動物，像什麼動物的什麼地方，之後再利用事先就完成的示範作品：企鵝與烏龜，告訴幼兒此次美勞角活動內容，就是利用紙盤及色紙完成一隻動物。

　　而我則是透過活動時的觀察與事後訪談，瞭解幼兒在此次美勞角創意活動的展現，在一～二週活動過程，我從觀察中發現，幼兒創作型態的變化，大致可分為三類：

1.第一類：一開始幼兒會就教師準備的指定素材如紙盤、色紙、卡紙來創作，但在創作過程中，幼兒會提出自己的想法，變化了教師原先活動的設計，卻呈現多元化個人風格的作品，幼兒自主地在美勞角尋找自己需要的素材，例如：竹籤、蓪草等，完成自己的作品。而此次的作品多屬於平面作品為主，以安安的「無尾熊」、謙謙的「長頸鹿」、小妤的「兔子」為例（如圖8-5）。

(1)安安覺得紙盤就像是無尾熊的臉，她使用紙材來呈現無尾熊的臉部，用剪刀剪出一對像數字3的粉紅色耳朵，兩顆大小不一的圓眼睛，一個倒三角形的黑色鼻子，但還少一個嘴巴，安安反而是用黑色蠟筆來描繪，又在無尾熊頭上畫上毛髮。安安一開始都是用老師教的方法（使用紙材）進行創作，但在創作過程中，安安卻運用過去的經驗，他從美勞角找到了蠟筆，替無尾熊畫上嘴巴和頭髮。

(2)謙謙將紙盤聯想為長頸鹿大大的身體，用黃色色紙剪出長頸鹿長長的脖子，並貼上一點一點黑色的紙片當作長頸鹿身上的斑點，還用牙籤折成兩半，用兩個尖端作為鹿角，而長長的腳則是用咖啡色的紙剪出長條狀，但謙謙在製作長頸鹿的過程中和濃濃發現動物都是站立的，但自己做的長頸鹿卻不會站，所以開始從美勞角找出可以讓長頸鹿站起來的素材，後來，先找到了竹籤，但是，謙謙和濃濃決定適適看，卻發現長頸鹿還是站

安安——無尾熊　　　謙謙——長頸鹿　　　小妤——兔子

圖 8-5　第一類代表作品

不起來，因此，還是再找看看其他的素材，最後經過許多嘗試，他們發現竹籤可以插進蓮草，變成比較粗的腳。雖然，長頸鹿還是站不起來，但是，幼兒卻在嘗試的過程，發揮了不同的創意，而這些創意也影響了其他的幼兒，並在其作品上加以運用。

(3)小妤用紙盤做兔子的臉與身體，並加上用粉紅色紙的耳朵、紫色的手、黑色的鬍鬚，並將謙謙與濃濃所創作的「竹籤串蓮草的腳」的做法，應用在自己的作品上，即兔子的腳。而小妤的作品最令我感到驚訝的是——她是第一個想到用兩個紙盤來創作的幼兒。

2.第二類：在上一組所使用的工具中，加入立體的紙盒，這個創作活動類型轉變的契機源自於幼兒的提問，部分的幼兒在創作的過程中向文文老師反應圓盤不像動物的頭或身體，再加上幼兒已經很熟悉美勞角有什麼材料可以使用，他們反而有了自己需要什麼的想法，於是便開放讓幼兒自行到美勞角搜尋所需的材料。以小婕的「鱷魚」為例（如圖 8-6）。

小婕把紙盤當作「鱷魚」的臉，身體則是立體的紙盒子，再用綠色色紙把紙盤與紙盒子包裝成綠色鱷魚，加上用綠色色紙做出鱷魚尖尖長長的嘴巴和尾巴，貼在紙盤和紙盒上，再用綠色的蓮草做

小婕──鱷魚

圖 8-6 第二類代表作品

小萱──長頸鹿

圖 8-7 第三類代表作品

出鱷魚的短短腳。小婕此次的做法已完全和第一組不同了，第一組
幼兒作品大都是平面的，無法站立的，而小婕的鱷魚卻是立體的，
可以站立的。

3.第三類：幼兒都已會運用美勞角的素材創造自己想要的動物造型，
但第三組除了加上第二組時使用的紙盒外，幼兒已改變紙盤原來的
形狀（圓形），把紙盤剪成不規則的形狀，去符合自己所需要的動
物的臉形。如小萱的長頸鹿（如圖 8-7）。

小萱使用的紙盤不再是圓形的，而是會改變其形狀以符合動物
的臉形，像長頸鹿的臉就是將紙盤再加以修剪為扇形，在紙盤上加
畫五官。身體的部分是用紙箱剪貼而成，貼上黑色色紙撕成紙片當
作長頸鹿身上的斑點。

【觀察記錄與省思】在這一次的角落活動中，和第一個「豆子創意畫」
活動中所扮演的角色，是非常不同的，在「豆子創意畫」中，我是活動
的設計者及引導者，我能很貼近地瞭解到幼兒創作中的想法，意識到自
己活動設計的缺失，以及改變教學策略的轉折與心理歷程。而進行角落
活動時，同時間四～五個角落同時在進行，此時的我是其中兩個角落的
引導者，又要同時觀察美勞角所進行的「動物的臉」的活動，難免無法
做到完整而詳細的記錄與觀察，有時只能訪問文文老師的當時情形，來

瞭解幼兒的創作歷程。

　　而此「動物的臉」的美勞活動，最令我覺得很有創意的原因，一是幼兒作品的多元性，在這次活動中，我看見幼兒創作的獨特性，每件作品都呈現幼兒自己思考後結果的呈現，發揮想像力及運用素材的能力。而這樣的成果，還要加上教師透過幼兒的角度及想法而改變原來的活動設計，從一開始指定固定的素材，到後來開放了多元素材的使用，幼兒的創作就不再被侷限在紙盤和紙材，反而運用了許多素材（例如：竹籤、紙盒、蓪草等）去呈現心中所想像的動物的樣子。而在這過程中，當然不可缺少的重要原素就是美勞角的存在，一開始老師就只準備了紙盤與紙材這兩種創作素材，而當幼兒在進行創作時，能及時找到可以運用的素材，是因為美勞角的存在，教師引導幼兒到美勞角素材櫃尋寶，去發現、去嘗試、去運用，若沒有美勞角的素材，教師要即時改變教學策略時，也會因未準備材料而寸步難行，就如巧婦難為無米之炊。

◆好高好高的長頸鹿（配合當月單元主題「動物狂歡節」）

　　在本班老師與幼兒的努力下，我們欲將本班變成一所動物園，而「好長好長的長頸鹿」為孔雀班動物園陸地動物館所要飼養的動物之一，在教學中，幼兒清楚地知道長頸鹿太高太大不可能真的住在孔雀班，有的小朋友就說可以用做的，長頸鹿和大象（陸地動物館的另外一隻）就可以住在孔雀班了。因此，才有「好長好長的長頸鹿」的創作活動。同時，亦是透過製作的過程，建構幼兒對長頸鹿的認知。

　　【活動目的】透過觀察、探索、嘗試，培養幼兒應用各種素材進行創作。

　　【活動設計內容】創作素材以自選為主，主要有紙箱、保特瓶、鋁鐵罐、瓶蓋、布丁盒、果凍盒、毛線等，以及美勞角所準備的素材有紙類（色紙、多色卡紙、瓦楞、牛紙皮、玻璃紙、皺紋紙、貼紙等）、塑膠類（蓪草、吸管、圓形泡棉、方形泡棉等）、木製類（竹籤、牙籤）；製作工具有白膠、膠水、漿糊、雙面膠、透明膠帶、打洞機、剪刀、美工刀塑。

【活動進行過程】在進行此活動之前，班上的三位老師就已經先蒐集了各種可能用得到的素材，例如：數個小紙箱和大紙箱、保特瓶、鐵罐……。而此次美勞角活動引導者由容容老師擔任，而我則透過觀察與訪談記錄整個活動過程。

在開放角落活動之前，容容老師就把之前所蒐集來的大大小小的紙箱、瓶瓶罐罐放在美勞角，以供角落活動之需。

容容老師先介紹美勞角的活動，就是要做出一隻很大很大的長頸鹿，讓牠住在孔雀班的動物園，小朋友要動動腦想想要用什麼東西來做呢？再請小朋友到我們的美勞角找找看什麼可以用來做長頸鹿身體。

小朋友發現大紙箱可用來做長頸鹿大大的身體，兩個中型紙箱可以用來做長頸鹿的腳，小的方形紙箱堆起來就像是長頸鹿的長長的脖子。於是，小朋友就試著將所有的紙箱堆起來，看像不像長頸鹿。

堆好的時候，小朋友，都很興奮，因為長頸鹿的脖子好長好長喔！小朋友需要容容老師的協助才能把長頸鹿的脖子堆好，而堆出來的紙箱，真的很像長頸鹿耶！小朋友也都覺得這樣就可以了，於是，又在容容老師的協助下，把堆好的紙箱一個一個又拿下來，用膠帶把每個紙箱的開口封住。

進行到此時，容容老師利用科學圖鑑讓幼兒自行觀察長頸鹿的特徵，有小朋友發現長頸鹿身上有咖啡色的斑點，小朋友就來問容容老師，要怎麼做斑點，容容老師則建議小朋友到美勞角找找看可以做長頸鹿斑點的東西，有小朋友看到咖啡色色紙，就告訴大家可以用咖啡色的色紙做斑點，而其他的小朋友也都贊成，於是，小朋友就在每個紙箱貼上咖啡色的色紙，當作長頸鹿身上的斑點。小妤、小君、小玲、翔翔負責貼長頸鹿脖子部分的斑點，亮亮負責則長頸鹿身體的部分。

貼好了斑點，小朋友又再次把紙箱堆起來，組合起來的長頸鹿，有著短短粗粗的兩隻腳、大大的身體、長長的脖子，在脖子上放上兩只保特瓶當作長頸鹿短短的「鹿角」，嗯，看來來很奇怪。此時，幼兒還沒有想到長頸鹿的臉是長什麼樣子的。

堆好的長頸鹿，放在教室內，只要有小朋友走過，不小心碰到，長頸鹿的脖子就會「斷掉」，因此，在第二天的角落活動，美勞角的小朋友正在解決這個問題：

容容老師問：「怎麼做紙箱才不會一直掉下來？」
小朋友說：「用膠帶把它黏起來就不會掉下來了。」
容容老師：「還有沒有其他的東西可以把紙箱黏起來？」
小朋友：「雙面膠、白膠。」

這時小朋友就拿出了膠帶、雙面膠、白膠，合力地把每一個紙箱黏起來。長頸鹿的樣子已經大概出來了。容容老師請小朋友看看科學圖鑑上的長頸鹿照片，想想看還有什麼地方還沒有做。

小妤跑來告訴謝老師：「長頸鹿有尾巴耶！」
容容老師說：「是啊！那要怎麼做呢？」
小妤說：「可以用毛線做。」

小妤就去縫工角把找到的黃色毛線貼上一根，看了看，覺得不對。
這時，在旁邊看的甯甯拿起了雙面膠，撕下來白色帶子的部分貼在長頸鹿身體的屁股部位，完成了一條毛絨絨的尾巴。
這時一旁的軒軒同樣拿起了雙面膠撕下來白色帶子貼在長頸鹿身體的邊邊。

容容老師問：「為什麼要貼這個呢？」
軒軒說：「這是長頸鹿的毛啊！」

接著小朋友又看著圖片上的長頸鹿，才想到我們做的長頸鹿沒有鼻子、眼睛、耳朵等部位，於是，小朋友開始從美勞角找材料製作長頸鹿的頭，這一部分對小朋友是相當困難的，在做五官之前，小朋友就已經用兩個小保特瓶當作「鹿角」，在當作長頸鹿頭部的紙箱上，挖了兩個洞，將保特瓶的瓶口塞進洞中。小朋友從觀察圖片中發現長頸鹿有鼻子

和鼻孔，小妤、甯甯想到可用鐵罐做鼻子，想用刀片在上面戳洞當作鼻孔，後來，他們發現不太可行，就放棄戳洞，又開始到美勞角找看看，有沒有可以當作鼻孔的東西，後來發現蓮草切成薄片可以貼在鐵罐上當作鼻孔，而在之前「鹿角」就已經安置在當作頭的紙箱上，因此小朋友就仿造鹿角安置方式，在紙箱上戳了一個大小剛好洞的，將「鼻子鐵罐」一半塞進洞中，露出半截鐵罐鼻子和鼻孔。

接下來，小朋友做長頸鹿的眼睛，小朋友一樣到素材櫃找到合適的材料，小妤找到了拿了兩個透明的塑膠杯，和其他的小朋友將塑膠杯放在紙箱上比了比，看合不合適，大家都覺得大小剛好，就把塑膠杯黏在紙箱上當作長頸鹿的眼睛，等到黏好了，小朋友又發現看起來怪怪的，好像沒有眼珠子，——就拿出黑色彩色筆在塑膠杯上畫上兩顆黑眼珠。

完成了鼻子、眼睛後，小朋友又比對了一下科學圖鑑上的圖片，發現還沒做耳朵，這時候全體小朋友又開始到素材櫃找材料，但是，這一次小朋友都遇上了大難題，長頸鹿「甜筒狀」的耳朵，很難找到相似形狀的物品來代替，小朋友花了一段時間嘗試各種材料，最後，小君發現用正方形的色紙（指正常色紙的四分之一大小），兩角對摺，但不壓扁，可以呈現長頸鹿耳朵立體的感覺，很高興地拿到長頸鹿的頭邊比試比試，發現太小了，容容老師則提醒他們到素材櫃找找看有沒有大張一點的色紙，小朋友就想到素材櫃有大張的色紙（指正常大小的色紙），利用相同的方法，做出一隻三角形耳朵，但是，小君捏著兩對角部分，小妤用膠帶將兩角貼住，但是，小朋友的小肌肉還未能精確的控制住，因此，不是貼歪了，就是壓扁了，不過，再三地嘗試之下，小朋友反而發現更像長頸鹿耳朵的做法，就是將正方形色紙相鄰的兩個邊對齊，用膠帶貼住，變出一個「甜筒狀」的耳朵，但得很小心地貼膠帶，一個不小心「甜筒耳朵」又會被壓扁，後來在甯甯輕手輕腳、小心翼翼地貼上膠帶後完成了，用色紙做出來兩隻「甜筒耳朵」被貼在頭的兩側，長頸鹿頭完成了，最後將頭放到脖子上，長頸鹿誕生了。（如圖8-8）

【觀察記錄與省思】以一個旁觀者的角落觀察並記錄此次角落活動，

仍有些遺憾之處，在此活動進行之際，我亦是本班另一角落的指導老師，因此，無法很完整地觀看幼兒與容容老師之間所有的互動情形，並及時記錄所有創作過程的對話，而當角落活動結束後，常驚艷於幼兒豐富的想像力和活潑的創作力，只能利用空檔時間詢問當時幼兒創作動機與過程，在此次活動中，可以瞭解到這樣大型的美勞作品竟由幼兒獨立完成，而其原因之一是教師角色的定位，容容老師將自己定位為引導幼兒思考，鼓勵幼兒動手做的協助者，而非此次美勞活動的建構者，當幼兒遇到困難時，則以問題提示幼兒，讓幼兒從觀察、探索中發現解決困境的方法與技巧，例如：幼兒對長頸鹿並不熟悉，容容老師就提供相關圖鑑讓幼兒觀察長頸鹿，讓幼兒說出長頸鹿的特徵後，請幼兒進入美勞角尋找製作的材料，並非一開始就告訴小朋友怎麼做長頸鹿或用什麼東西做。例如：我看到部分完成的長頸鹿，發現為什麼是「兩隻大腳」而非四隻細細的腳，容容老師則告訴我說是小朋友自己決定用兩個紙箱當作長頸鹿的腳，她原先是想用保特瓶做腳，不過小朋友已經決定用紙箱做腳，她就順其自然地就照著小朋友的意思做，雖然看起怪怪的。能讓

長頸鹿完成了

圖8-8 長頸鹿的創作

幼兒充分地發揮創造力，創作出如此生動的作品，究其因便是美勞角供應了大量的材料，而這些都是此次活動能成功的要素之一，大量可運用的材料，讓幼兒可以不斷地嘗試，找出最能表現出心中想法的素材，而且透過探索→思考→嘗試→操作的過程，來培養幼兒創作的獨特性及風格。

而在本活動中，只以一隻長頸鹿的創作為例，是因我們只做兩件大型合作立體作品，另一件則是「大象」，由於幼兒從製作長頸鹿的過程中，已經學習到從美勞角搜尋材料，動腦筋想辦法，因

此，老師們都放手讓幼兒自主學習創造，除非幼兒主動尋求幫助，老師則會適時協助幼兒。

肆、研究發現與探討

從三種創意活動中，可以發現以下幾點結論：

一、幼兒的創造力是無限的

在「豆子創意畫」中，只要教學活動設計上可以讓幼兒發揮創意，並配合上老師適當的引導就可以發現幼兒能將想像力，經由雙手操作來呈現。在「動物的臉」，幼兒已經知道要運用美勞角的素材，再配合上教師適當的引導，幼兒可以運用各素材組合，將腦中的動物經由雙手而具體呈現。在「好高好高的長頸鹿」的活動中，我們可以看到幼兒在創造過程中，尋找適當素材，解決困境，完成創作，加上教師適時的反問與提問，幼兒能靠著自己與同伴的能力，一一完成腦中的想像圖像，用雙手徹底實現了具體圖像。

二、教師不斷地在教學過程做省思與修正教學策略

「豆子創意畫」一開始在設計好活動時，沒有意識到我所準備的教具對幼兒而言是不具創造性的，但在觀察與思考教學的過程中，發現了問題並予以修正，一再地反省後，達到美勞角具有創造意義的活動。在「動物的臉」，則可以看到文文老師在素材的準備上的變化，亦是與幼兒互動的過程中發現幼兒需求，而修正教學內容，補充素材，讓幼兒的創作更具創造性及多元性。

三、角落教材的多元性

　　從文文老師和容容老師的教學中，可以發現美勞角在創意活動中扮演著很重要的角色，文文老師在可以活動進行一半時，可以立即改變教學內容，卻不受未準備材料之限，是因爲美勞角的存在，而容容老師在帶領幼兒製作長頸鹿時，可以採不介入的方式及開放的態度，也是因爲有著美勞角的支援，讓幼兒透過摸索，尋找解決難題的辦法並克服困難。故美勞角平時就應準備多元的創造素材，讓幼兒自由取用，在創作過程中，促使幼兒從角落中發覺素材，並應用於創作中，幼兒的創意就從這些多元的素材中得到支持。

參考文獻

王瑞（2002）。〈創造思考教學策略對學生創造力之影響〉。《台灣教育》，第 614 期，頁 24-28。

李堅萍（2000）。〈國小美勞科的創造性教學策略〉。《國教世紀》，第 191 期，頁 13-16。

高員仙等譯（2001）。《美勞角的設計與使用》。台北：信誼。

曾興平（1994）。〈雙手創造快樂童年——談兒童美勞教育〉。《藝術教育》，第 85 期，頁 2-7。

黃期璟（2003）。〈幼兒操作建構性玩具之創造力表現——以「樂高」爲例〉，碩士論文，國立台北護理學院嬰幼兒保育（系）研究所。

董鳳酈（1994）。〈淺談兒童美術教育〉。《藝術教育》，第 80 期，頁 7-11。

蔡淑桂（1999）。〈想像力與創造歷程〉。《創造思考教育》，第 9 期，頁 54-56。

蔡育田（1999）。〈幼兒藝術教育之我見〉。《成長幼教季刊》，第 37 期，頁 33-35。

蕭銘芷（1999）〈創意美勞從哪來？——從「非中求是」談創意美勞教材開發〉。《國教世紀》，第 184 期，頁 53-56。

行動研究法 http://library.cmgsh.tp.edu.tw/

角落教學法 http://www.kid.com.tw/instruction.asp

創造力定義 http://www.creativity.edu.tw/

唐偉成（2000）。〈教師進行行動研究的目的及撰寫格式〉，http://teach.eje.edu.
　　tw/data/tvincent/200011181022

課程轉型中的幼兒評量——
以「學習區觀察紀錄表」和
「多元智慧檢核表」為例

陳秀梅[1] 王怡云[2]

[1]桃園縣私立新方幼稚園園長。

[2]元智大學師資培育中心講師。

摘要

　　在課程革新的過程中，幼兒的學習評量方式與內容常是最重要的。因為「光改變教學方法或內容而不改變僵化、固定答案、記憶導向的評量方式，改革注定失敗」（廖鳳瑞，2002）。所以接任園長以後，一直不斷地思考、改進評量模式。本文即在分享「學習區觀察紀錄表」、「多元智慧能力檢核表」的改變過程。

　　「學習區觀察紀錄表」、「多元智慧能力檢核表」的改變歷程，是從1998年開始至目前還在進行著。在課程轉變的歷程中，筆者不斷地進行教學內容的檢視以及制定行動的策略，並進行省思，也曾在去年「中華民國幼兒教育改革研究會」發表了〈一位園長在領導教師進行課程轉變的歷程〉一文。

　　本研究所分析的資料包括：專案輔導報告書、研究筆記，除此之外尚有幼兒紀錄表的內容、教師日誌、教師問卷調查表等。

　　本研究的結果發現：幼兒在這些評量紀錄中展現了快樂、天真的本質，以及語言溝通、閱讀能力、數學邏輯、人際內省、創作想像等能力。而老師也因帶領教學活動的需要而自發性地改變了一些預設的評量表格，這樣的意外發現是本行動研究最大的收穫與喜悅。

壹、緒論

　　本園成立在七〇年代，當時的教學模式是以「直接教學」為主導，而本園也不例外的以「直接教學」為授課方式，當然認知課程極重，評量方式也是以紙筆為導向。1997年接任園長，即開始思索「課程轉型」，以適幼兒教育的本質，及順應教改趨勢，所以在課程上做了一連串的改變。

　　課程轉型對一所老園所來說是一項很大的工程與挑戰，除了教學目

標需確立外，每一環節都要認眞的思考過，例如：主題的決定、教案的設計、網路的規劃、評量模式的建立等，這些在在都需要團隊的力量才能達成。

　　評量的種類很多，從紙筆測驗的評量到眞實評量、實作評量、檔案評量、動態評量等等。儘管評量模式眾多，評量與教學總是一體兩面、相輔相成的。「評量」是老師、孩子在經過教學活動中或活動後，師生互動的歷程記錄，用以分析教學目標達成否，孩子學習的成效如何，作爲下次教學活動的參考值。就如同詹文娟教授說：「評量的目的在瞭解幼兒的學習發展狀況，看幼兒的能力在教學過程中，有沒有進步，可以用來評估教學的成效。」(《專案輔導報告》，頁9)

　　在評量的方式上，本園評量模式多元，例如：觀察畫、美勞作品描述、扮演、學區觀察記錄、主題評量等。本行動研究因篇幅有限，僅針對：(1)學習區觀察紀錄表；(2)主題教學活動後的檢核表；從這兩種「評量表」建立過程的緣由、動機、當中的困境、策略、省思與成長敘述之。

貳、研究緣起與動機

　　本文以「學習區觀察紀錄表」、「多元智慧能力檢核表」爲例，敘述課程轉型中之「評量模式」建立的緣起和動機。

一、 學習區觀察紀錄表

　　設置角落學習區是本園在邁向課程轉型期間，一項重要的改變。其實這樣的改變，原意雖是想提供孩子一個更佳的學習與成長空間，但我發覺一個很大的收獲是，無形中也促進了老師的專業成長，老師們可以從觀察孩子的角落活動中，對孩子的潛能學習有更大的體驗。（陳秀

梅，2002）

我們的課程中會有學習活動，得追溯到我童年的時期，內向害羞的個性常是團體、人群的化外民族，要我馬上打入人群簡直比登天還難，但是如果有「媒介」，我會很快地打開心防融入團體的。「實務工作者的理念與實踐，通常受個人的人格特質、生長經驗等的影響。」（黃意舒等，1995），所以，教育理念的形成，本身必須先澄清為什麼會如此做？角落教學對於害羞、拒絕上學的孩子尤其適合。因為孩子可以自由選擇某個有興趣的角落進入，與一、兩個興趣相投的孩子先接觸，直到他想走出來與其他角落的小朋友接觸為止，不必一下就面對陌生情境，全班大團體的壓力。（引自《心手相連快樂上幼稚園》，桃園縣政府教育局編印）。

而當「角落」設置後，初期的功用，只是孩子們在課程銜接或早晚等待時段「玩玩」，但認真、心思細膩的老師常會像發現新大陸般地告訴我，有關孩子們在角落的情況，這引發我正式面對角落的設置與規劃。當然要看到角落活動的成效，就得靠「紀錄表」了。於是我開始認真思考角落更深層的意義，紀錄表扮演著重臣的角色，但一路走來是反思改過、反思改過，試圖調整成最合用、最貼切的。

二、多元智慧能力檢核表

過去的年代，幼稚教育的教學型態是以「直接教學」為主，偏重在認知。本園在課程轉型初期，也是就坊間教材所設計之單元主題為課程之主軸。教學活動結束後，評量方式與內容，也是以幼教社提供的教師手冊內的「綜合學習評量」內容挑選。

隨著轉型的腳步、老師觀念的轉變與成長，心中早已建構下一階段的計畫了。又在因緣際會下遇見一位有意自我突破現狀與自我教學轉型的體能老師，他提了一個「整合藝術課程」的方案。而繪本一直是我個人最喜愛的，因為我覺得「人」要知道的、要學的都在繪本裡。就這樣

我們迸出了火花，繪本主題課程產生了。所謂「整合性藝術」就是整合了音樂、律動、節奏、肢體動覺、遊戲、戲劇及表演的一項創作活動，如加上繪本就很類似「多元智慧」的課程了。

但當活動結束後，我對原先的「綜合學習評量」產生了衝擊。我開始省思：我們還要繼續做這種評量表嗎？這種評量的意義何在？當教學型態轉換後，何種評量方式會是我們要的呢？正當我坐困愁城之際，「專案輔導」（本園參與九十學年度公私立幼稚園評鑑經評鑑委員推薦為具有潛力且有動機改善之「專案輔導園所」）教授適時指引「繪本是園內所強調的，就做繪本的評量或繪本活動的評量。」（《專案輔導報告》，頁34）這樣「多元智慧能力檢核表」就誕生了！但接下來是一連串的改革歷程與成長，它可是磚磚堆疊而成！

參、行動的策略與歷程

接掌園務至今，課程轉型中，理念與現實的衝擊，理想與生存的條件下，現實邊緣走理念的協調下，我們建立了很多的評量，例如：適度、適量的紙筆練習（也是評量的一種），作品評量（觀察畫等），觀察評量，檔案評量，學習區觀察紀錄表，主題教學活動後的檢核表等等，但這當中以學習區觀察紀錄表、主題教學活動後的檢核表，最具特色。但它要做得好，卻是要靠文字敘述的功力與敏銳的觀察力。以下分段說明「學習區觀察紀錄表」、「多元智慧能力檢核表」的改變歷程與行動策略。

一、學習區觀察紀錄表

學習區觀察紀錄表的規劃，隨著活動的進行，就會在用了之後，就所產生的問題而做不斷地修正，至最合用、最貼切為止。有如建物工程

一般，一程一程的進行，或許建物工程有完工日，而學習區觀察紀錄表隨著活動必須一直修正……。

（一）學習區觀察紀錄表第一工程

◆初期的困境

觀察孩子的學習並作成紀錄，對老師而言是很困難的，尤其在不瞭解孩子的每一個階段的發展下，要分析孩子「行為」背後的原因，更形捉襟見拙。在當下有心的老師會記錄在教學日誌上，但也僅見於描述，當時角落活動的情境與孩子們間的對話紀錄。例如：

在益智角拼圖的雅鈴，拿著她的拼圖板，一副無可奈何的樣子，來到我面說：「老師，你看！這不是他的手。」我看了一下，真不忍心告訴她，是妳上下拼反了。」（××老師教學日誌）

這樣描述是不瞭解孩子行為背後的成因的，要進行輔導就更困難了！再說教學日誌的功能與評量的目的本就是不同屬性。教學日誌是呈現各種活動後、教學的省思或個人的感想。而評量是觀察孩子能力的呈現。所以我為了讓教學日誌與評量分開，同時也想讓老師們能拋開主導性過多的課程，進而能參與孩子或觀察孩子主動建構的學習，所以制定了「觀察紀錄表」，當然這初期觀察紀錄表上的內容，是我參考了多本書籍而製成，有鑑於文字敘述的困難及擔心老師過多的負荷（當時教學日誌的撰寫方式已轉換了，文字敘述增多了！），所以制定了勾選之表格：（如圖9-1）從中可以看出，積木區要發展的能力未呈現出來，當初的考量是學期剛開始，是否應從人際能力的培養（獨自堆疊積木），及生活自理能力著手。

◆問題

實施後，我沉靜下來，開始省思，發現了不少的問題：

角落學習進度表

班級：＿＿＿＿姓名：＿＿＿＿＿日期：＿＿＿＿＿

積木區　我已經會做：

☐在地板上將積木做平面的或立體的堆疊

☐與友伴商量，共同堆蓋積木

☐獨自堆蓋積木

☐玩好會收拾處理

☐會說出堆蓋物的名稱

☐玩後會物歸原處

※各班老師針對幼兒年齡發展階段，自行決定
評量項目，未符合或尚未發現者，以斜線畫掉。

圖9-1　角落學習進度

1.這樣的評量較靜態，未能與教學作結合。
2.老師們未能瞭解評量的目的，也未能瞭解孩子的能力在哪裡，因為
　項目大多屬於行為能力，未能評量出孩子在此角落所要發展的能
　力。
3.未留下空白欄給老師表達的機會，有違開放、尊重之疑。

◆從天而降的助力
　　正當我為這樣流於形式無益的評量發愁時，「專案輔導」正是注入
的時候。向教授提出了我的困境與問題，教授說：「評量不是狹窄的東

西，評量不是評斷孩子有沒有做到或不會。評量是幫助我們瞭解孩子做到什麼程度，然後再決定後面的課程如何進行，評量要有焦點。」同時教授也建議：在規劃角落時，就應想好它的目的及發展是什麼，為什麼要做這些評量，評量後它可以告訴我們什麼，期望孩子在這個角落要發展到什麼能力，這樣評起來就會看到完整的小孩。（《專案輔導報告》，頁 36）

以下是當時教授看過角落學習進度表後，做了以下的建議：

1. 園名抬頭要標註，以免掉了，不知是哪家幼稚園之財產。

2. 角落學習進度表改成角落學習紀錄表或角落學習評量表，因為角落的學習是潛在的延續性學習，不是進度。

3. 如果只是用勾選看不出孩子的發展，建議可以留一個空白的地方做個簡單的描述或總結的描述，用「備註」或「我看到的」這樣就容易瞭解孩子的發展。

◆省思

與教授談過之後，我虛心認真地去思考與檢視評量的目的與意義？當時我考量的人際能力與生活自理能力，一定要在角落才能學習嗎？這兩項放在日常生活與同儕自然學習呢？孩子在角落收穫了嗎？孩子能力在角落受到肯定與成長了嗎？老師呢？老師成長的空間在哪裡？從何著手？

◆策略

1. 除依照教授的指點標註園名，把進度表改成紀錄表，內容也改以「核心能力」的發展為項目。

2. 最重要的是留下空白欄，讓老師按當時角落活動的狀況填下老師觀察到的。

3. 加註「觀察感想」欄，讓老師抒發感想或建議，但旋即又改為「我看到的」，這樣與現場更貼切！（如圖 9-2）從圖中可以很明顯地

新方幼稚園 學習區觀察紀錄表

班級：______姓名：________日期：________

積 木 區

□在地毯上將積木做平面或立體的堆疊

□會堆高積木______塊（ex：3~4塊）

□會說出堆蓋物的名稱______

□會以搭建的積木進行角色扮演

□會指認______種的形狀（ex：________）

□會利用不同種類的積木互相配件

□

我看到的

※各區老師針對孩子發展階段，決定評量項目，為顧及孩子權益，請事後回溯，盡量以文字照片畫圖方式描述。

圖 9-2 學習區觀察紀錄表

看出「財產」歸屬權，除留下一欄「我看到的」，讓老師從現場觀察並記錄孩子的特殊表現外，從檢核項目中，也能看出積木區想要讓孩子發展的空間建構能力的企圖。

4.除此之外，也開始進行讀書會，研討有關兒童發展及角落規劃的書籍、期刊，增強老師們敘述的功力。

◆成長與收獲

「學習區觀察紀錄表」經過老師兩個月以來的記錄，我統整並加以分析發現（以積木區爲例）：

1.在「□會說出堆蓋物的名稱」一欄中，從琳琅滿目的回答裡發現

（如城堡、多層麵包、我的家、房子、溜滑梯、飛機、涼亭、火車、電話、公園、翹翹板、天橋、高樓大廈、戰鬥機、美麗的弓箭、餅乾、發光發射器、手鍊、手環、超人劍飛機、腳踏車），除了小班較說不出名稱外，孩子真的創意十足，可見在他們的生活經驗裡是豐富多姿的。

2.在紀錄表上的□空白項目中，我也發現老師的觀察是細微、認真的，而孩子的認知發展階段仍是有差別的，有的探索時間要很長，有時孩子又會受情緒影響，操作的時間縮短，人際社會化的過程也會在積木角中孵化。這些紀錄，顯示了孩子在積木區應有之發展。

3.統整老師記錄的「我看到的」這一欄，記錄了孩子特殊的表現，發現角色扮演是他們的最愛，或許重建真實生活景物與經驗，能使他們更加瞭解自己的生活世界。社會化行為發展、同儕間的學習，創意的表現、思考的技巧、認知概念的發展——語言、相等、空間、分類、序列、數數、認知等概念都在這裡發展與學習了。從「我看到的」這一欄中，我把它歸納、分析如下：

(1)角色扮演
　　‧與莉晴一起堆疊並玩起扮演遊戲
　　‧玩動物組合並扮演簡單故事
　　‧玩動物組合並扮演對話

(2)相等概念
　　‧知道左右要用相同形狀堆疊
　　‧用形狀積木往上堆疊，有左右對稱的概念
　　‧用長型積木搭蓋房子，有對稱的概念

(3)空間概念
　　‧搭建長方形的房子、圓形的大門口
　　‧搭建高樓層房子，並運用長短積木組合來當門口和窗戶
　　‧堆疊房子，房間裡有床、窗戶

(4)分類概念

·會依顏色分類並數數

(5)序列概念

·會做數序排列

·會以顏色排序，黑→藍→黑→藍，拼排圈圈，有人在上面跳舞

(6)同儕學習

·經由模仿知道蓋房子的方法，並蓋了一間美麗的房子

(7)社會化行為

·會主動收拾

·會和友伴討論並共同駕駛發射器，到搭建的家中玩

·會與友伴共同完成我們的房子，並能說出房中設備，家中還養黃金鼠呢！

(8)創意表現

·會用積木拼疊成陀螺，還會旋轉呢！

·用積木排成一長排，義鴻說那是火車，還有火車鐵軌喔！

(9)思考技巧

·堆疊中有隻斑馬背長頸鹿

·會堆疊翹翹板，會試著尋找平衡點

(10)數數

·飛車上面有4個人、3隻大象，知道數與量

(11)語言發展

·甜甜圈城堡，在活動分享時，能清楚地解說作品的構造，並編成簡單的故事

·說出「房子」堆蓋名稱，還有人在裡面休息

4.而在檢核項目□空白欄中，老師寫下了如是多，而我未考慮到的項目，顯示了行政與教學結合的重要性。

□今天很棒，能做平面堆疊且有始有終

□會把卡通融入堆疊中

□用 1～5 數字墊排火車

□堆疊完，會玩扮演遊戲

□很認真操作，對積木有興趣

□將積木做平面排放

□排 1～5 拼圖墊

□很認真操作，但不能完整表達

□能心平氣和的協調

□會模仿大班的小朋友

□探索積木的種類

□會把卡通的色彩融入堆疊中

□靜靜的坐旁邊觀察

□能將積木顏色分類

□選擇積木時間很長

□找尋想要的積木

□會與友伴協調

□說不出自己的想法

□會教中班的孩子

□創意的做動作造型堆疊

□與莉晴在積木區追逐沒有完成作品

□到處遊走，沒有完成作品

□會搶別人的積木

□與陳謙在積木區追逐，沒有完成作品

□觀察模仿

□會與友伴一起堆疊（《專案輔導報告》，頁 37）

5.從紀錄表上，我也看到老師的成長，除了敘述情境外，也能加以分析。

峻洋用保麗龍球做頭，然後開始找身體。一開始用衛生紙捲筒，一放下去就掉了，又跑去找優酪乳瓶，很有自己的創意！還用毛根做了手

呢，加上瓶蓋腳哦！峻洋能嘗試各種不同素材，發揮想像力、創造力，從這些過程中，他學到了資源回收利用的環保觀念呢！（美勞區××老師）

（二）學習區觀察紀錄表之第二工程

◆目標與策略

　　見到老師們成長的快速，敏銳的角度增強後，我乘勝追擊，想早一天把評量設計的主權交還給她們，於是我做了以下的改變：

　　首先，我把各班數個角落，改成每班（甚或兩班）一個大學習區，每位老師負責一區，孩子混齡跑班。我是想等老師熟悉一區之後，再換一區，如此一來，老師也不會為同時要記錄分析這麼多角而產生困擾。

　　其次，先讓老師清點學習區的種類素材，因為唯有瞭解有那些素材後，才能瞭解孩子在這個學習區發展何種能力，才能訂定內容項目。同時與老師們共同進行研討，首先讓她們蒐集整理各區評量相關之資料，例如：

1.美勞區：

(1)能大膽運做不拘形式的自由塗鴉或以線條表現。

(2)能嘗試各種不同素材，發揮想像力、創造力，並培養幼兒資源回收利用的環保觀念。

(3)在剪貼塗抹中，促進抓握手指靈巧，透過文具用品的操作，促進手腦並用，有利於手眼協調及小肌肉、手指末梢神經控制能力的發展。

(4)學習表達內心情感，利於感覺經驗的增進。

(5)接受同學稱讚，能主動表達謝意。

(6)學習主動讚賞他人作品的禮貌，因禮貌而獲得善意的回意，有助於正面增強作用。

(7)樂於展示作品供他人分享。

(8)集體創作：在相互腦力激盪中，發揮集體創作能力。

2.積木區:

(1)堆高塔的孩子顯示他們至少能以兩種不同的屬性做分類——顏色和大小。

(2)積木幫助幼兒瞭解「平衡概念」。

(3)積木區提供幼兒經由建構經驗,發現積木傾倒是因為兩邊長短支撐不平衡,才容易倒下來,而逐漸瞭解平衡是什麼意思了。

(4)這也是杜威先生強調的「做中學」的意義。

(5)自我教育——自我實現。

(6)在操作中使幼兒實現心目中的夢想。

另外,我也要求老師寫下規劃此區的內容與理由,雖然不盡完美,但至少是她們自己認真思考過,教學的真義也不會離得太遠了。例如語文區的規劃:

1.規劃內容(適用大中班):

(1)猜迷語練習。(來源:信誼遊戲本)

(2)找字遊戲。例如:
把「上」字找出塗色之後,又是一個上字。

小	上	小	小
小	上	上	上
小	上	小	小
上	上	上	上

(3)字型加減法。例如:

女＋生＝姓

姓－生＝女

姓－女＝生

(4)剪出字型(對稱字)。

2.規劃原因:

(1)猜迷語:讓孩子瞭解文字的涵義及文詞賞析。

(2)找字遊戲:可觀察孩子個別的觀察力、敏銳度、細心度;能區分字型之間的差異性。

(3)字型加減法：能知道文字是上下或是左右組合而成。例如：

炎－火＝火，火＋火＝炎

加－口＝力，力＋口＝加，加－力＝口

(4)剪出字型：讓孩子透過對稱方式剪出字型，讓他們瞭解文字的奧妙之處，剪完之後，可觀察字型左右對稱原理。

3.規劃的目的：以上的規劃均以學習單的方式為出發點，目的是希望讓孩子能用作品呈現的方式，讓家長瞭解，我們是如何帶領幼兒進入語文的世界。（語文區××老師）

最後，經過對談及共同商討後，「我們」把學習區觀察紀錄表的模式又做了修正。為了尊重學習區的老師，我要老師簽名，同時也在下方加上在××區能學到的能力：（如圖9-3、圖9-4）

新方幼稚園 《語文區》 學習區觀察紀錄表

班級：	姓名：	日期：

□會指出認識的文字：＿＿＿＿
□利用剪貼方式拼音或認字
□完成圖文配對的遊戲：＿＿＿＿
□會向同伴或老師講述故事內容
□喜歡閱讀的書籍：＿＿＿＿
□
□
□

我看到的	老師：

在語文區能學到的能力與經驗

1.瞭解文字等抽象符號的功能。
2.寫前準備。
3.培養傾聽及語言表達的能力。
4.學習溝通的技巧並增加生活的經驗。
5.發展閱讀興趣及文學欣賞能力。

圖9-3 語文區學習區觀察紀錄表

新方幼稚園 《閱讀區》 學習區觀察紀錄表

班級：	姓名：	日期：

□會反覆閱讀繪本
□會向同伴或老師講述故事內容
□將自己的生活經驗融入繪本中
□會詢問繪本所發現的問題
□喜歡閱讀的書籍：_____
□
□
□

我看到的　　　　　　　　　　　老師：

在閱讀區能學到的能力與經驗
1.發展閱讀興趣及文學欣賞的能力。
2.發展認知及組織觀察的能力。
3.藉由精美的圖畫，培養鑑賞力的素養。
4.培養傾聽及語言表達的能力。
5.學習溝通的技巧並增加生活的經驗。

圖9-4　閱讀區學習區觀察紀錄表

◆成果

　　這樣的模式已進行快一年了，認真思索，我們真正做到了下列項目：

1.「評量是配合教學」的目標。

2.也符合了教學過程中的評量。

3.積木區以空間建構的能力進行；美勞區以視覺空間及內心表達方式的能力發展。

4.最大的成就莫過於美勞區，因為老師認真地把孩子所要表達的話真實記錄下來，我把它收錄在今年的畢業專輯——教學映像館「孩子畫裡的聲音」中，成了家長們最大的回響與讚賞。同時也扭轉一些家長對「認知」教學的觀念。孩子從小能把心中的想法、情緒清楚

地透過「塗鴉」表達出來，長大後，必能清楚地知道自己所做的、所說的每件事，也是自我負責的表現。我很自豪，這樣的「塗鴉心聲」，真的有別於從美術班畫得很好的「畫作」，因為那是別人、那是老師的想法與教法，不是出自自己的想法。

◆省思

　　但這樣的成果並不代表我們的「學習區」就進行得很好，活動後的團討就有待加強。活動進行中該安靜嗎？至少音量該降低些等。這些都是待努力的地方，也許老師們能再接再厲，共為目標前進呢！

　　有人建議，為何不把學習區與主題活動結合。我曾試圖去想、去做，但真的很難，而「統整」的意義在那裡？有必要如此嗎？只是把「主題活動」硬塞進「學習區」，除了又走回頭路，讓老師主導課程的分量加重外，孩子只是「復習」了課程而已，加深未見增廣孩子的視野與想法，還不如自由的發揮想像創作來得有意義。因為有了先前主題課程的經驗，孩子自然就會表現在學習區裡。例如：在進行「如果恐龍回來了」的主題活動時，孩子便在積木區搭蓋了「恐龍」，或在「班班的地盤」進行時，孩子們便用積木在操場上搭蓋了大型的「秘密基地」。

二、多元智慧能力檢核表

　　當「專案輔導」的教授建議我們以繪本主題活動結束後，檢視活動過程中，孩子產生了何種能力來制定評量時，我當下連想到我們當時的繪本整合性藝術課程，雖未達到成熟階段（嚴格說應該為萌芽期才對），但很明顯的已跳脫了過去的教學模式，評量的模式也需跟著轉型才對啊！

　　我開始思考「班班的地盤」（當時正在進行的主題）已走哪些地方，孩子已發展出哪些能力了！如數概念、自然觀察、視覺空間、語文、肢體動作、空間、音樂、人際、內省……。我也開始研讀一些有關多元智能的書籍、參考書中設計的檢核表。但我發現八大智慧各占一張檢核

表，如一個主題就必須要有八大張。所以我想出以九宮格方式呈現，是想它可以一目了然。末了更擔心家長不能適應此種方式之評量，或誤解孩子的發展僅此如此，也做了註解。內容項目以老師、孩子走過之活動內容，去思考他們可能發展的問題與能力，先請老師們就他們各班發展之內容項目為藍圖，再綜合歸納出八大智慧的項目。這樣的檢核表，看起來比起以往的評量內容，活潑生動多了。

而這種事後的評量設計比事前就規劃好的評量（幼教社提供之教師手冊內的綜合評量），更讓老師不會因為要遷就評量表的內容，而在教學活動時有所限制（《專案輔導報告》，頁 34）。而如此之改變，讓課程轉型邁進了一大步。（如**圖**9-5）多元智慧能力檢核表正式出爐了。

（一）問題的出現

正當我得意困境已解決時，一個深層的聲音提醒我——

第一個問題：評量的內容是多方面的，應包含認知、情意、技能三方面，評量的方法是多元的。這個聲音像一盆冷水，澆息了我的喜悅。我開始思索，這九宮格式的多元智慧能力檢核表符合多元、多方面嗎？這樣的檢核表與單元綜合評量有何不同處？

（二）思緒迴轉

以往的教學評量是以三大方向、六大領域的目標去做規劃。而這多元智慧能力檢核表應更符合多元、多方面的精神。八大智能比六大領域更擴延、更多元呢！而八大智慧中，如要嚴格劃分為認知、情意、技能三大方向，那語文智慧、數學邏輯智慧、空間智慧就是「認知」了；人際智慧、內省智慧應是「情意」範圍；音樂智慧、肢體智慧、自然智慧就屬「技能」了呀！

第二個問題：多元智慧能力檢核表的制定，由各班老師就各主題活動結束後，孩子發展出的能力來撰寫各領域的檢核內容，再由園長統合成一張（但大中班分開），這產生了一個問題，雖然主題一樣，但各班所

新方幼稚園 幼兒多元智慧能力檢核表

　　　　　班級：＿＿＿＿＿　姓名：＿＿＿＿＿　　　　年　　月　　日

語文智慧：	**數學邏輯：**	**空間智慧：**
1. ＿＿＿能將商店的名稱與字卡配對	1. ＿＿＿會設計商店內物品的價格	1. ＿＿＿會繪製簡單的社區及商店的街道圖
2. ＿＿＿會敘述上街購物的經驗	2. ＿＿＿能比較商品的價格，進而知道貴和便宜的意義	2. ＿＿＿進行開商店活動時，能將商店地理環境及店內平面圖畫出
3. ＿＿＿能製作商店招牌、工作證、傳單等項目	3. ＿＿＿能用錢幣進行買賣的遊戲	3. ＿＿＿商店街遊戲進行時，會有層次性的擺放商品
4. ＿＿＿能設計街道迷宮及街道上的商店	4. ＿＿＿	4. ＿＿＿
5. ＿＿＿		
音樂智慧：	（大班）	**肢體動作：**
1. ＿＿＿能改編電視上的廣告曲如會將麵包店的兒歌做替換語詞		1. ＿＿＿開店時能依角色扮演的需求做肢體動作
2. ＿＿＿會模仿唱出廣告歌曲	**主題：**	2. ＿＿＿進行廣告秀活動時能運用豐富的肢體動作和語言作結合
3. ＿＿＿能分辨聲音大小、快慢、高低	**第一次上街買東西**	3. ＿＿＿能配合音樂的旋律做肢體的動作
4. ＿＿＿	（漢聲出版）	4. ＿＿＿
人際智慧：	**內省智慧：**	**自然觀察：**
1. ＿＿＿進行商店活動時能依角色扮演需求進行互動	1. ＿＿＿進行商店街活動時能扮演好自己的角色	1. ＿＿＿能認識簡單的交通號誌
2. ＿＿＿會有禮貌的請人幫忙及幫助別人	2. ＿＿＿能用愉快的心情進行買賣遊戲	2. ＿＿＿能透過觀察知道超級市場與傳統市場之差異
3. ＿＿＿能共同完成商店的佈置	3. ＿＿＿知道買賣東西的禮節	3. ＿＿＿能觀察街道地形
4. ＿＿＿班際交流活動，參觀各班商品	4. ＿＿＿能欣賞他人的作品	4. ＿＿＿能觀察到購物實應注意的事項如：發票、找錢等
5. ＿＿＿	5. ＿＿＿能想辦法解決問題	5. ＿＿＿
	6. ＿＿＿	

註：（一）以上檢核僅以繪本主題教學發展後，所做出之評量，只是試圖找出孩子優勢智能並予鼓勵，使孩子有自信、快樂自在的學習。但沒有評量到的，並不表示孩子沒有此優勢智能，因為孩子的發展，持續在進展中，須家長、老師耐心的繼續觀察。提醒您！多鼓勵少責罵！

　　（二）○表示已擁有此能力，△表示此項能力正在發展中，請耐心等待與持續觀察。

圖9-5　「第一次上街買東西」多元智慧能力檢核表

進行的活動常是發展出不一樣的結果，過程當然不一樣。但檢核表卻是一樣，這讓老師在評量時，不知如何下手。再來，人際與內省常讓老師們混淆不清。這些問題真的要好好反思與改進。

（三）策略與轉變

老師的反應與回饋，我欣然接受。各班即依各班發展的活動過程撰寫自己班上的評量內容。但我要求必須大家共同在教學會議上研討及對談後再定稿。因為如此才能讓一些對檢核表內容不太瞭解、思考較不細膩的老師一個成長的機會。以下是老師對檢核表內容項目改變後的反應：

「現在的繪本檢核表的內容，是各班走過的。很真實感，不像之前的檢核表，雖然我們寫了很多項目，但出爐的內容只有一兩項是我們進行過的活動，其餘的只能憑印象勾選，我喜歡現在的方案。」（大班○○老師）

「比較上學期和本學期的檢核表，本學期的檢核表較能看出各班的發展特色及課程的進行內容，呈現出各班的特色、各班的走向及各班的教學。而上學期的檢核表表看起來比較有整體的感覺，但忽略了個別差異。比較下，我喜歡本學期的評量表。」（☆☆行政老師）

為了讓老師和家長，能簡單、快速地瞭解什麼是多元智慧，我參考了兩本多元智慧的書籍，《多元智慧理論》（田耐青，1999）及《經營多元智慧》（*Thomas Armstrong*, 1997），讓八大智慧格式化（如**附錄9-1**、**附錄9-2**），放置在「家園同心」中，好讓老師和家長隨時可參閱。在教學會議中也不時的舉例說明，何者項目為人際，何者項目為內省。這樣一段時日後，老師觀念越來越釐清了。例如：

「在撰寫檢核表的內容，收穫最多的是，自己已能分清楚人際與內省之分野，且寫檢核表內容時，已不用再參考其他書籍，透過回憶班上進行過的活動，就可以直接下筆制定檢核項目了。而在與家長分享孩子的

點點滴滴時，就可以檢核表的內容爲話題，好像更具說服力呢！」（大班
◇◇老師）

「……老師的教學和撰寫檢核表的能力是有明顯進步的……」（☆☆
行政老師）

茲把經過反思之後，改變的多元智慧能力檢核（以大班爲例），以**附
錄9-3**的方式呈現之。

肆、研究結論與省思

本文將分兩個層面（學習區觀察紀錄表、多元智慧能力檢核表）進
行探討並加以省思之。爲瞭解老師對這兩種評量方式的認知與看法，及
爲避免在教學會議上不敢表達之處，我以結構問卷的方式進行（如**附錄
9-4**），我將據此予以分析、省思，以便作爲課程轉型下一階段的基石與
考量。

一、學習區觀察紀錄表

在「學習區觀察紀錄表」的整個轉變歷程中，最大的收穫是老師對
「評量目的」的認知更深了，老師也能自發性的主動修正學習區的帶領方
式，及自行修改評量模式以符合教學的活動。幼兒的收穫，從這些記錄
中可以看到；孩子的成長也能從這些記錄中展延著。

（一）老師對「評量目的」的認知

我很希望老師們都能瞭解評量的目的，因爲唯有瞭解目的後，在談
評量方法時，才不至侷限在「技術」上打轉。從老師塡答的訪談表中可
以發現，老師對「評量目的」的認知確已能掌握。例如：

「評量對孩子而言是必要的，因為評量可以看出孩子在學習前、學習中和學習後的程度，並且也可根據測量出來的結果，設計適合孩子的活動課程，及修改已進行的課程內容。評量可以幫助老師瞭解孩子的不足，而因材施教對孩子與家長而言，則是一種認同與肯定。」（小兔彼得老師）

「評量簡單的來說就是確立孩子的學習能力及狀況，尤其是孩子學習的過程更為重要，讓老師對孩子的學習狀況能瞭解，對其未能達到的能力給予輔助，以瞭解孩子是程度未達到，亦或是教學活動設計超過了孩子的發展，然後確保孩子的學習。」（小象歐利老師）

「評量在幼稚園的階段裡，我個人認為有兩種不同的目的。其一是瞭解孩子在學習的過程，是否已真正學習到各種的基本能力。其二是依據評量的內容，檢視自己在教學或進行活動時，有哪些需要作修正及調整。將評量視為與孩子教學相長的目的，才能從中得到無數的靈感與啟發。」（☆☆行政老師）

「評量的目的是檢測孩子各能力發展到何種程度的最直接方法之一。不論是口頭的、操作的、書面的，皆有它一定的效果。」（☆☆行政老師）

「評量讓老師能更瞭解孩子之間的個別差異，以作為日後教學的參考。」（彩虹魚老師）

「評量的目的，在於檢核孩子所學每一種課程的成果，作品的評量、紙筆的評量，都是家長希望看到的，尤其是課程的評量（拼音、數學等）。」（Kitty 老師）

「○○家長說：『老師，○○他會回家唸拼音，或會認注音符號。』卻不曾聽家長說：『老師，○○回家會用積木塔房子或組合成車子。』家長還是比較在意認知的學習，他們較重視成果。」（史努比老師）

【省思】這些結果顯示，老師對評量的意義大致上已能掌握。老師瞭解：評量可以幫助老師瞭解孩子的不足，瞭解孩子之間的個別差異；可以檢視自己的教學，是否適合孩子的發展，教學是否過與不及；對孩子的學習狀況能瞭解掌握，而給予適時的輔助。當然也有存疑的地方，會

認為大多數的家長還是想要看到紙筆的評量，這樣的存疑是屬正常的。固然紙筆的評量教偏重低層次的認知。但檢視現在國教體系，紙筆測驗也頗重，為免除家長的焦慮及避免孩子進入小學後造成假性的學習障礙（不會寫），所以紙筆的評量，就不能完全的廢除，只是必須降到最低限度或以其他方式呈現（如多鼓勵畫畫）。在評量的過程中盡量加入較高層次的技能與情意。而一般孩子回去呈述時，對學習區的複雜性或邏輯性要一個幾歲大的孩子描述，肯定是困難的。我只能勉勵老師再突破、成長，不要讓孩子到學校只學到最基本，最低層次的認知，也不要因少數家長的聲音而放棄教育的使命。

（二）孩子在學習區的收穫

除了想瞭解老師對「評量目的」的認知外，孩子的感受也是我所重視的。以下紀錄可以看到孩子的學習狀況，可以看到孩子的個別差異，可以看到孩子的成長。

「看到了孩子的天真、無邪，他們的世界裡，有著不同於大人世界的想像空間。……

從一開始進入學習區，只會大聲說：「老師，我不會。」到逐漸地藉由作品，大膽地表現出自己的想法。雖然有些天馬行空，但也是一種情緒宣洩。」（美勞區老師）

「在學習的紀錄中，我看見孩子原本只是平行遊戲，但可以慢慢的形成聯合遊戲（也許這跟成熟有關）。但我相信這與不斷地重複操作與練習有著密切的關係。經過幾個星期下來，看見孩子們有愈來愈多的互動……。」（娃娃家老師）

「在語文區，我覺得每個孩子有不同的特質，當他們再次來到語文區，在工作上、在認知上、在閱讀上、在人際互動上、在選擇工作上，都比前一次進步了。孩子的進步，也代表著我的進步。」（語文區老師）

「在益智區的觀察紀錄中，看到孩子對特定的教具較感興趣，因此會常操作相同類的教具，由此可以發現孩子在開始的不熟練，進而到能於

短暫的時間中熟練完成。孩子們對有變化性的教具會有不同的創意，而固定形式的教具則是會更為熟練。」（益智區老師）

「大班的孩子除了完成工作外，還有許多的孩子樂於去幫助中班的孩子，漸漸地，大班的孩子會主動去關心、協助需要幫助的中班小朋友，這一點我覺得是非常棒的。」（語文區老師）

孩子的學習與成長，如能透過紀錄，再依紀錄給予最適當的啐啄，無疑是給孩子在發展上有推波助瀾之效！而老師也如是說呢！

「在學習區裡的紀錄，是經由孩子實際的操作，而老師真實的記錄。這包含了當老師仔細觀察孩子在完成一件事情時，看到孩子能夠從零到有、從簡到繁。而這些的過程中，透過老師的執筆，完整記錄孩子成長的一點一滴，也因為如此才能更清楚知道孩子因在不同的學習區，有著不同的發展，進而啟發孩子或引導孩子的潛能。或許有些孩子會停留在原地，而老師就必須檢視，是孩子在學習的過程中出了什麼問題，還是老師準備的教具不敷使用，抑或是難度太高。」（☆☆行政老師）

（三）部分學習區評量的改變

從角落到目前的學習區，歷經了多次的改革，不斷地評估、不斷地省思、不斷地轉換，無不想找到最好、最合適孩子學習的方式，奠定適應未來世界的能力，而學習區是最能呈現孩子的個別差異，及無限的創意與想像空間。但擋在前面的阻力，卻不斷地湧現——部分家長的偏頗觀念，認為孩子只要學會拼音、簡易加減算就好了，卻不知這樣的能力是不足以適應浩瀚的未來的。即便這樣，那老師就扮演很重要的角色了，老師觀念就必須改變，想辦法拋棄傳統直接式的教學，把這些融入學習區中，讓孩子多元的學習。就像有些熱誠、認真的老師，不會為了要記錄而忘了與孩子互動、不會因瓶頸而生抱怨；會去思考如何讓學習區變得有趣，會改變學習區進行的方式讓孩子達到學習的效果，會主動改變紀錄表呈現的方式以符合更實際的需要。例如：

◆娃娃家

　　即是用主題遊戲化的方式進行學習區的活動，老師也熱烈地參與其中，評量的記錄方式，也改以她自認合宜的方式另附上照片。我想孩子長大以後看了這文字的敘述與照片能不感動嗎？同樣地，她也有記錄上的問題，時間不足又擔心漏掉其他孩子精采的部分，她的變通方式即是以簡單幾筆在「我看到的」這一欄先記錄下來，事後再詳細分析。

　　娃娃家觀察紀錄：

　　◎**繪本主題**：我有友情要出租

　　◎**活動日期**：1992/08/27

　　◎**活動主題**：扮演遊戲──開餐館

　　【**活動地點**】小兔彼得班教室

　　【**活動內容**】引導孩子扮演餐館的廚師、服務生及客人等。讓孩子在扮演的活動中體驗餐館裡不同的工作性質，並從中增進同儕之間的互動。

　　【**照片注解**】晏伶正在扮演餐館裡的廚師，拿著扮演餐具非常專注的在瓦斯爐上烹調美味的食物，和其他的孩子偶爾有互動，整個活動過程中，她都非常投入，但我的拍照似乎打斷了她，看了我一眼，便提著手中的籃中轉頭離開了。（娃娃家老師）

◆語文區

　　因為學習區的活動是整個早上，老師將時間區分三塊：

9:00～9:30　引起動機活動，進行操作（剪貼、連連看、小書等），
　　　　　　當中也運用了相關的繪本一起說明和討論

9:30～10:30　進入了正式的工作

10:30～11:20　進入了繪本閱讀及分享

　　這樣一來孩子不會因為時間過長而無聊，把原本孩子最不願參與的語文區變得有趣，又把家長要的期望也帶進，老師的功力真的很厲害。同時老師也建議：

「……比較特別的部分是在進行一個月左右，大部分的孩子都來過語文區，也都知道自己來操作過什麼。再回到自己教室時，孩子們也會互相討論，我今天去××區，好好玩！……。當他們再次來語文區時，可能是第二次或第三次以上了。大班的孩子有的人會要求要做蝴蝶，有的人要做青蛙，有的人要做某一首唐詩。他們想做沒做過的工作，這一點令我頗為驚訝了。因為他們有較多選擇想做的工作，所以囉，我也順意孩子的選擇，讓他們選擇不一樣的工作來完成。」（語文區老師）

「我大部分的時間都花在和孩子相處上，希望他們能運用語文區的時間培養能力。所以記錄上，我的記憶力比較強，我會把特殊、特別或好玩的事情先用Memo紙或腦袋記下來，回家時再慢慢填寫在紀錄表上。這有些好處，因為不用在很短的時間內去思考要寫些什麼，也不用擔心字跡不工整。反之，我有很多的時間去和孩子互動、去觀察、去聆聽，聽聽孩子說些什麼，下次的活動中也可略作修正。在回家時，我大約會花一小時或以上的時間去慢慢寫我所看到的，我覺得對我也是另一種不同的嘗試。」（語文區老師）

「現在的評量表也不錯，如果要設計過，我覺得照片再搭配詳細的文字敘述和輔助教材是最棒的，能最直接看到或感覺到孩子的進步。不過，詳細的文字敘述是需要花很多時間的。但經過省思、觀察所做的記錄，對自己的教學也是有很大的幫助！」（語文區老師）

老師自發性地為孩子、為教學而努力，是我最樂見到的。老師的支持與成長是學習區生命的持續力，雖然未必是家長的需求，但最大的收獲一定是孩子。希望在認識評量的意義、瞭解困境與問題後，團隊再凝聚共識一起為堅持幼兒教育的理念而努力！

二、多元智慧能力檢核表

多元智慧能力檢核表，歷經多次的研討、改變，從以下的訪查表，已能看出老師對多元智慧能力檢核表的內容項目、教學目標、檢核表的

功用已有所認知了。

「主題活動的檢核表，是可以讓老師有個指標性的觀察，瞭解班上孩子在這主題的學習狀況，也讓自己可以想想，自己在活動進行中，是否有注意到孩子八大智能的發展。」（小象歐利老師）

「我看了孩子各方面發展的依據——繪本主題檢核表。」（小熊維尼老師）

「看到孩子在不同領域的學習狀況。」（彩虹魚老師）

「繪本之檢核表上的八大智能都是班導師陪孩子一起走過的。從檢核表上看到孩子各項能力的發展，透過檢核表的評量，知道孩子的優勢智能在哪裡。」（史努比老師）

「檢核表是要讓老師及家長瞭解孩子在進行完一個繪本主題，對孩子所做的一個評量。這樣也讓家長對我們所進行的繪本主題活動有更深一層的瞭解，孩子在無形中也學到一些待人處世的道理。」（Kitty老師）

「我想繪本主題的檢核表是個學習後評量，根據老師所設計的活動目標去進行綜合評量，可以瞭解孩子在這個繪本主題教學裡到底學到什麼？達到的人數占班上孩子的幾分之幾？並且可讓老師檢討自己在教學的各項領域裡，是否有哪些偏重或不足，以利改進。」（小兔彼得老師）

綜觀老師們的訪查表分析之：老師認為多元智慧能力檢核表，是可以讓老師有個指標性的觀察；讓自己在活動進行中，注意到孩子多元智能的發展；透過檢核表，知道孩子的優勢智能在哪裡；並且可讓自己檢討在教學的各項領域裡，是否有哪些偏重或不足。以我們目前繪本主題的發展，偏重在語文是難免的，也是被允許的。但是只要不沉淪為片段知識的搪塞，而檢核表似乎就有了監督之功用了。課程的發展是一種具有持續性與寬闊性的。

在訪談表上，我看到孩子及老師在檢核表下的收穫、發現、察覺和感想。

（一）孩子的收穫

「能勇於表現自己，學會如何與同儕間溝通的技巧，進而幫助孩子長大後，學會信賴別人、愛自己、愛別人、愛萬物。」（彩虹魚老師）

「……評量上的發展，都是孩子參與過程。雖然有的孩子的某項智能在檢核表上顯示較弱，但是他參與了這個活動，有了舊經驗，往後的發展定是越來越進步。」（史努比老師）

「孩子的進步可從在戲劇活動中的表現看到，如語文（台詞）、音樂（節奏、律動）、人際（互動）、肢體動覺（動作）、自然觀察（生活體驗應用）等等，這些豐富的收穫，對於日後在面對不同的環境也都能適應。」（☆☆行政老師）

（二）老師的收穫

在檢核表裡的收穫，自己會發現八大智能裡，我是否每項都在課程活動中讓孩子有所刺激。有時候自己會不自覺地在認知上占的比重多，而在內省、空間和觀察中較為缺乏。這是在看到檢核表後的重擊，這個檢核表對我而言，我覺得可以時時提醒我。設計課程的全面性時，也可讓我當成孩子能力指數的參考。（小兔彼得老師）

◆老師的發現

「起初八大智能中，往往都偏重在語文的領域，但一到填寫主題檢核表時，才發覺不僅語文領域的完成，我們也有達到數學邏輯……呢！」（小熊維尼老師）

◆老師的察覺

「……但要能明確的知道孩子的能力，則是為孩子一同記錄檔案歷程，如此較不會只流於簡單的一張表格。不過，我們園所目前已是有辛苦的在做到文字、圖畫、活動照的記錄了。如果我是家長，能看到孩子的學習歷程會感到很喜歡的，不過這需要耐心的等待。」（小象歐利老師）

◆老師的感想

「……但說句實話，若我是家長，我對這張檢核表並不感到任何的興趣，因爲它是個死的檢核表。對我的孩子而言，我只能在檢核表上看見兩種答案，一就是「有能力」，二就是發展中。我對這兩種答案一點興趣都沒有。我寧可看一些「老師對我孩子一些簡單又明確的敘述，例如：配合照片。照片與敘述對家長的我而言，會是一個既珍貴又寶貝的回憶。我和孩子能收藏它一輩子。但檢核表呢？也許一目了然，但卻在一目了然之後，失去了他的可貴性，便不再覺得這張紙是這麼的重要了。當然以上是我個人的看法，也許現今的社會，每位家長都忙於自己的事業，無暇看太多的文字敘述，檢核表對他們而言，也許是更快且容易瞭解孩子能力的指標吧！」（小兔彼得老師）

【省思】評量的目的，除了可以檢視活動後的缺失，作爲下次教學的參考外，也可以看出孩子在哪一種領域較優勢，雖然這並不是絕對。但有一點可以肯定的就是，老師在不斷地觀察孩子中，因爲有了檢核項目當架構，就會不斷地發現孩子的優點，也就是較會注意孩子本身的發展而不會去做比較、去要求了！但評量是一個過程導向，絕對不是主題或課程結束後的「總結性評量」，也絕不是孩子學習的成果，也一定不會是「整體教學計畫」的呈現；它只是老師教學、輔導孩子學習及瞭解孩子現階段能力的依據。

伍、結語

整個「評量」行動歷程的結果，可以看出老師的成長從被動到自發性的出擊，專業知識的成長與收穫，組織的成長與團隊的凝聚對本園來說是最大的收穫。

評量與測驗是不同意義的，測驗只是看孩子會或是不會，而評量必須看到會或是不會背後的成因，進而想辦法予以協助，這才是評量的眞

義。而要達此領域必須透過很多方面的觀察、記錄、評量……。此行動研究中所提的兩項評量模式只是我們走過的其中兩項，其他的「評量模式」也是同時進行的。

希望透過「評量」行動的省思，達成團隊的共識——

1. 肯定多元化的智力（八大智能或者更多……），不以有限的紙筆評量來評斷孩子的能力；避免「評量」造成孩子的標籤化或刻板印象，唯有老師、家長跳脫這種思考模式，以「多元」的評量方式，幫助孩子瞭解自己，才能激發孩子的潛能與自我的發展。
2. 落實多元、情意的評量方式，盡量以孩子的觀察畫、美勞作品、扮演、活動情況的描述記錄等方式評量。以此建立自己園所的評量模式，並發展自己園所的課程，甚至是園所的特色！
3. 評量內容項目的設計，跳脫行為目標式的評量，並據此建立常模，進而落實幼兒各領域的發展。
4. 更期待這樣一連串的反芻，能讓課程理念推向高峰、轉型順利成功。

最後感謝「專案輔導」的指導詹教授。透過她的指導，我們對評量的概念更清楚、脈落更分明，無形中也催化課程轉型的腳步。因為僵化、記憶的評量方式不改變，教學方法或內容也會受其影響！也謝謝一直鼓勵我把此行動後的歷程，撰寫成行動研究的王老師、糠老師！當然我更感謝一直跟著我，為這份教育理想而付出努力的老師們！身為實務現場的舵手，面對課程的轉型、園務的發展，深深覺得團隊共識的重要極具影響力。希望大家經過這次行動的省思，有更多的成長，更是另一個行動的開始！

參考文獻

David Lazear 著，郭俊賢、陳淑惠譯（2000）。《落實多元智慧教學評量》。台北：遠流。

Samuel J.Meisels 等著，廖鳳瑞、陳姿蘭編譯（2002）。《幼兒表現評量：作品取樣系統》。台北：心理。

Thomas Armstrong著，李平譯（1997）。《經營多元智慧：開展以學生為中心的教學》。台北：遠流。

田耐青著（1999）。《多元智慧理論：學習可以是快樂成功的》。台北：世紀領袖。

陳秀梅（2002）。〈一位園長在領導教師進行課程轉變的歷程〉。中華民國幼兒教育改革研究會。

桃園縣政府教育局（2002）。〈桃園縣九十學年公私立幼稚園專案輔導報告〉。

附錄9-1 「我有友情要出租」多元智慧能力檢核表（I）

新方幼稚園 幼兒多元智慧能力檢核表

班級：史奴比班　　姓名：_____　　年　月　日

語文智慧：
1. ____會利用"你很高興，你就會說哈囉、哈囉"這首兒歌改編歌詞
2. ____會說出如：一個人的時候都做些什麼事
3. ____藉由遊戲說出相反詞：長→短，笑→哭。
4. ____

數學邏輯：
1. ____認識綠色、黃色、紅色
2. ____會比較長短、大小、多少
3. ____會找出東西的影子
4. ____

空間智慧：
1. ____不會因想像而對角落產生可怕的聯想
2. ____會配合"來，笑一個"，協助老師完成教室情境佈置
3. ____

音樂智慧：
1. ____能隨著音樂唸唱"哈囉，Hello"
2. ____能配合錄音帶樂曲進行遊戲
3. ____能唱跳好朋友行個禮
4. ____

（大班）

主題：

我有友情要出租

（上堤）

肢體動作：
1. ____能配合節奏表演"沈熊"
2. ____會表演出各種情緒的表情
3. ____

人際智慧：
1. ____快樂時能跟別人分享
2. ____能主動與人打招呼、道早安
3. ____能與同儕一起合作完成"紙人"的創作
4. ____勇於上台自我介紹
5. ____

內省智慧：
1. ____完成表達自己的心情和想法
2. ____生氣時，不是只會哭，能適時表達
3. ____知道如何克服自己恐懼的情緒
4. ____

自然觀察：
1. ____能藉由實驗認識水的三態變化
2. ____能藉由實驗觀察藍+黃，變成綠色
3. ____

註：（一）以上檢核僅以繪本主題教學發展後，所做出之評量，只是試圖找出孩子優勢智能並予鼓勵，使孩子有自信、快樂自在的學習。但沒有評量到的，並不表示孩子沒有此優勢智能，因為孩子的發展，持續在進展中，須家長、老師耐心的繼續觀察。提醒您！多鼓勵少責罵！

（二）○表示已擁有此能力，△表示此項能力正在發展中，請耐心等待與持續觀察。

附錄 9-2 「我有友情要出租」多元智慧能力檢核表（II）

新方幼稚園 幼兒多元智慧能力檢核表

班級：彩虹魚班　姓名：＿＿＿＿＿　　　年　　月　　日

語文智慧：	數學邏輯：	空間智慧：
1. ＿＿能說出在台上一個人表演的心情 2. ＿＿能表達出自己一個人獨處時可如何安排，做些什麼？ 3. ＿＿藉由遊戲說出相反詞 長→短、笑→哭。 4. ＿＿	1. ＿＿會運用相反概念玩遊戲(例：大、小、多、少、長、短等) 2. ＿＿會把相同的物品歸類 3. ＿＿認識基本的顏色，如紅、黃、藍。 4. ＿＿	1. ＿＿不會因為想像而對角落產生恐懼 2. ＿＿會配合單元，協助老師完成教室的情境佈置 3. ＿＿
音樂智慧： 1. ＿＿會唱劇中兒歌(哈巴狗、鴨子、小白兔) 2. ＿＿能隨著音樂唸唱〝哈囉，Hello〞 3. ＿＿	（大班） **主題：** **我有友情要出租** （上堤） ·	**肢體動作：** 1. ＿＿能配合音樂(哈巴狗、小白兔)節拍表演 2. ＿＿會表現出各種情緒的動作 3. ＿＿能配合錄音帶樂曲進行遊戲 4. ＿＿
人際智慧： 1. ＿＿能認識班上的同學 2. ＿＿能勇於上台自我介紹 3. ＿＿能安靜傾聽他人自我介紹 4. ＿＿能與同儕一起合作完成〝紙人〞的創作 5. ＿＿	**內省智慧：** 1. ＿＿能用適當的方式表達自己的情緒 2. ＿＿樂於參與各種活動 3. ＿＿快樂時會與他人分享 4. ＿＿感受跳舞的樂趣 5. ＿＿	**自然觀察：** 1. ＿＿知道學校各個角落的設置情況 2. ＿＿能藉由實驗認識水的三態變化 3. ＿＿能依老師的指示做出科學實驗(冰晶花) 4. ＿＿

註：(一)以上檢核僅以繪本主題教學發展後，所做出之評量，只是試圖找出孩子優勢智能並予鼓勵，使孩子有自信、快樂自在的學習。但沒有評量到的，並不表示孩子沒有此優勢智能，因為孩子的發展，持續在進展中，須家長、老師耐心的繼續觀察。提醒您！多鼓勵少責罵！

(二)〇表示已擁有此能力，△表示此項能力正在發展中，請耐心等待與持續觀察。

附錄 9-3　多元智慧能力檢核

 多元智慧

內容 \ 八大智慧	人際智慧	內省智慧	語文智慧	數學邏輯智慧
是什麼	察覺並區分他人的情緒、意向、動機及感覺的能力	有自知之明並據此做出適當的能力	有效的運用口頭語言或書寫文字的能力	有效的運用數字和推理的能力
學習時思考的方式	靠他人的回饋	深入自我	語言、文字	推理
敏感性及能力	臉部表情、聲音動作 組織、聯繫、協調、領導	對自己有相當的瞭解 意識到自己的內在情緒、意向、動機、脾氣和欲求以及自律、自知和自尊	文法、語詞、作文、語言學	邏輯的方式和關係、陳述和主張
喜歡的事	‧參與團體性質的運動或遊戲，如:籃球、橋牌 ‧教別人如何做某件事 ‧有困難及有問題，願意找別人幫忙 ‧團體的領導者	‧寫日記、睡前反省 ‧由各種回饋管道中，瞭解自己的優缺點 ‧靜思以規劃自己的人生目標 ‧獨處	‧玩文字遊戲 ‧引用資訊 ‧閱讀 ‧討論 ‧寫作	‧數學或科學類的課程 ‧提出問題並執行實驗以尋求答案 ‧尋找事物的規律及邏輯順序 ‧測量、歸類分析事物
未來相關的職業	政治、心理輔導、公關、推銷、行政	心理輔導、神職	律師、演說家、編輯、作家、記者	數學家、稅務會計、統計學家、科學家、電腦軟體研發人員

八大智慧＼內容	空間智慧	音樂智慧	肢體運作智慧	自然觀察智慧
是什麼	準確的感覺視覺空間，並把知覺到的感受表現出來的能力	察覺、辨別、改變和表達音樂的能力	擅於運用整個身體來表達想法和感覺以及運用雙手靈巧的生產或改造事物	對自然景物有誠摯的興趣、強烈的關懷及敏銳的觀察與辨認的能力
學習時思考的方式	意像、圖像	節奏旋律	身體感覺	自然景物
敏感性及能力	色彩、線條、形狀、形式、空間及它們之間的關係	節奏、音調、旋律或音色	特殊的身體技巧平衡、協調、敏捷力量、彈性、速度	自然環境及稀有動植物有高度的關懷和保護意識
喜歡的事	‧玩拼圖、走迷宮之類的視覺遊戲 ‧想像、設計及隨手塗鴉 ‧插圖、幾何	‧一面工作、一面聽音樂 ‧彈奏樂器	‧動手建造東西，如：縫紉、編織、雕刻或木工 ‧跑跑跳跳、觸摸環境中的物品 ‧戶外活動 ‧常用手勢或肢體語言 ‧驚險的娛樂活動或體育活動	‧戶外活動，如園藝、自然步道 ‧蒐集自然景物，並做有系統的分類記錄 ‧對電視節目、錄影帶、書本、實物所介紹的自然現象、科學、和動物等主題特別有興趣
未來相關的職業	嚮導、獵人、室內設計師、建築師、攝影師、畫家	作曲家、演奏家、音樂評論家、調琴師	演員、舞蹈家、運動員、雕塑家、機械師	自然生態保育者、農夫、獸醫、寵物店老闆、生物學家、地質學家、天文學家

資料來源：田耐青（1999）。《多元智慧理論：學習可以是快樂成功的》。台北：世紀領袖。

附錄 9-4　關於兩種評量方式的認知與看法問卷

我親愛的夥伴老師們！大家午安！

　　阿哈！今天我有一項作業要你們好好思考一下，真誠的回答，沒有對與錯，正面反面均可！反正就是要你自己心裡面最真的話！僅供園長參考！別怕不做考績喔！（開玩笑！）

1. 你認為評量的目的是什麼？

2. 目前我們學校評量的種類有：作品評量（如各區之觀察紀錄評量、觀察畫……）或紙筆的評量（如注音符號之練習……）等，另外也有我們學校的特色，是最具挑戰的兩種評量：(1)學習區之評量；(2)繪本主題後之檢核表，請你就這兩項回答以下之問題！

（ㄅ）

・在學習區之紀錄中你看到了什麼？

・孩子的進步或收穫是什麼？或是沒有，為什麼呢？

・你瞭解園長設置學習區的目的嗎？

・你自己在學習區紀錄中的收穫是什麼？

・這樣的評量紀錄你喜歡嗎？為什麼？或者你還有什麼想法與建議？

・家長都知道我們每星期三早上有學習區活動嗎？

・家長有看過（或曾經）我們的紀錄表嗎？家長如何反應呢？

・如果讓你設計評量表你會如何設計？（舉例你熟悉的學習區喔！）

（ㄆ）

・在繪本主題後之檢核表中你看到了什麼？

・孩子的進步或收穫是什麼？或是沒有，為什麼呢？

・這樣能檢核出孩子的能力嗎？

・你瞭解園長設置繪本主題後之檢核表的目的嗎？

・你自己在繪本主題後之檢核表中的收穫是什麼？

・這樣的檢核表你喜歡嗎？為什麼？或者你還有什麼想法與建議？

・家長有看過（或曾經）我們的檢核表嗎？家長如何反應呢？

・在園長看來你們已經很瞭解檢核項目的撰寫了！真的很厲害！但你還有什麼建議或者還有什麼疑問呢？

　　祝！

　　　　教安！

　　　　　　　　　　　　　　　　　　　園長　敬上

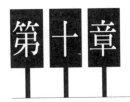

第十章

提升幼兒生活常規之研究

湯國鳳[1] 糠明珊[1]

[1]愛森堡幼稚園主任，原愛森堡幼稚園實習教師。

[2]元智大學師資培育中心講師。

摘要

　　不知是不是巧合，當我開始修「行動研究」的同時，我的幼稚園寶貝班的老師，突然因為心理因素，不得不離職，又因為學期將結束，為安定一群憂心的家長，學校徵詢我的意見，將我調至寶貝班支援，但在幼教現場任教十六年的我，一直接觸的是四至五歲的幼兒，兩歲半至三歲的幼兒是我嚮往已久但未曾實際碰觸過的階段，這個年齡層的幼兒，是我還未完全瞭解與掌握的，心中充滿挑戰。

　　就在第一天上任：

　　「Cindy 老師，宣宣搶我玩具。」「Cindy 老師，她打我。」「Cindy，小杰大便在尿褲裡了。」「Cindy 老師，我要找媽媽。」「為什麼我的孩子穿沒有袖子的衣服呢？這樣容易感冒！」一連串來自於孩子、助教、家長的問題，搞得我像一隻戰敗的公雞。狀況百出、忙著解決紛爭、安撫小朋友、幫孩子清洗屁屁的一天結束，我早已累倒在地，身心俱疲。

　　當晚躺在床上想著如何在最短時間內，將這生活常規差、秩序亂糟糟的班級，使用輔導策略將這個班級整頓起來，於是起身在書櫃找呀找，找到一本幾年前買的書《幼教教師專業成長——教學反省策略及其應用》（洪福財，2000），翻著翻著心中漸有答案並安心地睡去。

壹、研究背景和動機

　　「長期以來受到『理論優位』的影響，教師僅為理論的『使用者』……教育政策的實施是由上而下，教師是被動的施行者；課程設計是由上而下，教師只是課程的傳送者……身處教學現場，教師倘若不能確實掌握學生及自我需求、批判反省教學過程、探究問題尋求教學成長，教育改革豈非空談？」（洪福財，2000）教師不懂反省，不瞭解自己的學生卻要改變學生或將一個班級管理好也是空談，對我目前的狀況而言，這是

一個很好的研究機會，可以去印證、實驗一些教育的理念與想法。

在第一天的挫折打擊，我反省了我的教學，的確在師生都要適應彼此的時候，要如何和兩歲半至三歲的孩子，建立良好的關係及教室的秩序管理，在考驗一個老師的專業能力。

「教師是教學的靈魂人物」（洪福財，2000）身處複雜的教學情境，教師應懂得如何去解決自己的問題，因此如何經營這個對我來說是陌生的班級，將是我的挑戰及研究的對象。而當前最嚴重的問題，經由反省的結果，我覺得生活常規的實施是有效管理這一個亂亂的班級，第一階段要做的事，如何找到快速有效的策略提升孩子的生活常規，解決班級秩序的問題，將是我研究的目的。

貳、研究目的

1.以有效的指導方式幫助幼兒建立良好的生活常規。
2.落實生活常規。

參、研究對象

本研究的對象是幼稚園寶貝班的幼兒共十六位，有十一位是今年剛滿三歲，9月份將升小班的幼兒；其中四位是兩歲半未滿三歲，一位已經四歲仍寄讀在寶貝班的小男生幼兒，這些孩子的語言能力、情緒、認知生活常規、自理能力都正在發展階段，所以上廁所、排隊、喝水、吃飯、玩玩具、上課等時有狀況，例如：上廁所完洗手時喜歡玩水把衣服弄濕。

「……宣宣看到水龍頭就站著不想走，開著水龍頭洗著她的小手手，直到老師催促她關水龍頭，衣服已經濕了」（軼事紀錄）

排隊時爭先擠在老師面前或者跑來跑去到處找同學玩，不知道要排好隊；行進時寶貝班的幼兒會東張西望，容易受旁邊的景物吸引而停下來，一下子緩慢的前進一下子突然用跑的⋯⋯

玩具丟得到處是，一下子玩這個、一下子玩那個，老師下達收拾指令時，會搶成一堆或用很粗魯的動作將玩具丟回玩具盒內，不好好地做收拾的工作。

「⋯⋯阿俊則是推著玩具盒在教室繞圈圈跑；宣宣和阿好互不相讓的要收拾同一個玩具⋯⋯」（軼事紀錄）

這群大大小小的孩子在一天的活動內時常發生這種常規脫序的狀況。

肆、研究方法

1.研究時間： 2004/07 ～ 2004/08
2.研究方法：
　(1)軼事紀錄。（如**附錄 10-1**）
　(2)反省札記。
　(3)和同事討論。（如**附錄 10-2**）
3.行動研究模式（如**圖 10-1**）

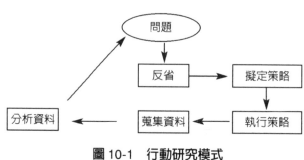

圖 10-1　行動研究模式

伍、研究的歷程與文獻探討

一、 行動萌芽時期

「好的班級經營建立在幼兒是否知道行為的底限在哪裡，以及老師對他們的行為期待是什麼……因此有系統、細心規劃的規則……有益於班級經營和師生互動，……幼兒的行為如果無所依循，就很難進行有效能的學習，而一個班級混亂的原因，往往也是因為幼兒不知道該做什麼……。」（谷瑞勉，1999）班級常規的建立與提升，對孩子、老師、班級秩序都很重要，因此當度過了忙碌混亂的一天後，我就開始思考要如何去建立秩序，提升孩子的常規，於是我的行動研究於焉展開，研究期間我大致分成三階段來進行，第一階段（2004/07/01～2004/07/05）是取得信任建立默契的階段，第二階段（2004/07/06～2004/07/16）是訂定班級常規階段，第三階段（2004/07/17～2004/08/05）是實施愛的教育階段。

二、取得信任建立默契時期

「Cindy 老師，宣宣搶我玩具。」「Cindy 老師，她打我。」「Cindy，小杰大便在尿褲裡了。」「Cindy 老師，我要找媽媽。」「為什麼我的孩子穿沒有袖子的衣服呢？這樣容易感冒！」（軼事紀錄）

在第一天的挫折、疲憊後，深知我和孩子的默契和班級的秩序有很大的關聯，怎樣達成有效的紀律是我的目標。「有效的紀律是教導學習的歷程。紀律的目的是自律，教導兒童成為負責任及合作的孩子。」（王敬仁，2003）從書本我找到以下的方式，作為孩子行為問題發生時的策略之一，來訓練孩子，養成有紀律的生活並和孩子建立良好的關係和默契。

「(1)分散兒童的注意；(2)適切地忽視兒童的不良行為；(3)安排環境的結構；(4)控制情境而不是兒童；(5)撥出時間給予關愛；(6)放開束縛；

(7)讓兒童有所選擇並負結果之責；(8)增進自己的一致性；(9)對正面的行爲給予注意；(10)以暫停來隔離兒童。」……

「兒童會以正面性的方式來追求歸屬感，但是假如他們無法得到歸屬，將反以不良的行爲來追求歸屬感。」（王敬仁，2003）由於第一天的混亂，整天活動下來，在反省時發現的問題，讓我思考到好多，例如：孩子不知我的要求是什麼，所以表現得如此，我試著去接受、去分析他們，是否是前一個老師給的一套規則，因爲我的介入而攪亂了他們的秩序，而他們勢必也得重新開始適應我的一套規則，所以我決定給他們時間來信任我，和我建立感情，以找到歸屬與默契。

第二天早上，從孩子一進教室開始我就和孩子親切的打招呼（使用策略(5)：撥出時間給予關愛），引導他們玩玩具，但他們不時仍會發生爭執玩具和打人的情形。（如**附錄 10-1**（二））這時我沒介入（使用策略(2)：適切地忽視兒童的不良行爲），因爲我在觀察他們，這讓我更瞭解每一個孩子的個性，及他們行爲下的意義，如果當時馬上阻止、罵人或叫他們停止玩，也就沒機會看到孩子處理事情的方式是這麼可愛，我沒理會宣宣的告狀，但孩子們的爭執一下就停止，一行人馬上換了不同的玩法且各自發展自己的遊戲方式。

在遊戲區發生的問題，上課時我就提出來和孩子討論，並告知他們往後應如何做會更棒，例如：玩玩具不該用搶的、不可以把玩具亂丟等，和孩子說明一些乖寶寶應遵守的規則。

下午放學時在等待父母來接的時段，我發現孩子們已表現出信任我的態度，這時他們慢慢地會控制自己，幾個比較懂事、貼心的孩子，也主動和老師親近，遇到問題會找老師幫忙，這是孩子信任我的開始，而我也很專心的看著他們，並隨時幫助他們解決問題，希望與孩子們的關係更穩固，默契更好。

三、 訂定班級常規時期

「……雲跑過去一把搶走了成成的玩具，『哇』的一聲——成成哭叫著：『這是我的』，雲的手緊抓著玩具不放，拿著玩具的手還舉高高的，就是不還成成……。」（軼事紀錄（三））

幾天的相處，我想盡辦法收買他們的心，雖然孩子已認定我是他們的老師，也開始信任我，可是孩子的秩序感還是有點亂，因此我想可以開始建立我們的班級常規了，「學校生活中，同儕團體是另一種學習與成長的情境，因此導師應該建立一套處理準則，讓學生在團體內有遵循的方向，看重自己，尊重他人，培養自主自律的生活態度。……有好的班級常規班級經營會更順手。」（2004.8.8 網路資料）。

但是，管理這麼小的幼兒真的是十幾年來頭一遭，每天看到他們可愛、純真的小臉，就好想給他們來一個親親、一個抱抱；可是一當他們在上課、用餐、玩玩具時的表現，看到他們的行為樣子、野蠻的動作、蠢蠢的模樣，你會被他們氣死、嚇死，為什麼會被嚇死？這是因為我不懂這階段的幼兒才有這樣的感覺，所以我也就利用放學的時間趕緊去找學校的同事討教，從訪談中也得知有經驗的老師是如何經營這樣年紀的班級，常規的訂定是我眼前需立刻進行的工作，首先，我根據幾天來的觀察，在心中思考哪些常規是他們最需要遵守？那些生活常規是他們必須馬上建立的？

星期二早上九點，在吃點心前，我用故事做了一個開場和他們分享，並把昨天發生的缺點行為提出，詢問孩子：「這樣的行為（雲跑過去一把搶走了成成的玩具）好不好？是不是乖寶寶？怎麼做才是乖寶寶？」孩子們你一言我一語的說：「不乖」、「不可以搶玩具」、「我媽媽會買玩具給我」……。接著我說：「對！乖寶寶是不會搶玩具的，我們要怎麼當一個乖寶寶？大家想不想變成乖寶寶呢？」孩子們又你一言、我一語的說：「要」、「想」。因此我就開始舉出眼前他們急需要做到的地方用，和他們一起訂出規則，要他們去遵守，並要求他們要努力去做到。

1.用餐會保持餐桌乾淨，用餐完會擦拭餐具並把餐袋收拾好。

2.玩玩具時不搶、不丟、不破壞，玩完會收拾。

3.老師叫喚會回應、老師指導要接受、上課能專心聽老師說話。

4.排隊時不爭先，會守秩序。

和孩子們說完這麼多的規定後，孩子們也答應遵守，可是當我一宣布自由活動時，宣宣和阿妤還是搶同一個玩具；阿俊還是拿著玩具到處去找小朋友玩打來打去、追來追去的遊戲；排隊時雲又和宣宣搶要排在第一。我對雲說：「怎麼樣才是乖寶寶？乖寶寶是不會這樣的哦！」雲剛開始還是很堅持要爭第一，當我再說一次：「乖寶寶是不會這樣的哦！」她顯然聽進去了，很懂事地放棄推、拉，走到她的位置去排隊。

從今天發生的事件，看到他們和之前不同的地方，他們已經知道我的規則，也會想要努力去遵守，雖然仍有搶玩具、搶位置的行為，當看到老師在看他們，他們知道自己錯了，會主動的改正過來呢！

四、實施愛的教育時期

教育的成敗繫於師資的良窳。美國教育家阿得里認為一個理想的教師，實負有一種神聖的使命，做著一種引人入勝的工作，在他的手掌握著人類未來的命運，因為他直接在塑鑄兒童的心智，可見教師的重要性。

理想的班級經營宜教養多於管理、薰陶重於訓練，其目的不在於維持一個鴉雀無聲、規矩井然的教室，而在於塑造適合學習的良好情境。班級經營係指老師運用有效的方法，培養學生內在的自我控制，著重在老師對班級的整體經營與管理，關係到學生的心智發展、人格的培養、氣質的塑造、良好習慣的養成、價值觀念的建立和學習情緒的孕育，可見老師所扮演角色之重要。「瞭解學生、建立班級常規、運用團體制約、言教、身教與境教的相互運用、善用獎懲原則、運用輔導方法」（李

錫津，1991），沒錯，當班級的常規訂定之後，就是一段執行的過程，當然過程中孩子一定會有違規的行爲發生，爲了養成孩子的良好習慣，培養優雅的氣質，孩子犯錯時我們該如何處置呢？社會秩序的維持靠法律的力量，班級秩序常規的維持靠的是老師的獎懲方式，老師要運用何種方法與他的人格特質、教育信念有關，爲加強師生間的親密關係，讓幼兒對老師發自內心的愛與依賴，我的獎勵是讓孩子感受我的愛，譬如看見孩子做了很棒的事，我會主動去擁抱他們，誇獎他們，讓他們明確知道因爲自己的好表現，所以得到老師的關注與愛，這樣的獎勵與愛的方式，是我十幾年幼教的經驗中領悟出來的最有人性的方式，也在這次的研究中發現打罵的教育方式並不是唯一解決問題的方式。例如：分散兒童的注意、適切地忽視兒童的不良行爲、撥出時間給予關愛、讓兒童有所選擇並負結果之責、對正面的行爲給予注意。（王敬仁，2003）

在前面我所提到的十個策略，也就是我的獎懲辦法的參考，當孩子沒有遵守生活常規而違規時都可視狀況運用，我較常使用的是(2)適切地忽視兒童的不良行爲、(10)以暫停來隔離兒童。

「……進入教室前，請孩子把拖鞋放整齊，孩子們爭先恐後地去放鞋子，宣宣和阿好搶著要擺第一的位置，……佑佑推阿華所以阿華就打佑佑，我請阿華跟佑佑說對不起……我跟佑佑溝通，請佑佑原諒他，這時阿談正在將小朋友沒排整齊的鞋子一雙一雙排放整齊。」（軼事記錄(五)）

這時我發現這是一個最好的機會教育，也是我實行第9項（對正面的行爲給予注意）的最好時機，進入教室後我馬上將阿談的好行爲，公布給全部的孩子知道，並給他一個愛的獎勵——親親並抱抱，其他的孩子唉喲的尖聲叫說噁心，但我知道我看到許多羨慕的眼神，告訴我他們也想被親親抱抱呢！（哈哈！我的「愛的親親，愛的擁抱」招數，正開始發酵！）

接下來的日子，只要我看到孩子有好的行爲、好的表現，我都會用這一招——「愛的親親，愛的擁抱」，孩子們也都好喜歡，也開始慢慢地

步入正軌，做到了我的要求，雖然沒有時時刻刻、分分秒秒做到，但幼兒的生活常規已漸漸提升，班級秩序已日漸良好，我也很開心呢！

五、班級經營的研究發現

歷來在班級經營的研究文獻上發現……良好秩序的達成則必須重視學期一開始的基礎運作，如規則……的建立與訂定，有效能的老師會將之統整為可實施的系統清楚教導給孩子……可維持良好的秩序，讓幼兒有明確的行事依據……。（谷瑞勉，1999）

良好秩序的達成則必須重視學期一開始的基礎運作，就和我在研究這個班級時遇到的情形是一樣的，帶一個新的班級一切都要從基礎開始，回想剛開始的情況班級秩序是混亂的，其中經過發現問題→反省→擬定策略→執行策略，在過程中孩子的常規訂定了也提升了，我也在這次的研究中看見生活常規對班級秩序管理的重要，研究尚未結束但學期已進尾聲，我的研究對象大部分將升上小班，只剩四位繼續留在寶貝班；因此我的帶班經驗，也因新的學期、新的人事安排而正式結束，我的研究結果也正好可以提供給接下來的帶班老師作為參考。

陸、結論

雖然這個研究是我自己個人遇到的問題，研究的時間也很短暫，但在研究中也讓自己印證了許多道理，在本次研究中反省性的思考與行動幫助自己釐清問題和找到方法，具備反省性的思考能力是一個現代的老師必備的新技能。

「教師經由自我反省與批判對教育理論與實踐不斷地辯證連結。幼教教學的特性賦予教師更多教學自主，另一方面由於幼兒處於獨特的概念與認知發展階段，更需要教師充實幼教理論知識、致力於實際教學的自

我批判反省，秉持開放心胸、全心全意、擔負責任。」將幼教理論和實務相互印證、分析，尋求教學的突破，達到自我的成長，提供幼兒最佳的教育。（洪福財，2000）

最初在和孩子互動的結果，經過不斷地反省，幫我澄清許多的問題，想用以往帶中班孩子的方式帶寶貝班的孩子是行不通的，於是我轉而請教園內曾經帶過寶貝班的老師，和她討論我遇到的問題並從中吸取她的經驗，也再度拿起有關兒童發展的書籍來尋找瞭解他們的方法，都是在反省當中找到了答案，讓我更快地進入狀況，改善班級秩序提升幼兒的常規，讓我很快地和幼兒建立良好的關係。

最後，因為新的學期，研究的時間被迫中斷，經過評估二十幾天的行動研究可以算成功，據我觀察幼兒的行為與班級的秩序在研究的最後幾天可以看到幼兒間的互動與發生爭吵的比率減少，也由同事的口中得知他們發現孩子們有明顯的改變，生活常規有顯著的提升，所以研究算成功，終可以告一段落。

2004 年 8 月 5 日是新的學期開始，剛好把我的研究結果和新的寶貝班張老師分享，提供給她參考，希望我的經驗能給她些許的幫助，這就是我這次研究的價值。

柒、研究收穫

進行研究最大的收穫就是發現自己就如李鴻章老師說的，證明自己可以做的事情有很多，孩子的可塑性也很大。

1. 不同階段的幼兒除年齡不同發展也不同，所以父母師長的教養方法與態度，都應跟著孩子的發展而有不同階段的要求，這是我在這次的研究中和以前的經驗比較，加上經歷，所體驗出的收穫與認知。

2. 兩歲半至三歲的幼兒可塑性很大，模仿能力也很強，所以在這個階段給予一些生活常規的要求與奠定，對孩子的發展與學習的幫助是

很正面且重要的。

3.在這次的研究中，與同事的討論、老師和同學提供的意見，透過文獻的閱讀，讓自己收穫不少。經過老師、同學、同事的提醒，可以發現自己思考不夠完整的地方，很多問題也並不是單方面的，人往往容易陷入牛尖而不自知，藉由討論，別人的一句話把你從夢中喚醒，研究工作和別人討論是很重要的，才不會陷入主觀的意識。

參考文獻

王敬仁（2003）。《幼兒期教養法》。台北：遠流。

谷瑞勉（1999）。《幼稚園班級經營——反省性教師的思考與行動》。台北：心理。

李錫津（1991）。《教育理念與教育問題》。台北：三民。

洪福財（2000）。《幼教師專業成長——教學反省策略及其應用》。台北：五南。

網路資料（2004.8.8）。http://websrv.nioerar.edu.tw:8080/89edu/S-claall.htm。

附錄 10-1　軼事紀錄

觀察時間	觀察紀錄
（一）2004/07/01	今天是帶寶貝班的第一天，在自由時間孩子在玩具角玩玩具時，佑佑哭著告訴我：「Cindy老師，宣宣搶我玩具。」沒多久阿妤也哭著來向我說：「Cindy老師，宣宣她打我。」正當我在處理宣宣和阿妤的爭執時，助教走過來告訴我：「Cindy，小杰大便在尿褲裡了。」我馬上將小杰帶往廁所清洗、換乾淨的尿片，清理完帶著小杰剛踏入教室以為可喘口氣時，JJ紅著眼，走過來哭著說：「Cindy老師，我要找媽媽。」我抱起JJ安慰著她、哄她，陪她去拿玩具玩，終於停止了哭泣。 中午吃午餐狀況更慘，阿談跟阿華吃飯速度很快，沒多久就吃完收拾好餐具，兩人開始玩起來；小杰吃飯飯粒掉得地板和桌子到處都是。
（二）2004/07/02	※早上8:00～9:00 晨間孩子的互動時間 早上最早到的是成成，他拿著媽媽準備的早餐奶茶和蛋餅進入教室，我招呼他請他將書包餐袋掛好坐在位置上吃早餐，十分鐘後哲哲、阿妤、小杰和宣宣陸續來到，我也向前招呼他們和他們說早，接著宣宣走向玩具櫃，拿了一盒小積木在地板坐下，阿妤、小杰也隨後坐在宣宣的旁邊各自拿小積木組合起來，宣宣這時用手比「七」（槍的樣子）對著小杰砰砰砰，小杰不高興，用雙手打宣宣，阿妤看小杰不高興也幫小杰打宣宣，三個互相打來打去，宣宣回過頭向老師說：「老師他打我！」小杰：「沒有！」宣宣：「有！」小杰：「沒有！」哲哲加入幫宣宣：「有！」小杰又說：「沒有！」這時宣宣又再用手比「七」（槍的樣子）對著小杰砰砰砰，小杰又不高興馬上用手打宣宣，宣宣馬上回頭再跟老師說一次「他打我」。 ※下午2:30～3:00 唱遊，教孩子唱「一個拇指動一動」，當我說：「小朋友請起立，老師要教你們唱歌、玩遊戲囉！」只有阿談站起來，我以為是聲音太小沒聽到，又再重複了一次，這次只有勳勳和阿俊站起來（起初以為他們沒聽見，後來發現他們不懂我的意思），接著我就跟他們玩玩起立坐下的遊戲，玩得差不多就教他們唱「一個拇指動一動」的歌，在動作上發現他們的手指頭，除大拇指會動一動外，要單獨動其他的手指有一點困難。
（三）2004/07/05	※8:50～9:00（晨間律動） 值律動的老師在帶小朋友跳「大河馬」，班上的孩子雖動作跟不上，但都會跟著一起扭動，只有成成動也不動，在一旁的小象班老師就假裝生氣地說：「如果成成再不跳就去讀小象班。」結果成成嚇哭了，我趕忙安撫他說：「成成本來就很棒的，明天我們要更厲害，再跳給老師看哦！」

觀察時間	觀察紀錄
	※9:40 上課前請孩子上廁所，老師說：「小朋友收拾玩具，準備上廁所了！」小杰很認真的一個玩具一個玩具慢慢收；阿俊則是推著玩具盒在教室繞圈圈跑；宣宣和阿妤互不相讓的要收拾同一個玩具；成成、阿華則早已衝到教室外，互相追逐玩在一堆。 ※下午4:00～5:00（放學等候家長來接） 孩子們愉快的各自玩著他們的玩具，成成正專心的玩著今天他自己帶的玩具車，雲跑過去一把搶走了成成的玩具，「哇」的一聲──成成哭叫著：「這是我的！」雲手緊抓著玩具不放，拿著玩具的手還舉高高的，就是不還成成，成成哭叫：「老－師－，雲拿我的玩具！」這時雲手才放下，把玩具還給成成。
（四）2004/07/06	※上午9:00在吃點心前我說了一個故事和他們分享並把昨天發生的缺點行為提出，詢問孩子，這樣的行為（雲跑過去一把搶走了成成的玩具）好不好？是不是乖寶寶？怎麼做才是乖寶寶？ ※排隊時雲又和宣宣搶要排在第一，我對雲說：「怎麼樣才是乖寶寶？乖寶寶是不會這樣的哦！」雲剛開始還是很堅持要爭第一，當我再說一次：「乖寶寶是不會這樣的哦！」她顯然聽進去了，很懂事地放棄推、拉，走到她的位置去排隊了。
（五）2004/07/12	午睡前帶孩子上完廁所回教室，進入教室前，請孩子把拖鞋放整齊，孩子們爭先恐後地去放鞋子，宣宣和阿妤搶著要擺第一的位置，佑佑走來告知阿華打他（因為佑佑要放拖鞋，兩人擠在一起，佑佑推阿華所以阿華就打佑佑），我請阿華跟佑佑說對不起，阿華很固執，嘴巴閉緊緊不肯說，（因為佑佑比較懂事）我跟佑佑溝通，請佑佑原諒他，這時阿談正在將小朋友沒排整齊的鞋子一雙一雙排放整齊。
（六）2004/07/13	※7:40～8:30 一大早阿妤進入教室向我說了早安後，放下她的書包又從書包裡拿出了一個圖案印章，show給我看，在一旁玩的宣宣，看見阿妤的印章，就走過來我們的旁邊想看清楚怎麼回事？阿妤看見宣宣走過來，馬上將印章藏在身後說：「這是我的。」我擔心他們倆馬上會演出爭奪戰，所以跟阿妤說：「好漂亮的印章，趕快放書包裡，不然會不見哦！」阿妤很懂得嚴重性，趕緊聽話地把它收了起來，去玩別的玩具了。
（七）2004/07/14	※阿俊今天一整天都在問我：「老師我可不可以玩玩具？」。 早上吃玩點心後，他就問：「老師我可不可以玩玩具？」，上玩廁所進教室準備要喝水，他又問：「老師喝完水，我可不可以玩玩具？」吃完午餐又再問：「老師我可不可以玩玩具？」

觀察時間	觀察紀錄
（八）2004/07/19	※ 10:30 ～ 11:00 今天成成帶了一個手機的玩具來，在玩具時間成成拿出來玩，並向同學展示，旁邊圍著好奇的宣宣、阿妤、阿俊、雲，阿俊拿起成成的手機，開始假裝自己是警察，用手機向隊友說話：「報告－報告－佑佑警察去抓阿勳。」佑佑聽見阿俊的呼叫，他也拿起桌上的長方形的積木當成是電話：「報告－報告－我必須抓小偷。」阿俊又繼續說：「報告－報告－佑佑警察」，佑佑回答：「報告－報告－是什麼事？」「報告－報告－是宣宣去把她抓起來。」佑佑聽完後就去抓宣宣，宣宣啊啊啊的叫起來，並害怕的拒絕和阿俊他們玩這個遊戲，阿俊馬上安撫她，向她解釋，他是一個好警察不要怕，經過阿俊哥哥的解釋，後來他們融洽地繼續扮演下去。
（九）2004/07/20	一大早教室裡有宣宣、阿妤、雲和成成各自在玩，沒多久佑佑來了，他一邊進教室就一邊在門口外問成成：「你有沒有帶ㄅㄨㄅㄨ車啊？」成成：「有啊！」佑佑看見雲在玩車子又問：「雲，妳也有帶ㄅㄨㄅㄨ車啊？」雲回答：「是成成借我的啦！」（雲我剛開始觀察她時，是個玩玩具時較沒禮貌，常沒問過人就會搶玩具的孩子，現在她也會有禮貌的經過詢問才去拿玩具囉！）

附錄 10-2　訪談紀錄

訪談時間：2004/07/06
訪談對象：一位有中、小、幼幼十幾年經驗的秀秀老師（匿名）
訪談內容：

問：妳曾經帶過幼幼班？

答：對，四年前在○○幼稚園擔任幼幼班的導師。

問：可不可以說說看妳當時帶幼幼班最大的困擾事是什麼？

答：就是他們自己的東西都不會認，而老師如果疏忽，就會讓家長抱怨，這種情形讓我很困擾，所以老師必須細心一點。

問：帶幼幼班妳覺得最累的事是？

答：這階段的幼兒語言發展、表達能力不成熟，凡事需要老師的協助，對老師來說很累。

問：以妳的經驗妳對幼幼班的老師有什麼建議；當幼幼班的老師有什麼事該注意？

答：(1)安全很重要，家長把孩子交到妳手裡，最重要的是注意孩子的安全，不要跌倒、受傷。

(2)要給孩子安全感，讓孩子不排斥妳喜歡來找妳。

(3)常和家長聊孩子的狀況，這樣妳的工作才能得心應手。

(4)這個時期的孩子養成良好的生活常規很重要，例如：讓孩子習慣吃完點心會把餐具收好、上廁所會排隊、書包會放定位、進入教室前會將鞋子擺整齊……養成良好的生活習慣。

(5)老師需具備一套安撫孩子的技巧，以備當孩子哭鬧時，可隨時用專業的方式處理，來轉移孩子的注意力。

問：妳如何成功的經營幼幼班獲得家長肯定？

答：(1)要給家長信心，先告知家長妳的理念是什麼，在家長面前建立專業的形象。

(2)幫孩子做紀錄，例如：照片、作品、成長的紀錄等，定期發有關親子教育的文章和家長分享。

問：妳覺得幼兒的常規很重要，那要怎麼訓練呢？

答：寶貝班的孩子年齡還小，需要不斷提醒，老師也必須和他們約法三章，訂定一個適合他們年齡發展的一些生活常規讓他們遵守。

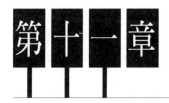

教師處理幼兒攻擊行為之初探——
幼稚園實習教師對一個案輔導的自述

張佳惠[1] 糠明珊[2]

[1]桃園縣北區特殊教育資源中心教師助理員，原桃園國小附設幼稚園實習教師。

[2]元智大學師資培育中心講師。

摘要

　　幼兒的日常生活中，與同伴的互動是一種幼兒學習社會化發展的行為。但是幼兒在互動中，有時會發生爭執或打架的攻擊行為，在筆者實習工作現場中，幼兒之間因為有意或無意的推撞而發生衝突並相互推擠、拉扯，導致皮肉之傷事件屢見不鮮，同時也引來家長的關切，因此我想探究孩子攻擊行為的動機，並檢討自己在處理幼兒攻擊行為事件的做法是否合宜，孩子的攻擊行為真的改善了嗎？亦或僅是治標不治本的做法。

　　本研究以個案觀察為例，此個案在班上發生攻擊行為頻率最高，且攻擊種類富多樣性，家長對這位孩子的負面印象很深，因此我處理該幼兒攻擊行為的次數也相對的增加，而這裡所要陳述的是：我在處理此個案攻擊行為時，曾經產生的疑惑、盲點，在事後的檢討中發覺自己不當的地方，及後來處理攻擊行為的改變之自省歷程。

壹、緣起

　　「老師，他打我！」「老師，他說『屁股』！」「老師，他說『大便』！」「老師，他們在打架！」「老師，他罵我！」「老師，你看！我的手流血了！是 XX 用的！」……這是我每天到班上耳裡所會接收到的訊息。

　　由於我所接觸的班級是中班，這階段的孩子很多都是初次離開家庭進入團體生活圈中，與同伴互動交往，因孩子的自我中心或入園前甚少和同年齡的同伴相處，所以，在互動的過程中時常會發生衝突，開始時！我非常謹記班級經營的觀念——「孩子可以處理自己的問題」，因此孩子來告狀時，我會說：「喔！好！我知道了！」，只要不嚴重！都不過去看看，但是問題就出現在我對「嚴重」的定義不明確。孩子哭了！

嗯，算「嚴重」，去處理！孩子在打架！嗯，「嚴重」，去看看！孩子在玩水！要去制止！連孩子抽了三張衛生紙，其他小孩來告狀（老師會告訴孩子一次只能抽一張衛生紙），我也會去關心一下，到最後把自己變得很沒原則，每天為了這些事弄得團團轉。

　　攻擊事件開始發生時，通常我會以言語制止，例如：「不可以打架！你可以先用說的！」這樣的方法可以有效一陣子，但是沒多久又復發了，此時我除了用言語制止外，還會加上處罰，例如：隔離、罰站，這樣會有效一陣子，可是沒多久又復發了，於是事件總是一直循環，因此我想就這個問題探究原因，並找尋解決之道，這是開始的引起動機。

　　後來我從開始的觀察孩子的攻擊事件到處理孩子的攻擊行為中，總覺得怎麼在處理的就是那幾個人，而且以某一位幼兒（本研究男主角）的頻率最高，甚至在與其他家長的交談中，家長對於那位幼兒的負面印象頗深，在家園同心（幼稚園每週發一次的家庭聯絡簿）上也時常提醒老師注意這個孩子，此外也接獲到別班老師告知這孩子會無故打人，此時令我察覺到，平時我的制止並不能停止孩子攻擊人的行為，這是治標不治本，我應該徹底探究原因。

　　我在觀察輔導老師的處理事件方式時，也開始質疑自己這樣處理攻擊行為事件到底對不對，總覺得輔導老師和我在處理的觀點好像不一樣，我在處理事件時，會跟著孩子一起轉入那分不出是非的茫海中，只和孩子討論誰要跟誰道歉，而不能公正客觀地來看待這件事情，因此我也開始尋找到底哪裡不對，我要如何修正自己的盲點呢？這便是這研究的起由。

貳、問題的發現

一、發現問題

【說明】本文中所撰寫的事件，均為我所實習的班級所發生之事件，本班為中班計有三十位幼兒，兩位正式老師（呂老師、苑老師），一位實習老師（張老師），文中使用幼兒姓名均為化名。

呂老師和苑老師均為我的指導老師，兩位都是教學經驗非常豐富的專業幼教老師。個案恩恩是班上自開學以來，攻擊行為頻率比較高的孩子，除了後來得知他觸覺防衛較一般孩子強外，一切正常。

表 11-1 為我認為特殊的事件，其他平日發生的小衝突並不算在內，事件依發生順序排例。

表 11-1　特殊事件的發生與處理

事件一	
事件的發生	當時的處理
放學回家時間，小婷一直哭著對張老師說：「老師！恩恩打我！」 張老師找恩恩來詢問：「你為什麼打小婷？」 恩恩：「她也弄我！」 小婷：「我沒有！人家只是站在這裡弄東西而已，他就打我！」 此時，小婷的阿公來接她了，看到這個情形便對恩恩說：「不可以打人喔！我跟你說！男人不可以打女人喔！知不知道！」 恩恩：「……」立正站好，看著高大的阿公。 阿公：「老師！沒關係啦！小朋友難免啦！」說完便走了。	張老師：「恩恩！嚇到了喔！」說完便沒處理。

事件二	
事件的發生	當時的處理
放學回家時間，小朋友從鞋櫃拿鞋子，恩恩不小心碰撞到萱萱，萱萱告訴好朋友小伊，小伊為好朋友抱不平，跑去打恩恩，恩恩反手打了小伊的臉頰數下，此時小伊的爸爸正好看到，於是便叫道：「小朋友！過來！」 恩恩聽到後朝反方向跑開，此時恩恩的媽媽正好來接了，看到了情況，便問：「發生了什麼事！」小伊爸爸說：「那個小朋友打人的臉頰打了好幾下！」（加動作敘述看到的經過）。 恩恩的媽媽聽到後，便帶著恩恩到隔壁科學館走廊，打了恩恩兩個耳光，恩恩當場嚇到不知所措。	隨後恩恩媽媽帶著恩恩來找呂老師，當時呂老師看到恩恩的媽媽難過得情不自禁地掉下淚來，呂老師安慰恩恩媽媽，並告知恩恩媽媽說：「我知道妳心裡很難過，但是我們處理孩子的問題需要問清楚事情的來龍去脈，切勿先處罰孩子再問原因，這樣可能會誤會孩子。」 恩恩媽媽也同意呂老師的建議。 呂老師問恩恩：「為什麼打人？」 恩恩：「我沒有真的打她，我只是假裝打她而已！」 呂老師觀察小伊的臉頰，的確沒有被打的痕跡。

事件三	
事件的發生	當時的處理
午睡起來時，呂老師發現小玉的手臂上出現許多的抓痕，便問小玉：「你這裡怎麼受傷的？」 小玉說：「是恩恩抓我的！」 呂老師問恩恩：「你為什麼把小玉的手抓成這樣，會永遠留下疤痕，以後她會永遠記住你對她的傷害。」 恩恩說：「小玉也有打我啊！」 小玉不答。	呂老師：「小玉你不是睡那裡的，怎麼會跑來恩恩旁邊睡？你們是不是沒睡覺，在那裡一起玩？」 小玉不答。 呂老師檢查恩恩的指甲，發現恩恩的指甲過長，便對恩恩說：「你的指甲太長了，我要把你的指甲先剪短。」說完，便拿起指甲刀將恩恩的指甲剪短，並請他跟小玉道歉，告誡兩位孩子午睡時間不可以不睡覺，不可以一起玩，才不會發生打架的事情。

事件四	
事件的發生	當時的處理
放學回家時，呂老師發現小熹的手臂上出現許多的抓痕，便問小熹：「你這裡怎麼受傷的？」 小熹說：「睡覺的時候，恩恩用手抓我的！」	恩恩已回家了，呂老師告知小熹的爸爸抓痕是被恩恩抓傷的。 第二天恩恩媽媽打電話來學校請假，並詢問呂老師恩恩在學校的情形。 呂老師告知家長恩恩在學校有抓傷三位孩子。

事件五	
事件的發生	當時的處理
午睡時，小鴻給張老師看他受傷的手臂說：「老師！恩恩抓我！」 張老師說：「為什麼恩恩要抓你？」仔細看一下傷口，很明顯的抓傷。 小鴻：「我在和洋洋玩，但是恩恩就打我。」 張老師請恩恩和洋洋過來，對恩恩說：「這是你弄的嗎？」 恩恩：「對！」 張老師：「為什麼？」 恩恩：「洋洋叫我打的！」 張老師：「你知道打人是不對的嗎？」 恩恩：「知道。」 張老師：「為什麼你知道是不對的還要聽洋洋的話？」 恩恩：「……」 張老師：「洋洋！為什麼你要叫恩恩打小鴻？」 洋洋：「阿德也有啊！」 張老師請阿德過來 阿德：「小熹也有啊！我們在玩打架，洋洋快打輸了，就叫恩恩打小鴻！」	張老師對洋洋和恩恩說：「你們今天讓小鴻受傷，小鴻很痛，小鴻的媽媽更痛！想想看你們受傷的時候，你媽媽會不會很傷心？」 張老師：「明天小鴻媽媽會來問老師為什麼小鴻會這樣？老師要怎麼說？現在你們兩個去想辦法解決！」 恩恩：「什麼是解決？」 張老師：「來！你們看看小鴻原來是好的，現在被你們弄成這樣，你們想辦法把這些傷弄不見，讓小鴻不會痛！」 洋洋：「可以擦藥！」 張老師：「可是還是會痛啊！又不是一下子就消失了！」 恩恩：「貼膠布！」 張老師：「撕下來更痛耶！」 洋洋恩恩：「……」 張老師：「好！小鴻！你坐在這裡！恩恩洋洋你們聽著！你們兩個站在這裡想辦法讓小鴻原諒你們，如果他不想原諒你們，你們就一直站在這裡！」說完張老師離開。 …… 過了一陣子恩恩、洋洋伸出手來，請小鴻打他們的手，小鴻對他們說了幾句話後，三個人便去睡覺。 當天晚上小鴻媽媽來電詢問呂老師：「為什麼小鴻的手臂被抓傷？他阿媽看了心裡很難過，為什麼我的寶貝孫子被抓傷了！」。 呂老師：「他們五個小男生在一起玩打架遊戲，洋洋打輸了，向恩恩求救，恩恩跑來幫洋洋打小鴻，小鴻的手臂才會被抓傷。」 呂老師將四個打架的小男生帶到辦公室訓誡，並告知孩子如果你很生氣想到發洩，就到這裡來打這個沙包。 第二天早上，恩恩媽媽打電話來學校幫恩恩請假，並詢問呂老師恩恩在學校的情形。 呂老師告知家長恩恩在學校有抓傷小朋友。

【家園同心】家園同心類似家庭聯絡簿功能，每週發一次，內容多為針對主題設計出一些親子活動，而「親師交流站」在主題結束時，家長可以寫上一些給老師的話，達到親師溝通的目標。我試著從中找出有關恩恩攻擊行為的問題與家長的想法。

◆家長的話

　　恩恩是個活潑、好動，可愛又有點頑皮的小男生。他非常喜歡聽故事。尤其鐵巨人、巴斯光年、大力士的角色讓他融入萬分！四歲以前是吃故事長大，有時我們一天可講上五、六小時故事，他對英雄人物或權力人物有莫名的崇拜，現在已比較好些！有時就會運用這些卡通人物誘導，教導他一些事物還蠻好用的！

　　謝謝老師們對恩恩的教導與照顧，有時候他頑皮，不聽話時，請老師耐心教導與指正，非常謝謝老師的愛與包容

　　　　　　　　　　　　　　　　　　　　　　　　　　　恩恩的媽媽

◆老師的話

　　一個月的團體生活中，恩恩各方面的表現都進步很多。我們也會多留意恩恩在園方日常生活自理能力以及與同學相處和諧等，讓他更喜歡來園上學。

　　　　　　　　　　　　　　　　　　　　　　　　　　　　　呂老師

　　　　　　　　＊　　　　　　＊　　　　　　＊

◆家長的話

　　上次爸爸接洋洋時，碰巧遇到洋洋和恩恩要打架，不知洋洋在學校行為如何？會不會打人。他在家時，如果姐弟打架，洋洋總是把姊姊打得大哭，所以我擔心他是否會打同學？

◆老師的話

　　洋洋不會主動和同學打架，不過他對小朋友的碰觸很敏感，很容易因小朋友的身體接觸而變成打架事件，老師會請小朋友保護自己，也保護別人，不要演生成打架事件。

苑老師

　　　　　　＊　　　　　　＊　　　　　　＊

◆家長的話

　　老師好：

　　最近我發現小玉的手怎麼會被抓傷，在我得知小鈺轉述，才知被本班同學恩恩抓傷的，看了還真有點不忍心，但不知誰對？誰錯？但得知李老師也已訓誡同學了，在此向老師說聲謝謝妳。

　　但是小玉如果也很調皮，還請老師代為教導！

◆老師的話

　　關於恩恩將小玉的手抓傷事情，在此為老師的疏忽感到抱歉，孩子有時超過了「玩」的界限，容易造成皮肉之傷，在此我們已告誡恩恩，什麼叫做「玩」，什麼叫做傷人，以避免類似的事件發生。

張老師

　　　　　　＊　　　　　　＊　　　　　　＊

◆家長的話

　　親愛的老師您好：

　　知道阿德當選「校模範生」，頗感訝異，要謝謝老師的指導，讓他愈來愈喜歡學校的生活，另外，阿德常說和同學玩「打架」的遊戲，要請老師多加注意，如果玩得太過份請糾正他。謝謝！

◆老師的話

　　阿德當選校模範生是由班上小朋友一起舉手投票表決通過的，我們也在此恭喜他。這學期小男生常在教室追打，我們也有糾正，禁止玩危險遊戲。

呂老師

二、分析問題

【對恩恩的觀察】

（一）同伴的影響

　　班上有些孩子（阿德、洋洋、小熹、恩恩）很喜歡打架追逐的遊戲，他們利用角落的玩具組成槍，再分成兩組做攻擊，恩恩常常也是遊戲的一員，並和洋洋是戰友，有時遊戲擦槍走火時，便有人受到傷害，例如：跌倒、對孩子因遊戲受傷時，會找老師告狀，這風氣是會影響的，原先的遊戲只有二、三人，後來加入的人越來越多，受到戰火波擊的人也越來越多。

　　我想恩恩受其他的孩子影響很大，有時我會認為他覺得打架追逐遊戲是一種與人相處的模式。

（二）和同伴相處的方式

　　恩恩在家排行老大，有一位妹妹還在襁褓中，因此與同齡的孩子相處機會不多，只有一位表妹容容（也是班上的孩子），而通常都是恩恩決定做什麼活動，容容再跟進，容容的個性不若恩恩活潑好動，上學期恩恩幾乎只和容容在一起遊戲，到了下學期，兩位孩子的座位分開了，恩恩和容容和其他同學的互動開始頻繁。

　　恩恩很少和孩子玩合作遊戲，例如：堆積木、玩扮演遊戲等，通常都是一個人在玩玩具，只有玩打架追逐遊戲時會和洋洋合作，再來便是

坐在位子上，拿出整盒遊戲王卡出來，此時孩子們便會圍繞著他，討論遊戲王卡。

下學期，恩恩會說「屁股啦！」「大便啦！」等用語，此時其他同伴會大聲告訴老師，但是孩子越在意，恩恩說髒話的頻率越來越高。

我覺得他很想和其他孩子相處在一起，但是找不到方法，一來他被老師斥責的次數太多了，很多孩子為他貼上的不好的標籤，不願與他相處，於是他便用髒話引起其他孩子的注意。

(三) 觸覺防衛

恩恩剛開始來到學校時，老師發現他的觸覺防衛很強，當不小心碰到他時，他會不自覺的用手大力揮開，在排隊時，恩恩常常打人，問他為什麼，他說：「他弄我！」其他孩子說：「我只是不小心碰到他而已啊！」

某次和恩恩媽媽聊天時談到恩恩不喜歡穿新衣服、新褲子、新鞋子，常常看到新的衣服便很高興的穿上去，但是過不久又吵著要拿下來，當時我對恩恩媽媽說他可能觸覺防衛比較強，某次在家園同心中，得知恩恩媽媽帶恩恩去做感統測試，證實他有觸覺防衛，目前正在治療中。

(四) 其他的影響

從「家園同心」恩恩媽媽的回饋中，可看得出來恩恩對英雄人物的嚮往，鐵巨人、巴斯光年的卡通都有「槍」這個東西，也和「攻擊」有關，再者後來恩恩迷上的「遊戲王」卡，也是和戰鬥有關，我想恩恩多少都有受到影響。

【我對於攻擊行為的思考】

(一) 我對打架追逐的遊戲的看法

開始時，我對於孩子所謂的「打架追逐的遊戲」，抱著正面的評價，

我認為這是孩子培養感情的遊戲，一來孩子認為是一種有趣的「社交遊戲」，二來孩子可以從肢體的觸碰中，得到感官的刺激，就像是 discover 動物頻道裡，剛出生的幾個月的幼獅總是會互相咬來咬去，打來打去，對幼獅來說這是學習狩獵的開始，所以我認為「打架追逐的遊戲」一來孩子可以學習合作的精神，二來孩子可以練習大肌肉的發展，而且孩子抓到什麼玩具（例如：雪花片、積木、紙……）都可以把它變成槍，每支槍的造型都不相同，哪裡可以裝子彈，功能是什麼他們都會告訴你，這方面他們真的是「專家」，我覺得這遊戲只要不「擦槍走火」，都可以接受，但問題是這種遊戲常常會「擦槍走火」，還會波及無辜，有時我甚至想找空曠的地方讓孩子安全的進行遊戲，像正式比賽一樣，遵守比賽規則，並告誡孩子平常不可以玩，只有規定的時間、地點才可以玩，但是這樣的想法當然會被打退票啦！

輔導老師告訴我：「我們是人，不是動物！」

（二）開始我對攻擊事件的處理方式

對於處理事件的態度，開始時，我會以哪一個幼兒哭得最大聲，他就是對的，沒哭的就不對，或者是誰讓誰受傷，誰就不對。

就以「事件四」來說我覺得自己處理方法錯誤，小鴻的抓傷小鴻自己也有錯，因為是小鴻自己要玩打架遊戲的，「打架會受傷」老師也有告誡過，因此小鴻也懂，既然懂自己會受傷又要玩這遊戲，小鴻也有錯的地方，但是我在處理上卻讓小鴻認為自己是沒錯的，完全針對恩恩和洋洋的行為評擊，最後由小鴻來原諒恩恩和洋洋，這樣是不公平的。再者，我常常將重點放在誰應該跟誰道歉，而忽略了打架的動機是什麼，而輔導老師卻站在公正的立場上來處理這件事，老師認為原因在於這五位孩子不應該玩「打架遊戲」，而我的重點是在於你怎麼可以把小鴻弄傷了，我覺得自己在處理類似的事件上真的做得很糟，我並沒有達到讓恩恩反思自己的行為的目的，反而讓恩恩在同學和家長心中樹立「恩恩是愛打架」的孩子的標籤，這一點真的讓我感到罪過，我有必要學習正確

的處理事件的態度，以避免傷害孩子。

（三）我對恩恩的逃避

在還沒有針對恩恩進行觀察之前，對於恩恩我只有感到煩而已，面對他屢勸不聽的行為，除了偶爾唸幾句外，有時會漸漸地逃避，例如：

> 幼兒Z：「老師！恩恩打我！」
> 老師：「他為什麼打你？」
> 幼兒Z：「不知道」
> 老師：「那去問他為什麼打你！請他跟你道歉！」

甚至於有時孩子來告狀只要是和恩恩有關的，我會下意識先認定錯的是恩恩。

【與輔導老師的討論】

某次和苑老師討論恩恩時，苑老師問我：「你認為恩恩是怎樣的一個孩子？」我回答：「基本上我不認為他是沒有原因就主動攻擊人的孩子，只是我弄不清他的想法，但是我認為觸覺防衛並不是主要問題，因為他是下學期攻擊行為頻率才開始增高的！甚至於覺得他有做感統治療後，反而攻擊行為增多。」

苑老師：「我也認為觸覺防衛並不是問題，我覺得恩恩很聰明，他知道自己在做什麼！他是個非常活潑的孩子，但是我常發現他一個人在做自己的事情，很少有和其他人一起堆積木或其他遊戲，除了『打架追逐』遊戲外。」

當時我深深地覺得我並沒有像苑老師那像深入地去瞭解恩恩，因此我開始回憶平時的作息，發現一天當中，我很少和恩恩說話，除了孩子告狀處理時，對他唸一唸外，好像很少做溝通，他說髒話也是從下學期開始的，說完後，孩子大驚小怪的樣子，常常讓他得意一下子。

很多關於他的回憶突然就冒出來了，當我越瞭解恩恩，我覺得他的行

為思考越合情合理，我可以大膽地認為恩恩的攻擊行為之一應是為了引起他人注意，再來「打架遊戲」是他目前找不到可以與人相處的模式。

【恩恩的攻擊行為】

（一）攻擊行為的表現方式

    1.肢體攻擊：打、抓其他幼兒之動作。
    2.口語攻擊：以「代名詞罵人」例如：屁股、大便，以嘲笑的方式（下學期才開始使用）。

（二）攻擊行為的起因

    1.偶發的、無意的過失，例如：奔跑時不小心撞倒別人或玩具。
    2.一時好玩為了樂趣，如玩打架追逐遊戲。

（三）不同情境與幼兒攻擊的關係

    1.當老師所安排的教學活動較緊湊，恩恩會因專注於上課或工作而少有攻擊行為。
    2.不同銜接時段的攻擊表現：到外面刷牙「排隊」時，恩恩常因爭著排前面而發生攻擊；用餐時，恩恩較常以「口語攻擊」以引起注意；用完點心時的等待空檔，恩恩和其他孩子很容易因無所事事而有打鬧與爭執。

三、後來的改變

【對恩恩後來的處理作法】

（一）觀念的改變

    我在網路上找尋相關的資料，查到以下的文章使我釐清了自己的盲點。

幼兒打架之後

2002-11-19 14:35:09

　　幼兒入園後，同伴交往成為幼兒社會化發展的主要影響因素。幼兒在交往過程中，有時會發生爭執或打架現象。如何處理幼兒的打架行為呢？讓我們一起來看兩位生活在不同國家、不同文化背景下的教師是如何用不同的方法處理幼兒的打架行為的。

◆**案例一**

　　三個中班小朋友在玩開汽車的遊戲。聰聰開著「汽車」把樂樂的「汽車」撞翻了。樂樂立刻大聲對聰聰說：「不准撞我的汽車！」聰聰沒有反應，他再次發動「襲擊」。這時，樂樂對聰聰嚷道：「不准撞我的汽車！我要生氣了！」聰聰還是不說話，他笑瞇瞇地招呼壯壯一起去撞。壯壯猶豫了一會兒，接受了聰聰的「邀請」。於是，聰聰和壯壯一起去撞樂樂的汽車。樂樂看到心愛的「汽車」被撞翻在地，氣憤地拽過壯壯的胳膊，閉著眼睛就咬。這時老師恰巧過來，看到這一情景，便大聲阻止道：「樂樂，你在幹什麼？」樂樂聽見後就鬆開壯壯，低下了頭。老師生氣地指著壯壯胳膊上的小牙印，訓斥樂樂：「你看看，你看看你把人家咬的！」幾秒鐘的沉默後，老師接著說：「你怎麼能咬人呢？」此時壯壯一言不發。老師又問：「怎麼回事？你們說說，到底是怎麼回事？」樂樂和壯壯都低著頭，一聲不吭。過了一會兒，老師又指著壯壯的傷痕對樂樂說：「你看看，你都把壯壯咬出血了。他爸爸媽媽看見了多心疼啊！你想想，要是你被別的小朋友咬成這樣，你爸爸媽媽是不是很心疼啊？」樂樂低著頭囁嚅著說：「是。」老師說：「這就對了。快對壯壯說『對不起』。」樂樂絞著手，不說話。老師又要求說：「快向壯壯道歉，說『對不起』！」樂樂停頓了幾分鐘後才抬起頭對壯壯說：「對不起。」壯壯回答說：「沒關係！」老師看到自己的要求被執行了，就溫和地對樂樂說：

「以後再也不許咬人了，聽見了嗎？」樂樂點點頭。「好了，去玩吧！」

◆案例二

邁克想建造一座城堡，斯圖想為玩具卡車修條路。貝利覺得這兩個想法都不錯。最後，邁克和貝利開始建城堡，斯圖準備修一條長長的路。邁克對貝利說：「給我一塊長積木。」貝利從地毯上拿起一塊積木遞給邁克。斯圖叫道：「那塊積木是我用來修路的。」說完，從邁克手裡奪回了積木。於是，邁克用腳踢翻斯圖搭建的道路，還要打斯圖。這時，老師介入了：「這兒發生什麼事了？」斯圖說：「邁克弄壞了我的『路』，他教貝利拿我的積木。」邁克辯道：「那不是你的積木。」斯圖說：「我先拿到的。」邁克抓住積木不肯放，堅定地說：「可我需要它。」老師把這兩個男孩分開，說：「邁克，你能用語言告斯圖你想要什麼，而不是用爭奪的方式嗎？」邁克回答：「我告訴他我想要這塊積木。」老師又問：「那他說什麼了？他告訴過你為什麼他不給你嗎？」斯圖馬上說：「因為今天我是第一個拿到這塊積木的。」老師又對斯圖說：「當邁克把積木從你身邊拿走時，你感覺如何？你告訴過他那樣做使你生氣了嗎？」斯圖說：「我要發瘋了。」老師表示理解：「是啊，要發瘋了。當你感到憤怒時，除了搶奪積木，是否還能用其他的方式？告訴我，你可以怎樣做？」斯圖委屈地說：「我確實已經和他講過了。」邁克有些激動：「沒有，你沒有！你只是搶它……」斯圖申辯道：「我沒有。」此時老師插話了：「等一會兒，一個一個地說，否則我不明白你們在說什麼。邁克，當斯圖拿走積木時，你是不是想打他？當你生氣的時候，你應該用語言而不是用打架的方式來解決問題。況且，你們倆還是好朋友，好朋友是不能打架的。你們倆為什麼不相互說聲『對不起』，然後，你們就可以一起建造一座有道路環繞的城堡了。看，像這樣。斯圖，你可以把兩塊稍短一點的積木連在一起。是的，就是這樣。」

　　在這兩個案例中，兩位教師都及時有效地阻止了幼兒的打架行為，而且都是透過提問介入的，但兩位教師的教育方式有所不同。前面那位中國教師調解時的問話是指向攻擊幼兒，圍繞被攻擊幼兒的受傷程度進行的。方法是透過移情，使攻擊的幼兒認識到打人是錯誤的，然後讓他藉由道歉來彌補過錯，取得對方的諒解。事情到此為止，沒有再深入下去。後面那位美國教師調解的問話則指向雙方幼兒，一步一步地引導幼兒說出自己的感受，加深彼此的理解。在這一過程中，幼兒明白了打架是不對的，解決問題的方式有很多種。最後，教師引導幼兒相互體諒，並且啟發他們用合作的方法「建造一座有道路環繞的城堡」，還提示幼兒採用「把兩塊稍短一點的積木連在一起」的變通方式來解決問題，繼續遊戲。

　　不難發現，兩位教師的教育方式反映了不同的教育觀念：案例一中的教師關注的是被攻擊幼兒的傷勢以及教給攻擊的幼兒「打人不對」的道德觀念，但沒有教給他們體現這種道德觀念的合適的途徑。案例二中的教師關注的是孩子解決問題的過程，意在引導幼兒掌握合適的表達情感、解決衝突的方式，體現了他尊重兒童個性、力求公正的觀念。其實，幼兒打架不一定全是壞事情，要具體問題具體分析。如果幼兒只懂得進攻或只懂得退縮，對其個性發展都是不利的。打架在一定程度上能夠使攻擊者和被攻擊者學會調節自己的行為，獲得有益的經驗。攻擊者遭到同伴抵制和老師的批評，認識到自己不被同伴接受時，就會反思、調整自己的行為，與同伴建立良好的合作關係。被攻擊者透過反擊，成功地阻止了別人的「進攻」，當再有人侵犯他時，他就不會退縮。如果教師在調解過程中注意教給幼兒運用合適的方式與他人交流，指導幼兒面對衝突時用正確合理的方法加以解決，幼兒一旦面臨類似情況就會運用已有的經驗進行處理，否則便有可能重蹈覆轍，也無法獲得相應的解決問題的經驗和技能。（完）

全文轉載自：歐陽新梅（2002），《幼稚教育》，第2期。

　　看見這篇文章時，真的是嚇了一跳，誠如文章所說的，我關注的是被攻擊孩子的傷勢以及教給攻擊的恩恩「打人不對」的道德觀念，看完文章後，我開始嘗試將這樣的觀念帶入我處理攻擊行為的做法上。

　　開始這樣你一句我一句的說時，真的耗費了不少時間，但是我覺得恩恩有改變了。

小婷：「老師，恩恩打我！」

老師：「來，恩恩，我們坐下來談一下！」
　　　　「來，告訴我發生了什麼事了？」

恩恩：「她先打我的！」

小婷：「沒有！他騙人！我沒有打他！」

恩恩：「有！她有！她打我這裡！」

小婷：「人家只是不小心碰到他而已！」

老師：「小婷說她是不小心碰到你的！你覺得很不舒服？」

恩恩：「她碰我這裡」點頭。

老師：「小婷，不小心碰到恩恩，妳有向他說對不起嗎？」

小婷：「對不起！」

老師：「恩恩！你覺得不舒服！你有對小婷說「妳打到我了」嗎？
　　　　還是直接就打回來？你有先用說的嗎？」

恩恩：「沒有！」

老師：「這樣不對喔！因為小婷不知道她碰到你了啊！你這樣打
　　　　她，她當然很生氣啊！現在她先跟你道歉了，你是不是也要
　　　　為你不對的地方跟她道歉？」

恩恩：「對不起！」

老師：「你們可以握握手！當好朋友嗎？」
　　　　恩恩和小婷握了一下手。

　　後來恩恩還是會有攻擊的行為，但是他會說：「我有先跟他說了！」我覺得他攻擊的行為有減少了。

（二）無心插柳的結果

　　某次有一位孩子對我說，他覺得當「益智角小警察」好累喔！我開始思考著是否可以開個班會，讓孩子們討論班上的生活常規，或是覺得有些地方不好的，可以提出來討論，或是有什麼好事情可以和大家分享，讓孩子能發表自己的看法。

　　會中我問孩子說：「有沒有人還要說的！如果你對某個人很生氣的也可以說！」此時有人舉手了，小琳說：「恩恩他今天打我。」此時很多人都舉手表示曾經遭受到恩恩的攻擊，當時我很注意恩恩的反應，我問恩恩有沒有什麼話要說，你可以說為什麼你要打人啊！恩恩笑笑搖頭，此時輔導老師說：「恩恩因為他的皮膚比較敏感，你碰到他，他會覺得非常不舒服，就會嚇到打到你，所以我們原諒他好不好！」此時小梁說：「恩恩！他很好耶！他有一次幫我耶！」「我願意原諒他！」「好！我們為他加油！希望他不要再打人好不好！」全班鼓掌。

　　當天恩恩問我：「老師！我今天打幾個人？」

　　我覺得當他問這句話時，他已經有明顯的自覺了，他看到在別人眼中自己是什麼樣的一個人了！我覺得那天對他的影響和刺激很大，並不是每個人都受得了自己被當面批評的。

　　但是他有了自覺，並不是代表他找到和其他孩子相處的其他方法；而且對某些孩子而言，他們還無法接受他，就在我準備探究下去時，恩恩家人因擔心受腸病毒和SARS感染，便幫恩恩請了長假，我的研究暫時告一段落。

參、結語

　　我覺得相較於先前的處理態度，我發覺自己漸漸地能以較客觀的態度來處理幼兒的攻擊行為，而不會再墜入是非的問題中，只看到受傷或

是哭泣的孩子，再來指責攻擊者道德問題「你不可以打人」，慢慢地我會讓他們試著表達心中的感受，而不是在意於道不道歉的問題上。

　　此外，這次研究也讓我更瞭解恩恩這個孩子，不再用負面的角度去看他，漸漸開始瞭解他的想法後，反而深覺到自己的愚昧，如果沒有這次的研究，恩恩和我可能還在找尋真理的出口，茫然不知所措。

參考文獻

歐陽新梅（2002）。〈幼兒打架之後〉。《幼兒教育》，第2期。

周天賜譯（2001）。《幼兒行為與輔導》，台北：心理。

陳湘筑（2002）。〈幼兒攻擊行為之初探——以一個幼稚園中班為例〉。國立臺灣大學家政教育研究所碩士論文。

鄭凱育（2002）。〈教師處理幼兒行為的信念之初探：一位幼稚園實習教師的自述〉。文化大學教育學程中心行動研究論文。

感謝桃園國小附設幼稚苑菊芬老師及呂美麗老師在研究過程中給我的鼓勵與指導，他們的支持讓我能在迷惘中找到方向，再次致上我衷心的謝意。

發現心動力　實踐行動力
——行動研究研討會論文集

主 編 者／謝登旺

出 版 者／揚智文化事業股份有限公司

發 行 人／葉忠賢

登 記 證／局版北市業字第 1117 號

地　　址／台北縣深坑鄉北深路三段 260 號 8 樓

電　　話／(02)2664-7780

傳　　真／(02)2664-7633

 E-mail／service@ycrc.com.tw

郵撥帳號／19735365

戶　　名／葉忠賢

印　　刷／鼎易印刷事業股份有限公司

 ISBN／978-957-818-801-3

初版一刷／2006 年 11 月

定　　價／新台幣 380 元

國家圖書館出版品預行編目資料

發現心動力 實踐行動力：行動研究研討會
論文集 /謝登旺主編. -- 初版. -- 臺北縣深
坑鄉 :揚智文化, 2006[民 95]
面； 公分
含參考書目
ISBN 978-957-818-801-3(平裝)

1. 學前教育 - 研究方法 - 論文,講詞等

523.2031   95022189